财务会计与管理研究

肖　敏　谢丽芳　何海龙　著

中国商务出版社
CHINA COMMERCE AND TRADE PRESS

图书在版编目（CIP）数据

财务会计与管理研究 / 肖敏，谢丽芳，何海龙著
. -- 北京：中国商务出版社，2022.8
  ISBN 978-7-5103-4396-4

  Ⅰ. ①财… Ⅱ. ①肖… ②谢… ③何… Ⅲ. ①财务会

计－研究②管理会计－研究 Ⅳ. ①F234.4②F234.3

中国版本图书馆CIP数据核字(2022)第154095号

财务会计与管理研究
CAIWU KUAIJI YU GUANLI YANJIU

肖敏 谢丽芳 何海龙 著

出　　版：	中国商务出版社
地　　址：	北京市东城区安外东后巷28号　邮　编：　100710
责任部门：	发展事业部（010-64218072）
责任编辑：	刘玉洁
直销客服：	010-64515210
总 发 行：	中国商务出版社发行部 （010-64208388　64515150）
网购零售：	中国商务出版社淘宝店 （010-64286917）
网　　址：	http://www.cctpress.com
网　　店：	https://shop162373850.taobao.com
邮　　箱：	295402859@qq.com
排　　版：	北京宏进时代出版策划有限公司
印　　刷：	廊坊市广阳区九洲印刷厂
开　　本：	787毫米×1092 毫米 1/16
印　　张：	13.75　　　　　　　　字　数：240千字
版　　次：	2023年1月第1版　　　印　次：2023年1月第1次印刷
书　　号：	ISBN 978-7-5103-4396-4
定　　价：	78.00元

前　言

随着经济全球化的发展，国与国之间的竞争日趋激烈，在此背景下，对企业的可持续发展能力提出了更高的要求。从企业的财务管理方面来看，现在企业的会计职能有了较大的变化，以前的财务会计和管理会计是单向发展的，而这样的发展已经不再适应时代的要求，财务会计和管理会计的边界在逐步地消失，并向相互融合的方向发展。那么，这就需要从企业的管理人员到普通职工，尤其会计部门，要树立正确的会计观念，企业不但要建立和完善现代化的企业会计制度，而且要充分利用计算机和网络管理等技术工具，通过加强财务会计和管理会计的融合管理来推动企业的发展。

作为会计学中的两大分支，财务会计和管理会计在企业的财务管理中起着重要的作用。财务会计是现代企业管理中重要的一环，并占据着重要位置；管理会计随着经济的发展，也得到了大多数企业的认可和运用。在激烈的市场竞争环境和经济形势逐渐复杂的情况下，财务会计和管理会计的互相融合对企业的经营发展将起到一定的促进作用。

目　录

第一章 绪 论

第一节 财务会计与社会经济环境

一、会计与社会经济环境的相互关系

在人类的生存与发展过程中，始终都伴随着物质资料的生产，人类也不断以尽可能少的劳动消耗和尽可能节省的劳动占用，来取得尽可能大的劳动成果。通过管理活动的不断实践，达到提高生产效率的目的。会计就是为加强生产管理而产生的，是增收节支、增产节约的重要管理活动，通过会计活动，生产组织可以控制劳动耗费，增加劳动成果，因此，加强管理、提高效益离不开会计活动。会计是伴随着生产实践和经济管理的客观需要而产生的一种管理活动。

随着生产活动的日益社会化，经济的不断发展，会计也在不断发展，会计经历了一个由简单到复杂，由低级到高级的不断发展完善的过程。从简单的记录和计量活动到对所得与所费的计量与比较；从对单一经济活动的记录与计量，发展到对连续的经济活动的核算；从采用实物单位进行计量，发展到以货币作为统一的计量单位进行综合全面的管理；从主要服务于企业为主，发展到服务于社会；从简单的会计核算发展到全面的会计管理；从传统的财务会计发展到成本会计、管理会计；从单一核算领域发展到将预算会计、责任会计、决策会计等一系列方法逐步引进和运用到会计领域。

会计的发展不可避免地受所处的社会、政治经济、文化环境的影响和制约。不同的社会发展阶段，使不同阶段的会计有着不同的特征；不同国家的法律环境和文化环境，也使不同国家的会计有着不同的特点；不同的信息需求，也使会计有着不同方面的侧重。

在社会经济环境制约和影响着会计的同时，会计通过自身的核算和监督活动，也对其所处的社会经济环境产生一定的影响，在一定程度上促进了社会经济的发展。具体地讲，会计既为宏观经济管理提供信息，又为微观经济决策、强化内部管理提供服务；既维护了正常的市场经济秩序，又促进了各国经济的繁荣。

二、西方会计的发展

在会计的发展历史上，经历了从单式记账向复式记账转变的过程。12 世纪到 13 世纪，意大利由于其海上贸易的迅速发展，成为欧洲经济的中心。当时地中海地区出现了复式记账的方法。1494 年，意大利数学家卢卡·巴乔利出版了《算数、几何、比与比例概要》。在书中系统介绍了借贷记账法。随后，该著作和借贷记账法被迅速传播。经济发展拉动会计的进步，会计进一步推动着经济的发展。1854 年，苏格兰成立了世界上第一个会计师协会——爱丁堡会计师协会。它的成立说明了会计人员开始执行公证业务，促进了审计和公共会计师理论的发展，对当今财务会计的形成与公证会计的发展有重要意义。19 世纪末，欧洲投资人涌入美国，英国会计师行业进入美国会计市场，英式的"详细审计"逐步演变为以"报表审计"为特征的美式审计。美国注册会计师协会自 20 世纪 30 年代开始，逐步建立了完整的美国会计准则体系，它对其他各国会计准则的发展产生了重要的影响。第二次世界大战后，由于计算机技术的引入，使会计处理范围与速度大幅度提高。现代管理科学的发展为成本会计向管理领域的渗透提供了新的视角，管理会计从传统会计中分离出来，成为一种以内部服务为主的特殊会计。1952 年，在世界会计年会上正式通过了"管理会计"这一专业概念。管理会计与传统的财务会计正式成为现代会计的两大分支。

三、财务会计与管理会计

按会计的内容，可以分为财务会计和管理会计。

财务会计，以会计法规、准则和制度为依据对企业已经发生的交易或事项，通过确认、计量、记录和报告等程序进行加工处理，并借助以报表为主的财务报告形式，向企业的利益相关人提供以财务信息为主的经济信息。

管理会计，也称内部报告会计，为了满足企业计划决策、经营管理的需要在财务会计信息的基础上，利用非会计信息，对企业的经济活动进行分析、预测、规划和运筹，形成管理决策方案并向企业经营管理者呈报。

四、我国财务会计制度的演化

中华人民共和国成立后的 30 年中，我国实行高度集中的计划经济体制，企业的经济性质单一，财政部按所有制性质和行业制定分行业的会计制度。20 世纪 80 年代中期，我国开始转向有计划的商品经济体制，财政部多次修订会计制度以适应经济体制的改革方向。1985 年 1 月，《会计法》正式颁布。

1992 年，我国实行社会主义市场经济体制，真正自负盈亏的市场主体——企业大量出现。1993 年 12 月《公司法》颁布，公司的成立、上市以及运作有了法律依据。1992

年，财政部制定并颁布了《企业会计准则——基本准则》，将会计等式改为国际通用的"资产＝负债＋所有者权益"，允许企业在会计准则规定的范围内选择会计方法。1992年5月，财政部与国家经济体制改革委员会联合颁发了《股份制试点企业会计制度》。1993年12月，《会计法》进行第一次修订。1998年，经过修订财政部颁布《股份有限公司会计制度》。1999年10月，《会计法》进行第二次修订，新修订的《会计法》于2000年7月正式实行。伴随着中国经济的对外发展，2001年12月，我国正式加入WTO，会计的国际化进程加速。2005年11月，中国会计准则委员会与国际会计准则理事会在北京举行会计准则趋同会议，并签署了联合申明，明确双方对会计国际趋同的基本观点。2006年2月，我国新《企业会计准则》发布实施。

第二节 财务会计的概念框架

会计学者和会计标准制定者希望通过建立一个会计概念框架，对财务会计及其报告的性质和目的提供权威性的陈述，并给所有的会计实践提供指导。20世纪80年代以来，标准制定者和职业会计团体对建立会计概念框架表现出强烈的兴趣。他们的目的是，建立一个概念框架，用来指导公众和私人实体编制和描述一般意义上的财务报告。

一、财务会计概念框架的含义及内容

财务会计的概念框架是会计理论架构，是在更高层面上描述财务会计的范围和目标，从而构成财务报告的内容、财务信息的质量特征以及会计报告的基本要素。通常认为财务会计概念体系由财务报告的目标、财务会计信息质量特征、财务报表的要素及其确认和计量构成。

二、财务报告的目标和财务会计信息的使用者

（一）财务报告的目标

财务报告的目标是要求会计人员向报告使用者提供有用信息，并且财务报告的信息将有助于信息使用者的决策。财务会计报告的目的是有助于各方利益相关人使用会计信息，以使其及时进行科学决策。我国《企业会计准则：基本准则》指出："财务会计报告的目标是向财务会计报告使用者提供与企业财务状况、经营成果和现金流量等有关的会计信息，反映企业管理层受托责任履行情况，有助于财务会计报告使用者作出经济决策。"

（二）财务会计信息的使用者

现代公司是通过一系列契约关系，将不同生产要素和利益集团组织在一起，进行生产经营活动的一种企业组织形式，是一个"契约关系"（或合同关系）的集合（nexus）。在这个契约关系集合中，企业的所有者（股东）、债权人、经理、企业职工、供应商、客户以及政府、社会等不同利益集团都是利益相关者（stakeholder），也是财务会计信息的使用者。每一利益集团均在企业中有不同的利益诉求，他们也从财务会计信息中取得其所需要的决策依据。

股东要得到投资收益领取股利，债权人按时收回债权和利息，管理人员期望得到好的管理效果，职工要得到相对稳定的工作和劳动报酬，供应商要得到销售收入和利润，客户要得到满意的产品或服务，政府要得到税收，社会需要企业履行企业的社会责任。财务会计通过确认、计量和记录经济业务，计算可分配利润，确定可供各方分配的利益。

三、会计要素及其确认和计量

（一）会计要素

会计要素是根据交易或事项的经济特征对会计对象所做的基本分类，是会计核算对象的具体化。会计要素按照其性质分为资产、负债、所有者权益、收入、费用和利润。其中，资产、负债和所有者权益要素侧重于反映企业的财务状况；收入、费用和利润要素侧重于反映企业的经营成果。

1.资产

资产是指企业过去的交易或事项形成的，由企业拥有或控制的，预期会给企业带来经济利益的资源。资产具有以下几个方面的特征。

（1）资产预期会给企业带来经济利益

资产预期会给企业带来经济利益是指直接或者间接导致现金和现金等价物流入企业的潜力，资产是可以给企业带来现金流入的经济资源。资产具有交换价值和使用价值，可以可靠地用货币计量。

（2）资产是企业因为过去的交易或事项所形成的

过去的交易事项具体包括购买、生产、建造行为或其他交易或者事项。预期在未来发生的交易或者事项不形成资产。资产必须是现实资产，预期资产则不得作为资产确认。

（3）资产是企业拥有或控制的经济资源

资产是企业拥有或控制的经济资源，是指企业享有某项资源的所有权，或者虽然不享有某项资源的所有权，但该资源能被企业所控制，如融资租入固定资产。

资产按其流动性一般分为流动资产和非流动资产。流动资产是指预计在一年内或超过一年的一个营业周期中变现、出售或耗用，或者主要为交易目的而持有的资产，如货币资金、交易性金融资产、应收票据、应收账款及预付账款及存货等。非流动资产是指流动资产以外的资产，即超过一个经营周期才能变现的资产，如可供出售金融资产、持有至到期投资、长期股权投资、投资性房地产、固定资产、无形资产、开发支出、递延所得税资产等。

2. 负债

负债是指由企业过去的交易或事项形成的、预期会导致经济利益流出企业的现时义务。负债具有以下几个方面的基本特征。

（1）负债的清偿预期会导致经济利益流出企业

负债通常是在未来某一时日通过交付资产或提供劳务等来清偿。尽管企业清偿负债的形式多种多样，但任何形式下的负债清偿都会导致经济利益流出企业。偿还负债的具体表现可能通过交付资产实现，也可能是提供劳务实现，还可能是一部分股权转让给债权人的方式实现。

（2）负债是由过去的交易或事项形成的

导致负债的交易或事项必须已经发生，凡未来交易或事项可能给企业形成的义务，不能确认为企业的负债。

（3）负债是企业承担的现时义务

现时义务是指企业在现行条件下已承担的义务。该现时义务包括法定义务和推定义务。法定义务是指具有约束力的合同或法律法规规定的义务，如长期借款等；推定义务是指企业多年来的习惯做法、公开承诺而导致的责任，如预计负债等。

负债按照期限分为流动负债和非流动负债。流动负债是指将在一年（含一年）或者超过一年的一个营业周期内偿还的债务。流动负债主要包括短期借款、应付账款、其他应付款、年内到期的长期负债、预收账款、应付票据、应交税费、应付利息、应付职工薪酬等。非流动负债是指流动负债以外的负债，主要包括长期借款、应付债券等。

3. 所有者权益

所有者权益又称净资产，是指企业资产扣除负债后由所有者享有的剩余权益。公司的所有者权益又称股东权益。所有者权益的来源包括所有者投入的资本、直接计入所有者权益的利得和损失、留存收益等。具体包括实收资本（股本）、资本公积、其他综合收益、盈余公积、未分配利润。

利得是指由企业非日常活动所形成的、会导致所有者权益增加的、与所有者投入资本无关的经济利益的流入。损失是指由企业非日常活动所发生的、会导致所有者权益减少的、与向所有者分配利润无关的经济利益的流出。它是企业除了费用或分配给所有者之外的一些偶发性支出。利得和损失与收入和费用不同，它们不存在配比关系。我国会计制度中，利得和损失分为两类：直接计入所有者权益的利得和损失；直接计入当期损益的利得和损失。对于已实现的利得和损失计入当期损益，即计入"营业外收入"和"营业外支出"科目；对于未实现的利得和损失计入所有者权益，即计入"其他综合收益"或"资本公积——其他资本公积"科目，如可供出售金融资产公允价值变动的部分。

4. 收入

收入是指企业在日常活动中形成的、会导致所有者权益增加的、与所有者投入资本无关的经济利益的总流入。所谓的日常活动主要有销售商品、提供劳务及让渡资产使用权、投资活动等。收入具有如下几个特征。

（1）收入是从企业的日常活动中产生的，而不是从偶发的交易或事项中产生的

日常活动是指企业为完成其经营目标而从事的所有活动及与之相关的其他活动。例如，制造企业制造和销售产品、交通企业从事运输业务及服务性企业提供劳务等。企业也有一些日常并不经常发生，但也与企业经营目标有关的其他业务，其发生所得应当作为收入。例如，企业出售原材料、出租固定资产和包装物等带来的经济利益也属于企业的收入。

（2）收入的取得会导致经济利益流入企业，该流入不包括所有者投入的资本

收入具体表现为资产的增加或负债的减少，或者两者兼而有之。例如，销售产品实现的收入一般表现为银行存款等资产的增加，当然也可能表现为预收账款等负债的减少。

收入会导致经济利益的流入，但不能因此而认为企业经济利益的流入就是收入，因为企业经济利益的流入有时是由所有者投入资本引起的。收入只包括本企业经济利益的流入，而不包括企业为第三方或者客户代收的款项，如增值税、代收利息等。

（3）收入能引起所有者权益的增加

与收入相关的经济利益流入最终会导致所有者权益的增加，而不会导致所有者权益增加的经济利益的流入，不符合收入的定义，不确认为收入，如企业从银行取得的借款。

收入按性质分，可以分为销售商品收入、提供劳务收入和让渡资产使用权等取得的收入；收入按企业经营的主次分，可分为主营业务收入、其他业务收入、投资收益等。

5. 费用

费用是指企业在日常活动中发生的、会导致所有者权益减少的、与向所有者分配利润无关的经济利益的总流出。

费用具有如下几个特征：

（1）费用是企业在日常活动中发生的经济利益的流出

费用是企业在日常生产经营活动中为获取收入而发生的必要支出。费用的发生会导致企业经济利益的流出，但这种流出会从企业的收入中得到补偿。

（2）费用会导致企业所有者权益的减少

费用既可能表现为资产的减少，如为购买办公用品而使用银行存款或现金等，也可能表现为负债的增加。

（3）费用与向所有者分配利润无关

向所有者分配利润属于利润分配的内容，不构成企业的费用。

费用包括营业成本（主营业务成本和其他业务成本）、税金及附加、期间费用（管理费用、财务费用和销售费用）、资产减值损失等。

6. 利润

利润是指企业在一定会计期间的经营成果。利润包括收入减去费用后的净额、直接计入当期利润的利得和损失等。

直接计入当期利润的利得和损失，是指应当计入当期损益的、会导致所有者权益发生增减变动的、与所有者投入资本或向所有者分配利润无关的利得或损失，即营业外收入和营业外支出。

利润具体指营业利润、利润总额和净利润。营业利润是指主营业务收入加其他业务收入，减去主营业务成本、其他业务成本、税金及附加、销售费用、管理费用、财务费用、资产减值损失，再加上公允价值变动损益和投资净收益后的净额。利润总额是指营业利润加营业外收入，减去营业外支出后的金额。净利润是指利润总额减去所得税费用后的金额。

（二）会计要素的确认和计量的原则

1. 权责发生制原则

权责发生制是指凡是当期已经实现的收入和已经发生或应当负担的费用，不论款项是否收付，都应作为当期的收入和费用处理；凡是不属当期的收入和费用，即使款项已在当期收付，都不应作为当期的收入和费用。

2. 实际成本原则

实际成本原则，又称历史成本原则，是指企业的各项财产物资应当按取得或购建时的实际成本计价。实际成本核算原则要求对企业资产、负债、所有者权益等项目的计算基于经济业务的实际交易价格或成本，物价变动时，除国家另有规定者外，不得调整账面价值。

3. 配比原则

配比原则是指收入与其相对应的成本、费用应当在同一期间相互配合，以便计算出当期损益。它要求在会计核算中，一个会计期间内的各项收入与其相关联的成本、费用，应当在同一会计期间内进行确认、计量、记录和对比。

收入和费用的上述配比，只有在权责发生制核算基础上才会产生。这种配比包括两方面的配比：一是收入和费用在因果关系上的配比；二是收入和费用在时间上的配比，属于同一会计期间。

4. 划分收益性支出与资本性支出

会计核算应当严格区分收益性支出与资本性支出的界限，正确地计算企业的当期损益。

所谓收益性支出是指为取得本期收益而发生的支出，这种支出应当与本期收益配比。所谓资本性支出是指不仅为取得本期收益而发生的支出。换句话，凡是支出的效益仅与本会计年度相关时，应当作为收益性支出；凡支出的效益与几个会计年度相关时应当作为资本性支出。

一般来说，收益性支出与资本性支出划分是否得当，对企业财务状况的可靠性和损益的确定将产生直接影响，如果一笔收益性支出按资本性支出处理了，则会造成费用少计而资产价值多计的结果，出现净收益虚增和资产价值虚增的现象，这种会计处理的结果直接对企业不利。反之，则有损股东的利益。

（三）会计计量属性

计量属性是指被计量对象的特性或外在表现形式，即被计量对象予以数量化的特征。企业在将符合确认条件的会计要素登记入账并列报于会计报表及其附注时，应当按照规定的会计计量属性进行计量，确定其金额。会计计量属性主要包括：

1. 历史成本

在历史成本计量下，资产按照购置时支付的现金或者现金等价物的金额，或者按照购置资产时所付出的对价的公允价值计量。负债按照因承担现时义务而实际收到的款项或者资产的金额，或者承担现时义务的合同金额，或者按照日常活动中为偿还负债预期需要支付的现金或者现金等价物的金额计量。

2. 重置成本

在重置成本计量下，资产按照现在购买相同或者相似资产所需支付的现金或者现金等价物的金额计量。负债按照现在偿付该项债务所需支付的现金或者现金等价物的金额计量。

3. 可变现净值

在可变现净值计量下，资产按照其正常对外销售所能收到现金或者现金等价物的金额扣减该资产至完工时估计将要发生的成本、估计的销售费用以及相关税费后的金额计量。

4. 现值

在现值计量下，资产按照预计从其持续使用和最终处置中所产生的未来净现金流入量的折现金额计量。负债按照预计期限内需要偿还的未来净现金流出量的折现金额计量。

5. 公允价值

在公允价值计量下，资产和负债按照市场参与者在计量日发生的有序交易中，出售资产所能收到或者转移负债所需支付的价格计量。

企业在对会计要素进行计量时，一般应当采用历史成本，采用重置成本、可变现净值、现值、公允价值计量的，应当保证所确定的会计要素金额能够取得并可靠计量。

四、财务会计信息质量要求

会计信息的质量要求是对企业财务会计报告中所提供会计信息质量的基本要求，是使财务报告中所提供的会计信息对投资者等使用者决策有用而应具备的基本特征。它包括可靠性、相关性、可理解性、可比性、实质重于形式、重要性、谨慎性和及时性八个方面。

1. 可靠性

可靠性要求企业应当以实际发生的交易或者事项为依据进行确认、计量和报告,如实反映符合确认和计量要求的各项会计要素及其他相关信息,保证会计信息真实可靠,内容完整中立。

企业应以实际发生的交易或者事项为依据进行确认、计量和报告,不得根据虚构的、没有发生的或者尚未发生的交易或者事项进行确认、计量和报告;会计人员需要依靠其扎实的专业文化素养,对会计信息进行可验证的处理,并能如实反映实际的交易和事项。

2. 相关性

相关性要求企业提供的会计信息应当与投资者等财务报告使用者的经济决策需要相关,有助于投资者等财务报告使用者对企业过去、现在或者未来的情况做出评价或者预测。相关性的核心是决策有用。

会计信息质量的相关性要求企业在确认、计量和报告会计信息的过程中,充分考虑使用者的决策模式和信息需要。相关的会计信息应当能够有助于使用者评价企业过去的决策,证实或者修正过去的有关预测,因而具有反馈价值。相关的会计信息还应当具有预测价值,应有助于信息使用者根据财务报告所提供的会计信息预测企业未来的财务状况、经营成果和现金流量。

3. 可理解性

可理解性要求企业提供的会计信息应当清晰明了,便于投资者等财务报告使用者理解和使用。企业编制财务报告、提供会计信息的目的在于使用,而要使使用者有效使用会计信息,就应当能让其了解会计信息的内涵,清楚会计信息的内容,这就要求财务报告所提供的会计信息应当清晰明了,易于理解。只有这样,才能提高会计信息的有用性,实现财务报告的目标,满足向投资者等财务报告使用者提供有用的决策信息的要求。

4. 可比性

可比性要求企业提供的会计信息应当具有可比性,可比性是指一个企业的会计信息与其他企业的同类会计信息尽量做到口径一致,相互可比。这主要包括两方面可比:纵向可比和横向可比。

纵向可比是指同一企业不同时期可比。比较企业在不同时期的财务报告信息,全面、客观地评价过去、预测未来,从而作出决策,会计信息质量的可比性要求对同一企业不同时期发生的相同或者相似的交易或者事项,应当采用一致的会计政策,不得随意变更。如果确有必要变更的,则有关会计政策变更的情况应当在附注中予以说明。

横向可比是指不同企业相同会计期间可比。为了便于投资者等财务报告使用者评价不同企业的财务状况、经营成果和现金流量及其变动情况,会计信息质量的可比性要求对不同企业同一会计期间发生的相同或者相似的交易或事项,应当采用规定的会计政策,确保会计信息口径一致、相互可比,以使不同的企业能够按照一致的确认、计量和报告要求提供有关会计信息。

5. 实质重于形式

实质重于形式要求企业应当按照交易或者事项的经济实质进行会计确认、计量和报告，不应仅以交易或者事项的法律形式为依据。

在多数情况下，企业发生的交易或事项的经济实质和法律形式是一致的。但在有些情况下，外在法律形式并不能反映经济实质的内容，所以实质重于形式就是要求在对会计要素进行确认和计量时，应重视交易的实质，而不管其采用何种形式。例如，融资租入固定资产的确认，在租赁期未满前，法律形式上的所有权没有转移给承租企业，但从经济实质上讲，该项固定资产的相关收益和风险已转移给承租企业，因此承租企业将融资租入固定资产作为本企业的固定资产进行处理。

除了融资租赁的核算体现实质重于形式外，还有长期股权投资后续计量成本法与权益法的选择、收入的确认、关联方交易的确定、合并报表的编制等会计处理，也都体现了实质重于形式的要求。

6. 重要性

重要性要求企业提供的会计信息应当反映与企业财务状况、经营成果和现金流量等有关的所有重要交易或事项。在会计确认、计量过程中对交易或事项应当区别其重要程度，采用不同的核算方式。对资产、负债、损益等有较大影响，并进而影响财务会计报告使用者据以作出合理判断的重要会计事项，必须按照规定的会计方法和程序予以处理，并在财务会计报告中予以充分、准确的披露；对于次要的会计事项，在不影响会计信息真实性和不至于导致财务会计报告使用者作出错误判断的前提下，可适当简化处理。

如果财务报告中提供的会计信息省略或者错报会影响投资者等信息使用者据此作出决策的，则该信息就具有重要性。重要性的应用需要依赖职业判断，企业应当根据其所处的环境和实际情况，从项目的质和量两个方面加以判断。从性质方面考虑，只要该会计事项对财务报告使用者的决策有重大影响，就应属于重要事项；从数量方面考虑，只要该会计事项达到总资产的一定比例，就应确认为重要事项。

7. 谨慎性

谨慎性要求企业对交易或者事项进行会计确认、计量和报告时应当保持应有的谨慎，不应高估资产或者收益，低估负债或者费用，不得计提秘密准备。

在市场经济环境下，企业的生产经营活动面临着许多风险和不确定因素。会计信息质量的谨慎性要求企业在面临不确定因素的情况下作出职业判断时，应当保持应有的谨慎，充分估计到各种风险和损耗，既不高估资产或收益，也不低估负债或费用。谨慎性在会计中的应用包括对应收账款提取坏账准备、对存货提取存货跌价准备、固定资产加速折旧、企业内部研究开发项目阶段支出计入当期损益、预计负债的确认等，都体现了谨慎性原则。

但是，谨慎性的应用并不允许企业设置秘密准备，即不能滥用谨慎性，如果企业故意低估资产或收入，或者故意高估负债或费用，将不符合会计信息的可靠性和相关性要求，会损害会计信息质量，扭曲企业实际的财务状况和经营成果，从而对使用者的决策产生误导，造成会计秩序的混乱，这是会计制度所不允许的。

8. 及时性

及时性要求企业对于已经发生的交易或事项，应当及时进行确认、计量和报告，不得提前或者延后。

会计信息的价值在于帮助所有者或者其他使用者作出经济决策，它具有时效性。即使是可靠的、相关的会计信息，如果不及时提供，也会失去时效性，其对使用者的效用就会大大降低，甚至不再具有实际意义。在会计确认、计量和报告过程中贯彻及时性，一是要求及时收集会计信息，即在经济交易或者事项发生后，及时收集、整理各种原始单据或者凭证；二是要求及时处理会计信息，即按照会计准则的规定，及时对经济交易或者事项进行确认或计量，并编制财务报告；三是要求及时传递会计信息，即按照国家规定的有关时限，及时地将编制的财务报告传递给财务报告使用者，便于其及时使用和决策。

第三节 财务会计的基本假设

会计假设是会计核算的逻辑前提，它对会计核算的范围、内容、基本程序和方法做了合理的设定。会计的基本假设包括四项：会计主体假设、持续经营假设、会计分期假设和货币计量假设。

一、会计主体

会计主体即会计核算的空间范围，是会计工作为其服务的特定单位。

会计核算的范围被限定在某一个特定的会计主体内。会计主体可以是法人，如企业、事业单位，也可以是非法人，如个体或合伙企业；可以是一个企业，也可以是企业中的内部单位，如企业的分支机构。因此，法律主体一定是会计主体，但会计主体不一定是法律主体。

会计主体假设是持续经营、会计分期和其他会计核算的基础，只有划定了会计的空间范围，才可能进行会计核算工作。

二、持续经营

持续经营是界定会计核算的时间范围。持续经营是指在正常的情况下，会计主体的生产经营活动将无限期地延续下去，在可以预见的将来，不会面临破产，进行清算。只有设定企业是持续经营的，才能选择会计程序和会计处理方法，进行正常的会计处理。采用历史成本计价、在历史成本的基础上进一步采用计提折旧的方法等，都是基于企业是持续经营的。

三、会计分期

为了在持续不断的经营过程中对投资者、经营者的决策提供有用的信息，就要将持续不断的经营期间划分为一个个首尾相接、间距相等的会计期间，这就是会计分期。会计分期是指将企业持续不断的生产经营活动分割为较短且等距的期间，据以结算账目，编制会计报表，及时提供有关财务状况和经营成果的会计信息。会计分期通常包括会计年度和会计中期。我国会计年度的划分以日历年度为准，即公历每年的 1 月 1 日到 12 月 31 日为一个会计年度。会计中期是指短于一个完整的会计年度的报告期间，包括月报、季报以及半年报。由于会计分期，产生了当期与其他期间的差别，从而出现了权责发生制和收付实现制的区别，以及划分收益性支出和资本性支出、配比等要求，为准确地提供财务状况和经营成果提供了基础。

四、货币计量

货币计量是指企业在会计核算过程中以货币为基本计量单位，记录、反映企业的经营情况。会计核算需要货币作为主要计量尺度。我国境内的企业，其会计核算通常以人民币为记账本位币。业务收支以人民币以外的货币为主的企业，可以选定某种外币作为记账本位币。

会计业务中常常将不同时点的货币金额进行汇总比较，这是以币值不变为前提的，但当货币币值出现严重不稳定，甚至出现了严重通货膨胀时，需要采用特殊的会计原则如通货膨胀会计或物价变动会计来处理相关经济业务。

第二章　财务会计报告

第一节　财务会计报告概述

一、财务会计报告的定义和目标

（一）财务会计报告的定义

财务会计报告，又称财务报告，是指企业对外提供的反映企业某一特定日期财务状况和某一会计期间经营成果、现金流量等会计信息的文件。

（二）财务会计报告的目标

财务会计报告的目标，是向财务会计报告使用者提供与企业财务状况、经营成果和现金流量等有关的会计信息，反映企业管理层受托责任履行的情况，有助于财务报告使用者做出经济决策。财务会计报告使用者通常包括投资者、债权人、政府及其有关部门和社会公众等。

二、财务会计报告的构成及其分类

（一）财务会计报告的构成

《企业会计准则：基本准则》第四十四条规定：财务会计报告包括会计报表及其附注和其他应当在财务会计报告中披露的相关信息和资料。一套完整的财务会计报告至少应当包括"四表一注"，即资产负债表、利润表、现金流量表、所有者权益（或股东权益）变动表以及附注。中期财务报告至少应当包括资产负债表、利润表、现金流量表和附注。

资产负债表反映企业一定时期所拥有的资产、需要偿还的债务以及股东拥有的净资产的情况；利润表反映企业在一定会计期间的经营成果，即利润或亏损，表明企业拥有资产的获利能力；现金流量表反映企业一定会计期间现金及现金等价物流入和流出情况；所有者权益变动表反映构成企业所有者权益的各组成部分当期增减变动情况。

会计报表附注是财务报表不可或缺的组成部分，是对资产负债表、利润表、现金流量表等报表中列示项目的文字描述或明细资料，以及对未能在这些报表中列示项目的说明等。

（二）财务会计报告的分类

在我国《企业财务会计报告条例》中规定：企业的财务报告分为年度、半年度、季度和月度财务报告。月度、季度财务报告是指月度和季度终了提供的财务报告；半年度财务报告是指在每个会计年度的前 6 个月结束后对外提供的财务报告；年度财务报告是指年度终了对外提供的财务报告。

在通常情况下，企业年度财务报告的会计期间是指公历每年的 1 月 1 日—12 月 31 日；半年度财务报告的会计期间是指公历每年的 1 月 1 日—6 月 30 日，或 7 月 1 日—12 月 31 日；季度财务报告的会计期间是指公历每一季度；月度财务报告的会计期间是指公历每月的第一日至最后一日。

三、财务会计报告的编制要求

企业编制的财务会计报告应当真实可靠、相关可比、全面完整、编报及时、便于理解，符合国家统一的会计制度和会计准则的有关规定。其基本要求如下。

（一）真实可靠

如果会计报表所提供的资料不真实或者可靠性很差，则会致使报表使用者作出错误的决策。企业会计准则规定，会计核算应当以实际发生的交易或事项为依据，如实反映企业的财务状况、经营成果和现金流量。

（二）相关可比

企业会计报表所提供的财务会计信息必须与报表使用者的决策需要相关，满足报表使用者的需要，并且会计报表各项目的数据应当口径一致、相互可比，便于报表使用者在不同企业之间及同一企业前后各期之间进行比较。

（三）全面完整

企业会计报表应当全面地披露企业的财务状况、经营成果和现金流动情况，完整地反映企业财务活动的过程和结果，以满足各有关方面对财务会计信息资料的需要，不得漏编漏报。

（四）编报及时

企业会计报表所提供的信息资料，具有很强的时效性。只有及时编制和报送会计报表，才能为使用者提供决策所需的信息资料。

（五）便于理解

可理解性是指会计报表提供的信息可以为使用者所理解。因此，编制的会计报表应当清晰明了，便于理解和利用。

我国《企业财务会计报告条例》规定，企业对外提供的财务会计报告应当依次编定页数，加具封面，装订成册，加盖公章。封面上应当注明：企业名称、企业统一代码、组织形式、地址，报表所属年度或者月份、报出日期，并由企业负责人和主管会计工作的负责人、会计机构负责人（会计主管人员）签名并盖章；设置总会计师的企业，还应当由总会计师签名并盖章。

第二节　资产负债表

一、资产负债表的概念和作用

资产负债表是反映企业在某一特定日期（如月末、季末、年末）财务状况的会计报表，主要提供有关企业财务状况方面的信息。

通过资产负债表，可以提供企业在某一特定日期的资产总额及其结构，表明企业拥有或控制的资源及其分布情况；可以提供企业在某一特定日期的负债总额及其结构，表明企业未来需要用多少资产或劳务清偿债务以及清偿时间；可以反映企业所有者在某一特定日期所拥有的权益，据以判断资本保值、增值的情况以及对负债的保障程度。

二、资产负债表的结构

资产负债表主要由表首、正表两部分组成。

表首部分概括地说明报表名称、编制单位、编制日期、报表编号、货币名称、计量单位等。

正表部分是资产负债表的主体，列示了用以说明企业财务状况的各个项目。它的格式一般有两种：报告式资产负债表和账户式资产负债表。报告式资产负债表是上下结构，上半部列示资产，下半部列示负债和所有者权益。具体排列形式又有两种：一是按"资产＝负债＋所有者权益"的原理排列；二是按"资产－负债＝所有者权益"的原理排列。账户式资产负债表是左右结构，左边列示资产，右边列示负债和所有者权益。不管采取什么格式，资产各项目的合计等于负债和所有者权益各项目的合计这一等式不变。

在我国，资产负债表采用账户式结构，即左侧列示资产项目，一般按资产的流动性大小排列，流动资产在先，非流动资产在后；右侧列示负债和所有者权益项目，负债一般按要求清偿时间的先后顺序排列，即先流动负债，后非流动负债。所有者权益按其永久性程度递减的顺序排列，即先实收资本，后资本公积、其他综合收益、盈余公积，最后是未分配利润。资产负债表左右双方平衡，即资产总计等于负债和所有者权益总计。每个项目又分为"年初余额"和"期末余额"两栏分别填列。

三、资产负债表的编制方法

（一）资产负债表中"年初余额"的填列方法

为了提供比较信息，资产负债表的各项目均需填列"年初余额"和"期末余额"两栏，其数据主要来自会计账簿记录。根据我国会计准则的规定，报表项目的列报应当在各个会计期间保持一致，不得随意变更。但如果发生准则允许的情况使报表项目的列报发生变更的，应当对上期比较数据按照当期的列报要求进行调整，并在附注中披露调整的原因和性质，以及调整的各项目金额。因此，"年初余额"栏内各项目的数字，应根据上年末资产负债表"期末余额"栏相应项目的数字填列。如果本年度资产负债表规定的各个项目的名称和内容与上年度不相一致，则应当对上年年末资产负债表各个项目的名称和数字按照本年度的规定进行调整。

（二）资产负债表中"期末余额"的填列方法

"期末余额"栏内各项数字，应根据相关科目的期末余额填列，具体方法主要有以下几种。

（1）根据总账科目期末余额填列。如"交易性金融资产短期借款""应付票据""应付职工薪酬"等项目，根据"交易性金融资产""短期借款""应付票据""应付职工薪酬"各总账科目的余额直接填列；有些项目则需要根据若干个总账科目的期末余额计算填列，如"货币资金"项目，应根据"库存现金""银行存款""其他货币资金"三个总账科目的期末余额的合计数填列。

（2）根据明细账科目期末余额合并计算填列。如"应付账款"项目，应根据"应付账款"和"预付账款"两个总账科目所属的相关明细账科目的期末贷方余额之和计算填列；"应收账款"项目，需要根据"应收账款"和"预收款项"两个总账科目所属的相关明细账科目的期末借方余额之和计算填列。

（3）根据总账科目和明细账科目余额分析计算填列。如"长期借款"项目，应根据"长期借款"总账科目账户期末余额扣除"长期借款"科目所属的明细科目中将在一年内到期且企业不能自主地将清偿义务展期的长期借款后的金额计算填列。

（4）根据有关科目余额减去其备抵科目余额后的净额填列。如"固定资产"项目是用"固定资产"账户余额减去"累计折旧"和"固定资产减值准备"账户余额后的净额填列。

（5）综合运用上述填列方法分析填列。如资产负债中的"存货"项目，需要根据"原材料""周转材料""材料采购""在途物资""发出商品""材料成本差异"等总账科目期末余额的分析汇总数，再减去"存货跌价准备"科目余额后的净额填列。

（三）资产负债表项目的填列说明

1. 资产项目的填列说明

（1）"货币资金"项目，反映企业库存现金、银行结算户存款、外埠存款、银行汇票存款、银行本票存款、信用卡存款、信用证保证金存款等的合计数。本项目应根据"库存现金""银行存款""其他货币资金"科目期末余额的合计数填列。

（2）"以公允价值计量且其变动计入当期损益的金融资产"项目，反映企业持有的以公允价值计量且其变动计入当期损益的为交易目的所持有的债券投资、股票投资、基金投资、权证投资等金融资产。本项目应根据"交易性金融资产"科目的期末余额填列。

（3）"应收票据"项目，反映企业因销售商品、提供劳务等收到的商业汇票，包括银行承兑汇票和商业承兑汇票。本项目应根据"应收票据"科目的期末余额，减去"坏账准备"科目中有关应收票据计提的坏账准备期末余额后的金额填列。

（4）"应收账款"项目，反映企业因销售商品、提供劳务等经营活动应收取的款项。本项目应根据"应收账款"和"预收账款"科目所属各明细科目的期末借方余额合计减去"坏账准备"科目中有关应收账款计提的坏账准备期末余额后的金额填列。如"应收账款"科目所属明细科目期末有贷方余额的，应在资产负债"预收账款"项目内填列。

（5）"预付款项"项目，反映企业按照购货合同规定预付给供应单位的款项等。本项目应根据"预付账款"和"应付账款"科目所属各明细科目的期末借方余额合计数，减去"坏账准备"科目中有关预付款项计提的坏账准备期末余额后的金额填列。如"预付账款"科目所属明细科目期末有贷方余额的，应在资产负债"应付账款"项目内填列。

（6）"应收利息"项目，反映企业应收取的债券投资等的利息。本项目应根据"应收利息"科目的期末余额，减去"坏账准备"科目中有关应收利息计提的坏账准备期末余额后的金额填列。

（7）"应收股利"项目，反映企业应收取的现金股利和应收取其他单位分配的利润。本项目应根据"应收股利"科目的期末余额，减去"坏账准备"科目中有关应收股利计提的坏账准备期末余额后的金额填列。

（8）"其他应收款"项目，反映企业除应收票据、应收账款、预付账款、应收股利、应收利息等经营活动以外的其他各项应收、暂付的款项。本项目应根据"其他应收款"科目的期末余额，减去"坏账准备"科目中有关其他应收款计提的坏账准备期末余额后的金额填列。

（9）"存货"项目，反映企业期末在库、在途和在加工中的各种存货的可变现净值。存货包括各种材料、商品、在产品、半成品、包装物、低值易耗品、委托代销商品等。本项目应根据"材料采购""原材料""低值易耗品""库存商品""周转材料""委托加工物资"委托代销商品""生产成本"等科目的期末余额合计，减去"代销商品款""存货跌价准备"科目期末余额后的金额填列。材料采用计划成本核算，以及库存商品采用计划成本核算或售价核算的企业，还应按加或减材料成本差异、商品进销差价后的金额填列。

（10）"持有待售资产"项目，反映资产负债表日划分为持有待售类别的非流动资产及划分为持有待售类别的处置组中的流动资产和非流动资产的期末账面价值。该项目应根据在资产类科目新设置的"持有待售资产"科目的期末余额，减去"持有待售资产减值准备"科目的期末余额后的金额填列。

（11）"一年内到期的非流动资产"项目，反映企业将于一年内到期的非流动资产项目金额。本项目应根据有关科目的期末余额填列。

（12）"其他流动资产"项目，反映企业除货币资金、以公允价值计量且其变动计入当期损益的金融资产、应收票据、应收账款、存货等流动资产以外的其他流动资产。本项目应根据有关科目的期末余额填列。

（13）"可供出售金融资产"项目，反映企业持有的以公允价值计量的可供出售的股票投资、债券投资等金融资产。本项目应根据"可供出售金融资产"科目的期末余额，减去"可供出售金融资产减值准备"科目期末余额后的金额填列。

（14）"持有至到期投资"项目，反映企业持有的以摊余成本计量的持有至到期投资。本项目应根据"持有至到期投资"科目的期末余额，减去"持有至到期投资减值准备"科目期末余额后的金额填列。

（15）"长期应收款"项目，反映企业融资租赁产生的应收款项、采用递延方式具有融资性质的销售商品和提供劳务等产生的长期应收款项等。本项目应根据"长期应收款"科目的期末余额，减去相应的"未实现融资收益"科目和"坏账准备"科目所属相关明细科目期末余额后的金额填列。

（16）"长期股权投资"项目，反映企业持有的对子公司、联营企业和合营企业的长期股权投资。本项目应根据"长期股权投资"科目的期末余额，减去"长期股权投资减值准备"科目的期末余额后的金额填列。

（17）"投资性房地产"项目，反映企业持有的投资性房地产。企业采用成本模式计量投资性房地产的，本项目应根据"投资性房地产"科目的期末余额，减去"投资性房地产累计折旧（摊销）"和"投资性房地产减值准备"科目期末余额后的金额填列；企业采用公允价值模式计量投资性房地产的，本项目应根据"投资性房地产"科目的期末余额填列。

（18）"固定资产"项目，反映企业各种固定资产原价减去累计折旧和累计减值准备后的净额。本项目应根据"固定资产"科目的期末余额，减去"累计折旧"和"固定资产减值准备"科目期末余额后的金额填列。

（19）"在建工程"项目，反映企业期末各项未完工工程的实际支出，包括交付安装设备价值、未完建筑安装工程已经耗用的材料、工资和费用支出、预付出包工程的价款等的可回收金额。本项目应根据"在建工程"科目的期末余额，减去"在建工程减值准备"

科目期末余额后的金额填列。

（20）"工程物资"项目，反映企业尚未使用的各项工程物资的实际成本。本项目应根据"工程物资"科目的期末余额填列。

（21）"固定资产清理"项目，反映企业因出售、毁损、报废等原因转入清理但尚未清理完毕的固定资产的净值，以及固定资产清理过程中所发生的清理费用和变价收入等各项金额的差额。本项目应根据"固定资产清理"科目的期末借方余额填列，如"固定资产清理"科目的期末为贷方余额，以"—"号填列。

（22）"生产性生物资产"项目，反映企业持有的生产性生物资产。本项目应根据"生产性生物资产"科目的期末余额，减去"生产性生物资产累计折旧"和"生产性生物资产减值准备"科目期末余额后的金额填列。

（23）"油气资产"项目，反映企业持有的矿区权益和油气井及相关设施的原价减去累计折耗和累计减值准备后的净额。本项目应根据"油气资产"科目的期末余额，减去"累计折耗"科目期末余额和相应减值准备后的金额填列。

（24）"无形资产"项目，反映企业持有的无形资产，包括专利权、非专利技术、商标权、著作权、土地使用权等。本项目应根据"无形资产"科目的期末余额，减去"累计摊销"和"无形资产减值准备"科目期末余额后的金额填列。

（25）"开发支出"项目，反映企业开发无形资产过程中能够资本化形成无形资产成本的支出部分。本项目应根据"研发支出"科目中所属的"资本化支出"明细科目期末余额填列。

（26）"商誉"项目，反映企业合并中形成的商誉的价值。本项目应根据"商誉"科目的期末余额，减去相应减值准备后的金额填列。

（27）"长期待摊费用"项目，反映企业已经发生但应由本期和以后各期负担的分摊期限在一年以上的各项费用。长期待摊费用中在一年内（含一年）摊销的部分，在资产负债表"一年内到期的非流动资产"项目填列。本项目应根据"长期待摊费用"科目的期末余额减去将于一年内（含年）摊销的数额后的金额填列。

（28）"递延所得税资产"项目，反映企业确认的可抵扣暂时性差异产生的递延所得税资产，本项目应根据递延所得税资产科目的期末余额填列。

（29）"其他非流动资产"项目，反映企业除长期股权投资、固定资产、在建工程、无形资产等以外的其他非流动资产。本项目应根据有关科目的期末余额填列。

2.负债项目的填列说明

（1）"短期借款"项目，反映企业向银行或其他金融机构等借入的期限在一年以下（含一年）的各种借款。本项目应根据"短期借款"科目的期末余额填列。

（2）"以公允价值计量且其变动计入当期损益的金融负债"项目，反映企业承担的以公允价值计量且其变动计入当期损益的为交易目的所持有的金融负债。本项目应根据"以公允价值计量且其变动计入当期损益的金融负债"科目的期末余额填列。

（3）"应付票据"项目，反映企业因购买材料、商品和接受劳务供应等而开出、承兑的商业汇票，包括银行承兑汇票和商业承兑汇票。本项目应根据"应付票据"科目的期末余额填列。

（4）"应付账款"项目，反映企业因购买材料、商品和接受劳务供应等经营活动应支付的款项。本项目应根据"应付账款"和"预付账款"科目所属各明细科目的期末贷方余额合计数填列；如"应付账款"科目所属明细科目期末有借方余额的，应在资产负债表"预付账款"项目内填列。

（5）"预收款项"项目，反映企业按照购货合同规定预付给供应单位的款项。本项目应根据"预收账款"和"应收账款"科目所属各明细科目的期末贷方余额合计数填列；如"预收账款"科目所属明细科目期末有借方余额的，应在资产负债表"应收账款"项目内填列。

（6）"应付职工薪酬"项目，反映企业根据有关规定应付给职工的工资、职工福利、社会保险费、住房公积金、工会经费、职工教育经费、非货币性福利、辞退福利等各种薪酬。外商投资企业按规定从净利润中提取的职工奖励及福利基金，也在本项目列示。

（7）"应交税费"项目，反映企业按照税法规定计算应交纳的各种税费，包括增值税、消费税、所得税、资源税、土地增值税、城市维护建设税、房产税、土地使用税、车船税、教育费附加、矿产资源补偿费等。企业代扣代缴的个人所得税，也通过本项目列示。企业所交纳的税金不需要预计应交数的，如印花税、耕地占用税等，不在本项目列示。本项目应根据"应交税费"科目的期末贷方余额填列；如"应交税费"科目期末为借方余额，应以"—"号填列。

（8）"应付利息"项目，反映企业按照规定应当支付的利息，包括分期付息到期还本的长期借款应支付的利息、企业发行的企业债券应支付的利息等。本项目应根据"应付利息"科目的期末余额填列。

（9）"应付股利"项目，反映企业分配的现金股利或利润。企业分配的股票股利，不通过本项目列示。本项目应根据"应付股利"科目的期末余额填列。

（10）"其他应付款"项目，反映企业除应付票据、应付账款、预收款项、应付职工薪酬、应付股利、应付利息、应交税费等经营活动以外的其他各项应付、暂收的款项。本项目应根据"其他应收款"科目的期末余额填列。

（11）"持有待售负债"项目，反映资产负债表日处置组中与划分为持有待售类别的资产直接相关的负债的期末账面价值。本项目应根据单独设置的"持有待售负债"科目的期末余额填列。

（12）"一年内到期的非流动负债"项目，反映企业非流动负债中将于资产负债表日后一年内到期部分的金额，如将于一年内偿还的长期借款。本项目应根据有关科目的期末余额填列。

（13）"其他流动负债"项目，反映企业除短期借款、交易性金融负债、应付票据、应付账款、应付职工薪酬、应交税费等流动负债以外的其他流动负债。本项目应根据有关科目的期末余额填列。

（14）"长期借款"项目，反映企业向银行或其他金融机构借入的期限在一年以上（不含一年）的各项借款。本项目应根据"长期借款"科目的期末余额填列。

（15）"应付债券"项目，反映企业为筹集长期资金而发行的债券本金和利息。本项目应根据"应付债券"科目的期末余额填列。

（16）"长期应付款"项目，反映企业除长期借款和应付债券以外的其他各种长期应付款项。本项目应根据"长期应付款"科目的期末余额，减去相应的"未确认融资费用"科目期末余额后的金额填列。

（17）"专项应付款"项目，反映企业取得政府作为企业所有者投入的具有专项或特定用途的款项。本项目应根据"专项应付款"科目的期末余额填列。

（18）"预计负债"项目，反映企业确认的对外提供担保、未决诉讼、产品质量保证、重组义务、亏损性合同等预计负债。本项目应根据"预计负债"科目的期末余额填列。

（19）"递延所得税负债"项目，反映企业确认的应纳税暂时性差异产生的所得税负债。本项目应根据"递延所得税负债"科目的期末余额填列。

（20）"其他非流动负债"项目，反映企业除长期借款、应付债券等负债以外的其他非流动负债。本项目应根据有关科目的期末余额减去将于一年内（含一年）到期偿还数后的余额填列。非流动负债各项目中将于一年内（含一年）到期的非流动负债，应在"一年内到期的非流动负债"项目内单独反映。

3. 所有者权益项目的填列说明

（1）"实收资本（或股本）"项目，反映企业各投资者实际投入的资本（或股利）总额。本项目应根据"实收资本（或股本）"科目的期末余额填列。

（2）"资本公积"项目，反映企业资本公积的期末余额。本项目应根据"资本公积"科目的期末余额填列。

（3）"其他综合收益"项目，反映企业根据相关会计准则规定未在当期损益中确认的各项利得和损失。本项目根据"其他综合收益"科目期末余额填列。

（4）"盈余公积"项目，反映企业盈余公积的期末余额。本项目应根据"盈余公积"科目的期末余额填列。

（5）"未分配利润"项目，反映企业尚未分配的利润。本项目应根据"本年利润"科目和"利润分配"科目的余额计算填列。未弥补的亏损在本项目内以"—"号填列。

第三节 利润表

一、利润表的概念

利润表又称损益表，是反映企业在一定会计期间经营成果的报表，主要提供有关企业经营成果方面的信息。通过利润表，可以从总体上了解企业收入和费用、利润（或亏损）等的实现及构成情况，帮助财务报表使用者全面了解企业的获利能力、利润的变化情况及盈利增长趋势，从而为其作出经济决策提供依据。

二、利润表的结构

利润表一般有表首、正表两部分。表首部分概括地说明报表名称、编制单位、报表所属期间、报表编号、货币名称、计量单位等。正表部分是利润表的核心内容，具体说明企业经营成果的形成情况。

利润表正表的格式一般有两种：单步式利润表和多步式利润表。单步式利润表是将当期所有的收入列在一起，然后将所有的费用列在一起，两者相减得出当期的净利润。多步式利润表是通过对当期的收入、费用、支出项目按性质或功能加以归类，按利润形成的主要环节列示一些中间性利润指标，如营业利润、利润总额、净利润，分步计算当期净利润。

根据财务报表列报准则规定，我国企业应当采用多步式利润表，将不同性质的收入和费用进行对比，从而可以得出一些中间性的利润数据，便于报表使用者理解企业经营成果的不同来源。我国企业利润表的主要编制步骤和内容如下：

第一步，以营业收入为基础，计算营业利润。

营业利润＝营业收入－营业成本－税金及附加－销售费用－管理费用－
财务费用－资产减值损失＋公允价值变动收益（－公允价值变动损失）＋
投资收益（－投资损失）＋资产处置收益（－资产处置损失）＋
其他收益（－其他损失）

第二步，以营业利润为基础，计算利润总额。

利润总额＝营业利润＋营业外收入－营业外支出

第三步，以利润总额为基础，计算净利润。

净利润＝利润总额－所得税费用

第四步，以净利润为基础，计算每股收益。

普通股已经公开交易的企业，以及正处于公开发行普通股过程中的企业，还应当在利润表中列示每股收益信息，其中"基本每股收益""稀释每股收益"项目应根据每股收益的相关规定计算。非上市公司没有此项目。

第五步，以净利润为基础，加上其他综合收益，计算出综合收益总额。

三、利润表的编制

（一）利润表"本期金额"和"上期金额"栏的填列方法

为使报表使用者通过比较企业不同期间利润的实现情况，判断企业经营成果的未来发展趋势，根据财务报表列报准则的规定，企业利润表各项目均需填列"本期金额"和"上期金额"两栏。

"上期金额"栏内各项数字，应根据上年该期利润表的"本期金额"栏内所列数字填列。如果上年该期利润表规定的各个项目的名称和内容同本期不相一致，应对上年该期利润表各项目的名称和数字按本期的规定进行调整，填入"上期金额"栏。

"本期金额"栏内各期数字，除"基本每股收益"和"稀释每股收益"项目外，应当按照相关科目的发生额分析填列。例如，"营业收入"项目，根据"主营业务收入""其他业务收入"科目的发生额分析计算填列；"营业成本"项目，根据"主营业务成本""其他业务成本"科目的发生额分析计算填列。

（二）利润表各项目的填列方法

（1）"营业收入"项目，反映企业经营主要业务和其他业务所确认的收入总额。本项目应根据"主营业务收入"和"其他业务收入"科目的本期发生额分析填列。

（2）"营业成本"项目，反映企业经营主要业务和其他业务所发生的实际成本总额。本项目应根据"主营业务成本"和"其他业务成本"科目的本期发生额分析填列。

（3）"税金及附加"项目，反映企业经营业务应负担的消费税、城市建设维护税、资源税、土地增值税和教育费附加等。本项目应根据"税金及附加"科目的发生额分析填列。

（4）"销售费用"项目，反映企业在销售商品过程中发生的包装费、广告费等费用和为销售本企业商品而专设的销售机构的职工薪酬、业务费等经营费用。本项目应根据"销售费用"科目的发生额分析填列。

（5）"管理费用"项目，反映企业为组织和管理生产经营发生的管理费用。本项目应根据"管理费用"的发生额分析填列。

（6）"财务费用"项目，反映企业筹集生产经营所需资金等而发生的筹资费用。本项目应根据"财务费用"科目的发生额分析填列。

（7）"资产减值损失"项目，反映企业各项资产发生的减值损失。本项目应根据"资产减值损失"科目的发生额分析填列。

（8）"公允价值变动收益"项目，反映企业应当计入当期损益的资产或负债公允价值变动收益。本项目应根据"公允价值变动损益"科目的发生额分析填列，如为净损失，本项目以"—"号填列。

（9）"投资收益"项目，反映企业以各种方式对外投资所取得的收益。本项目应根据"投资收益"科目的发生额分析填列。如为投资损失，本项目以"—"号填列。

（10）"资产处置收益"项目，反映企业出售划分为持有待售的非流动资产（金融工具、长期股权投资和投资性房地产除外）或处置组时确认的处置利得或损失，以及处置未划分为持有待售的固定资产、在建工程、生产性生物资产及无形资产而产生的处置利得或损失。债务重组中因处置非流动资产产生的利得或损失和非货币性资产交换产生的利得或损失也包括在本项目内。该项目应根据在损益类科目新设置的"资产处置损益"科目的发生额分析填列；如为处置损失，以"—"号填列。

（11）"其他收益"项目，反映计入其他收益的政府补助等。该项目应根据在损益类科目新设置的"其他收益"科目的发生额分析填列。

（12）"营业利润"项目，反映企业实现的营业利润。如为亏损，本项目以"—"号填列。

（13）"营业外收入"项目，反映企业发生的营业利润以外的收益，主要包括债务重组利得、与企业日常活动无关的政府补助、盘盈利得、捐赠利得等。该项目应根据"营业外收入"科目的发生额分析填列。

（14）"营业外支出"项目，反映企业发生的营业利润以外的支出，主要包括债务重组损失、公益性捐赠支出、非常损失、盘亏损失、非流动资产毁损报废损失等。该项目应根据"营业外支出"科目的发生额分析填列。

（15）"利润总额"项目，反映企业实现的利润。如为亏损，本项目以"—"号填列。

（16）"所得税费用"项目，反映企业应从当期利润总额中扣除的所得税费用。本项目应根据"所得税费用"科目的发生额分析填列。

（17）"净利润"项目，反映企业实现的净利润。如为亏损，本项目以"—"号填列。

"持续经营净利润"和"终止经营净利润"项目，分别反映净利润中与持续经营相关的净利润和与终止经营相关的净利润；如为净亏损，以"—"号填列。这两个项目应按照《企业会计准则第 42 号持有待售的非流动资产、处置组和终止经营》的相关规定分别列报。

（18）"其他综合收益的税后净额"项目，反映企业根据会计准则规定未在当期损益中确认的各项利得和损失扣除所得税影响后的净额的合计数。本项目应根据"其他综合收益"科目及其所属明细科目的发生额分析填列。其他综合收益项目应当根据其他相关会计准则的规定分为下列两类列报：①以后会计期间不能重分类进损益的其他综合收益项目，主要包括重新计量设定受益计划净负债或净资产导致的变动、按照权益法核算的在被投资单位以后会计期间不能重分类进损益的其他综合收益中所享有的份额等；②以后会计期间在满足规定条件时将重分类进损益的其他综合收益项目，主要包括按照权益法核算的在被投资单位以后会计期间在满足规定条件时将重分类进损益的其他综合收益中所享有的份额、可供出售金融资产公允价值变动形成的利得或损失、持有至到期投资重分类为可供出售金融资产形成的利得或损失、现金流量套期工具产生的利得或损失中属于有效套期的部分、外币财务报表折算差额等。

（19）"综合收益总额"项目，反映企业在某一期间除与所有者以其所有者身份进行的交易之外的其他交易或事项所引起的所有者权益变动。"综合收益总额"项目反映净利润和其他综合收益扣除所得税影响后的净额相加后的合计金额。

（20）"基本每股收益"和"稀释每股收益"项目，反映企业根据每股收益准则计算的两种每股收益指标的金额。

第四节　现金流量表

一、现金流量表概述

（一）现金流量表的概念

现金流量表是反映企业在一定会计期间现金和现金等价物流入和流出的报表。编制现金流量表，可以为会计报表使用者提供企业一定会计期间内现金和现金等价物流入和流出的信息，便于报表使用者了解和评价企业获取现金和现金等价物的能力，并据以预测企业未来现金流量。

（二）现金流量表的现金范围

现金流量表的现金是指企业库存现金以及可以随时用于支付的存款，包括库存现金、银行存款、其他货币资金（如外埠存款、银行汇票存款、银行本票存款等）和现金等价物。不能随时用于支付的存款不属于现金。

现金等价物，是指企业持有的期限短、流动性强、易于转换为已知金额现金、价值变动风险很小的投资。期限短，一般是指从购买日起三个月内到期。现金等价物通常包括三个月内到期的债券投资等。权益性投资变现的金额通常不确定，因而不属于现金等价物。企业应当根据具体情况，确定现金等价物的范围，经确定不得随意变更。

现金流量是指企业在一定会计期间内现金和现金等价物的流入和流出。企业从银行提取现金、用现金购买短期到期的国债等现金和现金等价物之间的转换不属于现金流量。

（三）现金流量的分类

企业产生的现金流量分为三类：

1. 经营活动产生的现金流量

经营活动，是指企业投资活动和筹资活动以外的所有交易和事项。经营活动流入的现金主要包括：销售商品、提供劳务收到的现金；收到的税费返还；收到的其他与经营活动有关的现金。经营活动流出的现金主要包括：购买商品、接受劳务支付的现金；支付给职工以及为职工支付的现金；支付的各项税费；支付的其他与经营活动有关的现金。

2.投资活动产生的现金流量

投资活动，是指企业长期资产的购建和不包括在现金等价物范围内的投资及其处置活动。投资活动流入的现金主要包括：收回投资所收到的现金；取得投资收益所收到的现金；处置固定资产、无形资产和其他长期资产所收回的现金净额；收到的其他与投资活动有关的现金。投资活动流出的现金主要包括：购建固定资产、无形资产和其他长期资产所支付的现金；投资所支付的现金；支付的其他与投资活动有关的现金。

3.筹资活动产生的现金流量

筹资活动，是指导致企业资本及债务规模和构成发生变化的活动。筹资活动流入的现金主要包括：吸收投资所收到的现金、取得借款所收到的现金、收到的其他与筹资活动有关的现金。筹资活动流出的现金主要包括：偿还债务所支付的现金；分配股利、利润或偿付利息所支付的现金；支付的其他与筹资活动有关的现金。

二、现金流量表的结构和内容

现金流量表由表头、主表和附注三部分组成。

表头列示报表名称、编报单位、货币计量单位等。

现金流量表的主表按照现金流量表的分类，分为经营活动、投资活动和筹资活动，从现金流入和流出两个方面列报现金收支项目和各类活动产生的现金流量净额。对于汇率变动对现金及现金等价物的影响，作为调节项目单独列示。各类活动产生的现金流量净额加上或减去汇率变动对现金及现金等价物的影响额，即得出当期现金及现金等价物净增加额。

现金流量附注披露的信息包括以下三部分：

（1）以补充资料的形式披露"将净利润调节为经营活动的现金流量""不涉及现金收支的重大投资和筹资活动""现金及现金等价物净变动情况"；

（2）当期取得或处置子公司及其他营业单位的情况；

（3）现金及现金等价物的构成情况。

三、现金流量表的编制

现金流量表从编制程序上来说，有工作底稿法、T字形账户法、分析填列法等。其中最为常见的是分析填列法。分析填列法直接根据有关账户的记录，或根据资产负债表、利润表并结合有关账户的记录等资料分析计算填列现金流量表的各项目。以下以分析填列法分别计算经营活动、投资活动、筹资活动的现金流量，进而编制现金流量表。

（一）经营活动产生的现金流量项目的内容及填列

经营活动产生的现金流量是一项重要的指标，它可以说明企业在不动用从外部筹得资金的情况下，通过经营活动产生的现金流量是否足以偿还负债、支付股利和对外投资。经营活动产生的现金流量可以采用直接法和间接法两种方法反映。

直接法，是指通过现金收入和现金支出的主要类别列示来自企业经营活动的现金流量的方法。采用直接法编制经营活动的现金流量时，一般以利润表中的营业收入为起算点，调整与经营活动有关的项目的增减变动，然后计算出经营活动的现金流量。在这种方法下，凡不涉及现金的收入、费用及营业外收支项目均不需列入现金流量表。采用直接法反映经营活动现金流量，便于分析企业经营活动产生的现金流量的来源和用途，预测企业现金流量的未来前景；但直接法反映的现金流量，不能反映本年利润与本年现金流量产生差异的原因。

按照《企业会计准则第 31 号：现金流量表》的规定，现金流量表采用直接法列报经营活动的现金流量，在现金流量表附注中采用间接法披露将净利润调节为经营活动现金流量的信息。有关间接法的详细内容见后续部分。

1. "销售商品、提供劳务收到的现金"项目

本项目反映企业本期销售商品、提供劳务收到的现金，以及前期销售商品、提供劳务本期收到的现金（包括应向购买者收取的增值税销项税额）和本期预收的款项，减去本期销售本期退回商品和前期销售本期退回商品支付的现金。企业销售材料和代购代销业务收到的现金，也在本项目反映。

本项目金额通常可以利润表上的"营业收入"为起算进行调整。调整公式为：

销售商品、提供劳务收到的现金＝销售商品、提供劳务产生的收入和增值税销项税额＋应收账款本期减少额（期初余额—期末余额）＋应收票据本期减少额（期初余额—期末余额）＋预收款项本期增加额（期末余额—期初余额）—本期计提的坏账准备

如果本期收到用以清偿债务的非现金资产，或因其他原因实际未增加现金流入而减少的应收账款、应收票据（如票据贴现息等）应在上式中作减项处理。

2. "收到的税费返还"项目

本项目反映企业收到返还的所得税、增值税、消费税、关税和教育费附加等各种税费返还款。确定该项目的余额，需要分析"应交税费"科目下属各明细科目的贷方发生额。

3. "收到其他与经营活动有关的现金"项目

本项目反映企业经营租赁收到的租金等其他与经营活动有关的现金流入，金额较大的应当单独列示。

4. "购买商品、接受劳务支付的现金"项目

本项目反映企业本期购买商品、接受劳务实际支付的现金（包括增值税进项税额），以及本期支付前期购买商品、接受劳务的未付款项和本期预付款项，减去本期发生的购货退回收到的现金。企业购买材料和代购代销业务支付的现金，也在本项目反映。

确定本项目金额通常以利润表上的"营业成本"为基础进行调整。具体调整公式为：

购买商品、接受劳务支付的现金＝本期营业成本＋本期购买商品、接受劳务的增值税进项税额＋存货（期末余额－期初余额）＋预付账款（期末余额－期初余额）＋应付账款（期初余额－期末余额）＋应付票据（期初余额－期末余额）

如果本期以非现金资产清偿债务而减少的应付账款、应付票据，以及本期计入存货成本的非现金支出（如折旧费等）和职工薪酬等应在上式中作减项处理。

5. "支付给职工以及为职工支付的现金"项目

本项目反映企业实际支付给职工的工资、奖金、各种津贴和补贴等（含为职工支付的养老、失业等各种保险和其他福利费用）。但不含为离退休人员支付的各种费用和固定资产购建人员的工资。本项目的数据可根据"库存现金""银行存款""应付职工薪酬"等账户的记录分析取得。

6. "支付的各项税费"项目

本项目反映企业发生并支付、前期发生本期支付以及预交的各项税费，包括所得税、增值税、消费税、印花税、房产税、土地增值税、车船税、教育费附加等。本项目的数据可根据"应交税费""管理费用""库存现金""银行存款"等账户的记录分析取得。

7. "支付其他与经营活动有关的现金"项目

本项目反映企业除上述各项目外所支付的其他与经营活动有关的现金，如经营租赁支付的租金、支付的差旅费、业务招待费、保险费、罚款支出等。若其他与经营活动有关的现金流出金额较大，应单列项目反映。本项目的数据可根据"管理费用""销售费用""营业外收入""库存现金""银行存款"等账户的记录分析取得。

（二）投资活动产生的现金流量项目的内容及填列

1. 投资活动产生的现金流入

（1）"收回投资收到的现金"项目，反映企业出售转让或到期收回的除现金等价物以外的交易性金融资产、长期股权投资而收到的现金，以及收回持有至到期投资本金而收到的现金。不包括持有至到期投资收回的利息以及收回的非现金资产。本项目的数据可根据"交易性金融资产""可供出售金融资产""持有至到期投资""长期股权投资""银行存款"等账户的记录分析取得。

（2）"取得投资收益所收到的现金"项目，反映企业因股权性投资而分得的现金股利，和分回利润所收到的现金，以及债权性投资取得的现金利息收入。本项目的数据可根据"应收股利""应收利息""投资收益""银行存款"等账户的记录分析取得。

（3）"处置固定资产、无形资产和其他长期资产收回的现金净额"项目，反映企业出售、报废固定资产、无形资产和其他长期资产所取得的现金（包括因资产毁损而收到的保险赔偿收入），减去为处置这些资产而支付的有关费用后的净额。本项目的数据可根据"固定资产清理""无形资产""库存现金""银行存款"等账户的记录分析取得。如果该项处置收回的现金净额为负数，则应在"支付其他与投资活动有关的现金"项目反映。

（4）"处置子公司及其他营业单位收到的现金净额"项目，反映企业处置子公司及其他营业单位所取得的现金，减去相关处置费用以及子公司及其他营业单位持有的现金和现金等价物后的净额。本项目的数据可根据"长期股权投资""银行存款"等账户的记录分析取得。

（5）"收到其他与投资活动有关的现金"项目，反映企业除上述各项目外收到的其他与投资活动有关的现金，金额较大的应当单独列示。

2.投资活动产生的现金流出

（1）"购建固定资产、无形资产和其他长期资产支付的现金"项目，反映企业购买、建造固定资产、取得无形资产和其他长期资产所支付的现金（含增值税款等），以及用现金支付的应由在建工程和无形资产负担的职工薪酬。本项目的数据可根据"固定资产在建工程""无形资产""库存现金""银行存款"等账户的记录分析取得。

（2）"投资支付的现金"项目，反映企业取得除现金等价物以外的对其他企业的长期股权投资等所实际支付的现金以及支付的佣金、手续费等附加费用，但取得子公司及其他营业单位支付的现金净额除外。本项目的数据可根据"交易性金融资产""可供出售金融资产持有至到期投资""长期股权投资""银行存款"等账户的记录分析取得。

企业购买股票和债券时，实际支付的价款中包含的已宣告但尚未领取的现金股利或已到付息期但尚未领取的债券利息，应在"支付其他与投资活动有关的现金"项目中反映；收到上述已包含在购买股票和债券价款中的现金股利和利息，应在"收到的其他与投资活动有关的现金"项目中反映。

（3）"取得子公司及其他营业单位支付的现金净额"项目，反映企业购买子公司及其他营业单位购买出价中以现金支付的部分，减去子公司及其他营业单位持有的现金和现金等价物后的余额。本项目的数据可根据"长期股权投资""银行存款"等账户的记录分析取得。

（4）"支付其他与投资活动有关的现金"项目，反映企业除上述各项目外支付的其他与投资活动有关的现金，金额较大的应当单独列示。

（三）筹资活动产生的现金流量项目的内容及填列

1.筹资活动产生的现金流入

（1）"吸收投资收到的现金"项目，反映企业收到投资者投入的现金，包括以发行股票等方式筹集资金实际收到的款项净额（发行收入减去支付的佣金等发行费用后的净额）。以发行股票、债券方式筹集资金而由企业直接支付的审计、咨询等费用，都应在"支付其他与筹资活动有关的现金"项目中反映。本项目的数据可根据"实收资本（或股本）""资本公积""银行存款"等账户的记录分析取得。

（2）"取得借款收到的现金"项目，反映企业举借各种短期借款、长期借款而收到的现金以及发行债券实际收到的款项净额（发行收入减去由金融企业支付的佣金等发行费用后的净额）。本项目的数据可根据"短期借款""长期借款""应付债券""银行存款"等账户的记录分析取得。

（3）"收到其他与筹资活动有关的现金"项目，反映企业除上述各项目外收到的其他与筹资活动有关的现金，金额较大的应当单独列示。

2.筹资活动产生的现金流出

（1）"偿还债务支付的现金"项目，反映企业偿还债务本金而支付的现金，包括偿还金融机构的借款本金、偿还到期的债券本金等。本项目的数据可根据"短期借款""长期借款""应付债券""银行存款"等账户的记录分析取得。

（2）"分配股利、利润或偿付利息支付的现金"项目，反映企业实际支付的现金股利、支付给其他投资单位的利润或用现金支付的借款利息、债券利息等。本项目的数据可根据"应付股利""应付利息""长期借款""应付债券""银行存款"等账户的记录分析取得。

（3）"支付其他与筹资活动有关的现金"项目，反映企业除上述各项目外支付的其他与筹资活动有关的现金，金额较大的应当单独列示。

（四）汇率变动对现金及现金等价物的影响

"汇率变动对现金及现金等价物的影响"反映企业的外币现金流量发生日所采用的汇率与期末汇率的差额对现金的影响数额。

第五节　所有者权益（或股东权益）变动表

一、所有者权益变动表的概念和作用

所有者权益变动表是指反映构成所有者权益各组成部分当期增减变动情况的报表。

所有者权益变动表能全面反映一定时期所有者权益变动的情况，不仅包括所有者权益总量的增减变动，还包括所有者权益增减变动的重要结构性信息，特别是要反映直接计入所有者权益的利得和损失，让报表使用者能够准确理解所有者权益增减变动的根源。

二、所有者权益变动表的内容和结构

所有者权益变动表上，企业至少应单独列示的项目包括：①综合收益总额，在合并所有者权益变动表中还应单独列示归属于母公司所有者的综合收益总额和归属于少数股东的综合收益总额；②会计政策变更和差错更正的累积影响金额；③所有者投入资本和向所有者分配利润等；④提取的盈余公积；⑤所有者权益各组成部分的期初和期末余额及其调节情况。其中，反映直接计入所有者权益的利得和损失的项目即为其他综合收益项目。

所有者权益变动表以矩阵的形式列示：一方面，列示导致所有者权益变动的交易或事项，即所有者权益变动的来源，对一定时期所有者权益的变动情况进行全面反映；另一方面，按照所有者权益各组成部分（实收资本、资本公积、盈余公积、未分配利润和库存股）列示交易或事项对所有者权益各部分的影响。

三、所有者权益变动表的编制

所有者权益变动表各项目均需填列"本年金额"和"上年金额"两栏。所有者权益变动表"上年金额"栏内各项数字，应根据上年度所有者权益变动表"本年金额"内所列数字填列。上年度所有者权益变动表规定的各个项目的名称和内容同本年度不一致的，应对上年度所有者权益变动表各项目的名称和数字按照本年度的规定进行调整，填入所有者权益变动表的"上年金额"栏内。

所有者权益变动表"本年金额"栏内各项数字一般应根据"实收资本（或股本）""资本公积""盈余公积""利润分配""库存股""以前年度损益调整"科目的发生额分析填列。

第六节　会计报表附注

一、会计报表附注的概念和作用

会计报表附注是对在资产负债表、利润表、现金流量表和所有者权益变动表等报表中列示项目所作的文字描述或明细资料，以及对未能在这些报表中列示项目的说明等。

附注应当披露财务报表的编制基础，相关信息应当与资产负债表、利润表、所有者权益变动表和现金流量表等报表中列示的项目相互参照。通过附注与资产负债表、利润表、所有者权益变动表和现金流量表列示项目的相互参照关系，以及对未能列示项目的说明，可以使报表使用者全面了解企业的财务状况、经营成果和现金流量。

二、会计报表附注披露的主要内容

会计报表附注是企业财务报表的主要组成部分。按照《企业会计准则第30号：财务报表列报》的规定，企业应当按照下列顺序披露附注的内容。

1.企业的基本情况

（1）企业注册地、组织形式和总部地址。

（2）企业的业务性质和主要经营活动，如企业所处的行业、所提供的主要产品或服务、客户的性质、销售策略、监管环境的性质等。

（3）母公司以及集团最终母公司的名称。

（4）财务报告的批准报出者和财务报告批准报出日，或者以签字人及其签字日期为准。

（5）营业期限有限的企业，还应当披露有关其营业期限的信息。

2.财务报表的编制基础

财务报表的编制应当以持续经营为基础。在编制财务报表时，企业的管理层应对企业的持续经营能力进行评估，若因某些事项的高度不确定性对持续经营能力产生重大怀疑时，应当在附注中披露导致对持续经营能力产生重大怀疑的影响因素；处于非持续经营状况下的企业，财务报表的编制则应当采用其他基础，在附注中应当对未以持续经营为基础作出声明，并披露原因及所采用的编制基础。

3.遵循企业会计准则的声明

企业应当声明编制的财务报表符合企业会计准则的要求，真实、完整地反映企业的财务状况、经营成果和现金流量等有关信息。

4.重要会计政策和会计估计的说明

会计政策是指企业在会计核算时所遵循的具体原则以及企业所采纳的具体会计处理方法。企业在附注中应当披露重要的会计政策及其确定的依据等。重要会计政策的说明，包括财务报表项目的计量基础和在运用会计政策过程中所作的重要判断等，如收入确认的具体原则、资产期末计价的方法、长期股权投资的核算方法、所得税的核算方法、借款费用的处理方法等。

会计估计是指企业对结果不确定的交易或者事项以最近可利用的信息为基础所作的判断。企业在附注中应当披露重要的会计估计，以及会计估计中所采用的关键假设和不确定的因素。重要的会计估计包括坏账准备的计提比例、固定资产预计可回收金额等。

5.会计政策和会计估计变更以及差错更正的说明

企业应当按照相关会计准则的规定，披露会计政策和会计估计变更以及差错更正的有关情况，主要包括：重要会计政策变更的内容、理由及变更的影响数等；会计估计变更的内容、理由及变更的影响数等；重大会计差错的内容及更正金额。

6.报表重要项目的说明

企业应当将文字和数字描述相结合、尽可能以列表形式披露报表重要项目的构成或当期增减变动情况，并且报表重要项目的明细金额合计，应当与报表项目金额相衔接。在披露顺序上，一般应当按照资产负债表、利润表、现金流量表、所有者权益变动表的顺序及其项目列示的顺序进行披露。企业应当在附注中披露费用，按照性质分类的利润表补充资料，可将费用分为耗用的原材料、职工薪酬费用、折旧费用、摊销费用等。

7.其他需要说明的重要事项

其他需要说明的重要事项主要包括承诺事项、资产负债表日后非调整事项、关联方关系及其交易等，具体的披露要求须遵循相关准则的规定。

三、会计报表附注披露的其他事项

（1）企业应当在附注中披露下列关于其他综合收益各项目的信息：

①其他综合收益各项目及其所得税影响；

②其他综合收益各项目原计入其他综合收益、当期转出计入当期损益的金额；

③其他综合收益各项目的期初和期末余额及其调节情况。

（2）企业应当在附注中披露终止经营的收入、费用、利润总额、所得税费用和净利润，以及归属于母公司所有者的终止经营利润。

（3）终止经营，是指满足下列条件之一的已被企业处置或被企业划归为持有待售的、在经营和编制财务报表时能够单独区分的组成部分：

①该组成部分代表一项独立的主要业务或一个主要经营地区；

②该组成部分是拟对一项独立的主要业务或一个主要经营地区进行处置计划的一部分；

③该组成部分是仅仅为了再出售而取得的子公司。

同时满足下列条件的企业组成部分（或非流动资产，下同）应当确认为持有待售：该组成部分必须在其当前状况下仅根据出售此类组成部分的惯常条款即可立即出售；企业已经就处置该组成部分作出决议，如按规定需得到股东批准的，应当已经取得股东大会或相应权力机构的批准；企业已经与受让方签订了不可撤销的转让协议；该项转让将在一年内完成。

（4）企业应当在附注中披露在资产负债表日后、财务报告批准报出日前提议或宣布发放的股利总额和每股股利金额（或向投资者分配的利润总额）。

第三章　财务会计货币资金管理分析

第一节　货币资金概述

一、货币资金的内容

货币资金是企业经营过程中以货币形态存在的资产，是企业资产的重要组成部分，也是企业资产中流动性较强的一种资产。任何企业要进行生产经营活动都必须拥有货币资金，持有货币资金是进行生产经营活动的基本条件。货币资金作为支付手段。可用于支付各项费用、清偿各种债务及购买其他资产，因而具有普遍的可接受性。根据货币资金的存放地点及其用途的不同，货币资金分为现金、银行存款、其他货币资金。就会计核算而言，货币资金的核算并不复杂，但由于货币资金具有高度的流动性，因而在组织会计核算过程中，加强货币资金的管理和控制是至关重要的。

二、货币资金的控制

货币资金是企业资产中流动性较强的资产，加强对其管理和控制，对于保障企业资产安全完整、提高货币资金周转和使用效益具有重要的意义。加强对货币资金的控制，应当结合企业生产经营特点，制定相应的控制制度并监督实施。一般来说，货币资金的管理和控制应当遵循如下原则：

（1）严格职责分工。将涉及货币资金不相容的职责分由不同的人员担任，形成严密的内部牵制制度，以减少和降低货币资金管理上舞弊的可能性。

（2）实行交易分开。将现金支出业务和现金收入业务分开进行处理，防止将现金收入直接用于现金支出的坐支行为。

（3）实行内部稽核。设置内部稽核单位和人员，建立内部稽核制度，以加强对货币资金管理的监督，及时发现货币资金管理中存在的问题，改进对货币资金的管理控制。

（4）实施定期轮岗制度。对涉及货币资金管理和控制的业务人员实行定期轮换岗位。通过轮换岗位，减少货币资金管理和控制中产生舞弊的可能性，并及时发现有关人员的舞弊行为。

第二节　现金

一、现金的概念及范围

现金是货币资金的重要组成部分，作为通用的支付手段，也是对其他资产进行计量的一般尺度和会计处理的基础。它具有不受任何契约的限制，可以随时使用的特点。既可以随时用其购买所需的物资，支付有关的费用，偿还债务，也可以随时存入银行。由于现金是流动性最强的一种货币资金，企业必须对现金进行严格的管理和控制，使现金能在经营过程中合理通畅地流转，提高现金使用效益，保护现金安全。

现金有狭义的概念和广义的概念之分。狭义的现金仅指库存现金，包括人民币现金和外币现金。我国会计实务中定义的现金即为狭义的现金，而很多西方国家较多地采用了广义的现金概念。广义的现金除库存现金外，还包括银行存款，也包括其他符合现金定义、可以普遍接受的流通中的票证，如个人支票、旅行支票、银行汇票、银行本票、邮政汇票等。但下列各项不应列为现金：

（1）企业为取得更高收益而持有的金融市场的各种基金、存款证以及其他类似的短期有价证券，这些项目应列为短期投资。

（2）企业出纳手中持有的邮票、远期支票、被退回或止付的支票、职工借条等。其中，邮票应作为库存办公用品或待摊费用；欠款客户出具的远期支票应作为应收票据；因出票人存款不足而被银行退回或出票人通知银行停止付款的支票，应转为应收账款；职工借条应作为其他应收款。

（3）其他不受企业控制、非日常经营使用的现金。例如，公司债券偿债基金、受托人的存款、专款专储等供特殊用途使用的现金。

二、现金的内部控制

由于现金是交换和流通手段，又可以当成财富来储蓄，其流动性又最强，因而最容易被挪用或侵占。因此，任何企业都应特别重视现金的管理。现金流动是否合理和恰当，对企业的资金周转和经营成败至关重要。为确保现金的安全与完整，企业必须建立健全现金的内部控制制度。而且，由于现金是一项非生产性资产，除存款利息外不能为企业创造任何价值，因此企业的现金在保证日常开支需要的前提下不应持有过多，健全现金的内部控制制度有助于企业保持合理的现金存量。

当然，现金内部控制的目的并不是发现差错，而是要减少发生差错、舞弊、欺诈的机会。一个有效的内部控制制度，不允许由单独一个人自始至终地操纵和处理一笔业务的全过程。

必须在各自独立的部门之间有明确合理的分工，不允许一个人兼管现金的收入和支付，不允许经管现金的人员兼管现金的账册。内部控制制度在一定程度上起到保护现金资产安全的作用。此外，也可以利用电子计算机监管各项记录的正确性和提高现金收付的工作效率。

健全的现金内部控制制度包括现金收入控制、现金支出控制和库存现金控制三个部分。

1. 现金收入的内部控制

现金收入主要与销售产品或提供劳务的活动有关，所以应健全销售和应收账款的内部控制制度，作为现金收入内部控制制度的基础。

现金收入控制的目的是要保证全部现金收入都无一遗漏地入账。其基本内容有：

（1）签发现金收款凭证（收据）与收款应由不同的经办人员负责办理。一般由销售部经办销售业务的人员填制销货发票和收款收据，会计部门出纳员据以收款，其他会计人员据以入账。处理现金收入业务的全过程由不同人员办理，可以确保销货发票金额、收据金额和入账金额完全一致，能达到防止由单独一个人经办可能发生弊端的目的，起到相互牵制的作用。

（2）一切现金收入必须当天入账，尽可能在当天存入银行，不能在当天存入银行的，应该于次日上午送存银行，防止将现金收入直接用于现金支出的"坐支"行为。

（3）一切现金收入都应无一例外地开具收款收据。对收入款有付款单位开给的凭证，会计部门在收到时，仍应开收据给交款人，以分清彼此责任。

（4）建立"收据销号"制度，监督收入款项的入账。即根据开出收据的存根与已入账的收据联，按编号、金额逐张核对，核对无误后予以注销。作废的收据应全联粘贴在存根上。"收据销号"的目的是确保已开出的收据无一遗漏地收到了款项，且现金收入全部入账。

（5）控制收款收据和销货发票的数量和编号。领用收据应由领用人签收领用数量和起讫编号。收据存根由收据保管人收回，回收时要签收，并负责保管。要定期查对尚未使用的空白收据，防止短缺遗失。已使用过的收据和发票应清点、登记、封存和保管，并按规定手续审批后销毁。

（6）对于邮政汇款，在收到时应由两人会同拆封，并专门登记有关来源、金额和收据情况。

（7）企业从开户银行提取现金，应当写明用途，加盖预留银行印鉴，经开户银行审核后，予以支付现金。

2. 现金支出的内部控制

现金支出控制的目的是要保证不支付任何未经有关主管认可批准付款的款项。现金支出要遵守国家规定的结算制度和现金管理办法。其基本内容有：

（1）支付现金要符合国家规定的现金使用范围。根据国务院颁发的《现金管理暂行条例》的规定，下列几种情况允许企业使用现金结算：

①支付职工的工资、津贴；

②个人劳务报酬；

③支付给个人的科学技术、文化艺术、体育等各项奖金；

④向个人收购农副产品或其他物资而支付的款项；

⑤各种劳保、福利费用以及国家规定的对个人的其他支出，如支付的各种抚恤金、退休金、社会保险和社会救济支出；

⑥出差人员必须随身携带的差旅费；

⑦转账结算起点以下（1000元）的零星开支；

⑧中国人民银行规定的其他使用现金的范围。

（2）与付款相关的授权、采购、出纳、记账工作应由不同的经办人员负责，不能职责不分，一人兼管。

（3）支票的签发至少要由两人签字或盖章，以相互牵制、互相监督。

（4）任何款项的支付都必须以原始凭证作为依据，由经办人员签字证明，分管主管人员审批，并经有关会计人员审核后，出纳人员方能据以办理付款。

（5）付讫的凭证要盖销"银行付讫"或"现金付讫"章，并定期装订成册，由专人保管，以防付款凭证遭盗窃、窜改和重复报销等情况的发生。

按照上述内部控制的内容，处理现金支出业务应遵照规定的程序进行。

3. 库存现金的内部控制

库存现金控制的目的是要确定合理的库存现金限额，并保证库存现金的安全、完整。其基本内容有：

（1）正确核定库存现金限额，超过限额的现金应及时送存银行。库存现金限额应由开户银行和企业共同根据企业的日常零星开支的数额及距离银行远近等因素确定。企业一般保留3到5天的零用现金，最多不得保留超过15天的零用现金。库存现金限额一经确定，超过部分必须在当天或次日上午由企业解交银行。未经银行许可，企业不得擅自坐支现金。确实情况特殊，需坐支现金的，应由企业向银行提交坐支申请，在银行批准的坐支额度内坐支，并按期向银行报告坐支情况。库存现金低于限额时企业可向银行提取现金，补充限额。

（2）出纳人员必须及时登记现金记账，做到日清月结，不得以不符合财务制度和会计凭证手续的"白条"和单据抵充库存现金；不准谎报用途套取现金；不准用银行账户代其他单位和个人存入或支取现金；不准将单位收入的现金以个人名义存储，即"公款私存"；不准保留账外公款，不得设置小金库等。每天营业终了后要核对库存现金和现金日记账的账面余额，发现账实不符，要及时查明原因并予以处理。

（3）内部审计或稽核人员要定期对库存现金进行核查，也可根据需要进行临时抽查。

在实务中，不同企业由于其业务性质、经营规模、人员数量、现金的来源渠道和支出用途等因素不同，其现金控制制度也不尽相同。然而，不同条件下设立内部控制制度应遵循的基本原则是相同的。其基本原则主要体现在两个方面：第一，实施处理现金业务的合理分工，即现金收支业务包括授权、付款、收款和记录等各个环节，应由不同的人员来完成，以便形成严密的内部牵制制度；第二，加强银行对现金收支的控制和监督，即企业应尽可能保持最少量的库存现金，绝大部分现金应存入银行，主要的现金支出都使用支票通过银行办理。这样，不仅可以减少保存大量库存现金的成本和风险，而且银行提供的对账单也为检查现金收支记录的正确性提供了依据。

三、现金业务的会计处理

为加强对现金的核算，企业应设置"现金"账。"现金"账户借方反映由于现销、提现等而增加的现金，贷方反映由于现购、现金送存银行、发放工资、支付其他费用等而减少的现金。该账户期末借方余额反映企业实际持有的库存现金。

另外，为随时掌握现金收付的动态和库存余额，保证现金的安全，企业必须设置"现金日记账"，按照业务发生的先后顺序逐笔序时登记。每日终了，应根据登记的"现金日记账"结余数与实际库存数进行核对，做到账实相符。月份终了，"现金日记账"的余额必须与"现金"总账的余额核对相符。

有外币现金收支业务的单位，应当按照人民币现金、外币现金的币种设置现金账户进行明细核算。

第三节 银行存款

银行存款是企业存放在银行或其他金融机构的货币资金。依国家有关规定，凡是独立核算的单位都必须在当地银行开设账户。企业在银行开设账户以后，超过限额的现金必须存入银行；除按规定限额保留库存现金，以及在规定的范围内可以用现金直接支付的款项外，在经营过程中所发生的一切货币收支业务，都必须通过银行存款账户进行结算。

一、银行存款账户的管理

1.银行存款账户的类型

正确开立和使用银行账户是做好资金结算工作的基础，企业只有在银行开立了存款账户，才能通过银行同其他单位进行结算，办理资金的收付。

《银行账户管理办法》将企事业单位的存款账户划分为四类，即基本存款账户、一般存款账户、临时存款账户和专用存款账户。

一般企事业单位只能选择一家银行的一个营业机构开立一个基本存款账户，主要用于办理日常的转账结算和现金收付，企事业单位的工资、奖金等现金的支取只能通过该账户办理；企事业单位可在其他银行的一个营业机构开立一个一般存款户，该账户可办理转账结算和存入现金，但不能支取现金；临时存款账户是存款人因临时经营活动需要开立的账户，如临时采购资金等；专用存款账户是企事业单位因特定用途需要开立的账户，如基本建设项目专项资金。

2.银行存款账户的管理

为了加强对基本存款账户的管理，企事业单位开立基本存款账户实行开户许可证制度，必须凭中国人民银行当地分支机构核发的开户许可证办理。对银行存款账户的管理规定如下：

（1）企事业单位不得为还贷、还债和套取现金而多头开立基本存款账户；

（2）不得出租、出借银行账户；

（3）不得违反规定在异地存款和贷款而开立账户；

（4）任何单位和个人不得将单位的资金以个人名义开立账户存储。

二、银行结算方式的种类

在我国，企业日常与其他企业或个人的大量的经济业务往来，都是通过银行结算的，银行是社会经济活动中各项资金流转结算的中心。为了保证银行结算业务的正常开展，使社会经济活动中各项资金得以通畅流转，根据《中华人民共和国票据法》和《票据管理实施办法》，中国人民银行总行对银行结算办法进行了全面的修改和完善，形成了《支付结算办法》，并于1997年12月1日正式施行。

《支付结算办法》规定，企业目前可以选择使用的票据结算工具主要包括银行汇票、商业汇票、银行本票和支票，可以选择使用的结算方式主要包括汇兑、托收承付和委托收款三种结算方式以及信用卡，另外还有一种国际贸易采用的结算方式，即信用证结算方式。

1.银行汇票

银行汇票是由出票银行签发的，由其在见票时按照实际结算金额无条件支付给收款人或持票人的票据。银行汇票具有使用灵活、票随人到、兑现性强等特点，适用于先收款后发货或钱货两清的商品交易。单位和个人各种款项结算，均可使用银行汇票。

银行汇票可以用于转账，填明"现金"字样的银行汇票也可以用于支取现金。银行汇票的付款期为1个月。超过付款期限提示付款不获付款的，持票人须在票据权利时效内向出票银行做出说明，并提供本人身份证件或单位证明，持银行汇票和解讫通知向出票银行请求付款。丢失的银行汇票，失票人可凭人民法院出具的其享有票据权利的证明向出票银行请示付款或退款。

企业支付购货款等款项时，应向出票银行填写"银行汇票申请书"，填明收款人名称、支付人、申请人、申请日期等事项并签章，签章为其预留银行的印鉴。银行受理银行汇票申请书，收妥款项后签发银行汇票，并用压数机压印出票金额，然后将银行汇票和解讫通知一并交给汇款人。

申请人取得银行汇票后即可持银行汇票向填明的收款单位办理结算。银行汇票的收款人可以将银行汇票背书转让给他人。背书转让以不超过出票金额的实际结算金额为限，未填写实际结算金额或实际结算金额超过出票金额的银行汇票不得背书转让。

收款企业在收到付款单位送来的银行汇票时，应在出票金额以内，根据实际需要的款项办理结算，并将实际结算金额和多余金额准确清晰地填入银行汇票和解讫通知的有关栏内。银行汇票的实际结算金额低于出票金额的，其多余金额由出票银行退交申请人。收款企业还应填写进账单并在汇票背面"持票人向银行提示付款签章"处签章，签章应与预留银行的印鉴相同，然后，将银行汇票和解讫通知、进账单一并交开户银行办理结算，银行审核无误后，办理转账。

2. 银行本票

银行本票是由银行签发的、承诺自己在见票时无条件支付确定的金额给收款人或者持票人的票据。银行本票由银行签发并保证兑付，而且见票即付，具有信誉高、支付功能强等特点。用银行本票购买材料物资，销货方可以见票付货，购货方可以凭票提货，债权债务双方可以凭票清偿。收款人将本票交存银行，银行即可为其入账。无论单位或个人，在同一票据交换区域都可以使用银行本票支付各种款项。

银行本票分为定额本票和不定额本票: 定额本票面值分别为1000元、5000元、10000元、50000元。在票面划去转账字样的为现金本票。

银行本票的付款期限为自出票日起最长不超过2个月，在付款期内银行本票见票即付; 超过提示付款期限不获付款的，在票据权利时效内向出票银行做出说明，并提供本人身份证或单位证明，可持银行本票向银行请求付款。

企业支付购货款等款项时，应向银行提交"银行本票申请书"，填明收款人名称、申请人名称、支付金额、申请日期等事项并签章。申请人或收款人为单位的，银行不予签发现金银行本票。出票银行受理银行本票申请书后，收妥款项签发银行本票。不定额银行本票用压数机压印出票金额，出票银行在银行本票上签章后交给申请人。

申请人取得银行本票后，即可向填明的收款单位办理结算。收款单位可以根据需要在票据交换区域内背书转让银行本票。

收款企业在收到银行本票时，应该在提示付款时在本票背面"持票人向银行提示付款签章"处加盖预留银行印鉴，同时填写进账单，连同银行本票一并交开户银行转账。

3. 商业汇票

商业汇票是出票人签发的、委托付款人在指定日期无条件支付确定的金额给收款人或者持票人的票据。在银行开立存款账户的法人以及其他组织之间须具有真实的交易关系或债权债务关系，才能使用商业汇票。商业汇票的付款期限由交易双方商定，但最长不得超过6个月。商业发票的提示付款期限自汇票到期日起10日内。

　　存款人领购商业汇票，必须填写"票据和结算凭证领用单"并加盖预留银行印鉴；存款账户结清时，必须将全部剩余空白商业汇票交回银行注销。

　　商业汇票可以由付款人签发并承兑，也可以由收款人签发交由付款人承兑。定日付款或者出票后定期付款的商业汇票，持票人应当在汇票到期日前向付款人提示承兑；见票后定期付款的汇票，持票人应当自出票日起1个月内向付款人提示承兑。汇票未按规定期限提示承兑的，持票人即丧失对其前手的追索权。付款人应当自收到提示承兑的汇票之日起3日内承兑或者拒绝承兑。付款人拒绝承兑的，必须出具拒绝承兑的证明。商业汇票可以背书转让。符合条件的商业承兑汇票的持票人可持未到期的商业承兑汇票连同贴现凭证，向银行申请贴现。

　　商业汇票按承兑人不同分为商业承兑汇票和银行承兑汇票两种。

　　（1）商业承兑汇票

　　商业承兑汇票是由银行以外的付款人承兑。商业承兑汇票按交易双方约定，由销货企业或购货企业签发，但由购货企业承兑。承兑时，购货企业应在汇票正面记载"承兑"字样和承兑日期并签章。承兑不得附有条件，否则视为拒绝承兑。汇票到期时，购货企业的开户银行凭票将票款划给销货企业或贴现银行。销货企业应在提示付款期限内通过开户银行委托收款或直接向付款人提示付款。对异地委托收款的，销货企业可匡算邮程，提前通过开户银行委托收款。汇票到期时，如果购货企业的存款不足支付票款，开户银行应将汇票退还销货企业，银行不负责付款，由购销双方自行处理。

　　（2）银行承兑汇票

　　银行承兑汇票由银行承兑，由在承兑银行开立存款账户的存款人签发。承兑银行按票面金额向出票人收取万分之五的手续费。

　　购货企业应于汇票到期前将票款足额交存其开户银行，以备由承兑银行在汇票到期日或到期日后的见票当日支付票款。销货企业应在汇票到期时将汇票连同进账单送交开户银行以便转账收款。承兑银行凭汇票将承兑款项无条件转给销货企业，如果购货企业于汇票到期日未能足额交存票款时，承兑银行除凭票向持票人无条件付款外，对出票人尚未支付的汇票金额按照每天万分之五计收罚息。

　　采用商业汇票结算方式，可以使企业之间的债权债务关系表现为外在的票据，使商业信用票据化，加强约束力，有利于维护和发展社会主义市场经济。对于购货企业来说，由于可以延期付款，可以在资金暂时不足的情况下及时购进材料物资，保证生产经营顺利进行。对于销货企业来说，可以疏通商品渠道，扩大销售，促进生产。汇票经过承兑，信用较高，可以按期收回货款，防止拖欠，在急需资金时，还可以向银行申请贴现，融通资金，比较灵活。销货企业应根据购货企业的资金和信用情况不同，选用商业承兑汇票或银行承兑汇票；购货企业应加强资金的计划管理，调度好货币资金，在汇票到期以前，将票款送存开户银行，保证按期承付。

4. 支票

支票是单位或个人签发的、委托办理支票存款业务的银行在见票时无条件支付确定的金额给收款人或者持票人的票据。

支票结算方式是同城结算中应用得比较广泛的一种结算方式。单位和个人在同一票据交换区域的各种款项结算，均可以使用支票。支票由银行统一印制，支票上印有"现金"字样的为现金支票。支票上印有"转账"字样的为转账支票，转账支票只能用于转账。未印有"现金"或"转账"字样的为普通支票，普通支票可以用于支取现金，也可以用于转账。在普通支票左上角划两条平行线的，为划线支票，划线支票只能用于转账，不得支取现金。

支票的提示付款期限为自出票日起 10 日内，中国人民银行另有规定的除外。超过提示付款期限的，持票人开户银行不予受理，付款人不予付款。转账支票可以根据需要在票据交换区域内背书转让。

存款人领购支票，必须填写"票据和结算凭证领用单"并加盖预留银行印鉴。存款账户结清时，必须将全部剩余空白支票交回银行注销。

企业财会部门在签发支票之前，出纳人员应该认真查明银行存款的账面结余数额，防止签发超过存款余额的空头支票。签发空头支票，银行除退票外，还按票面金额处以 5% 但不低于 1000 元的罚款。持票人有权要求出票人赔偿支票金额 2% 的赔偿金。签发支票时，应使用蓝黑墨水或碳素墨水，将支票上的各要素填写齐全，并在支票上加盖其预留的银行印鉴。出票人预留银行的印鉴是银行审核支票付款的依据。银行也可以与出票人约定使用支付密码，作为银行审核支付支票金额的条件。

5. 信用卡

信用卡是指商业银行向个人和单位发行的，凭以向特约单位购物、消费和向银行存取现金且具有消费信用的特制载体卡片。

信用卡按使用对象分为单位卡和个人卡；按信誉等级分为金卡和普通卡。凡在中国境内金融机构开立基本存款账户的单位可申领单位卡。单位卡可申领若干张，持卡人资格由申领单位法定代表人或其委托的代理人书面指定和注销，持卡人不得出租或转借信用卡。单位卡账户的资金一律从其基本存款账户转账存入，在使用过程中，需要向其账户续存资金的，也一律从其基本存款账户转账存入，不得交存现金，不得将销货收入的款项存入其账户。单位卡一律不得用于 10 万元以上的商品交易、劳务供应款项的结算，不得支取现金。

信用卡在规定的限额和期限内允许善意透支，关于透支额，金卡最高不得超过 10000 元，普通卡最高不得超过 5000 元。透支期限最长为 60 天。透支利息，自签单日或银行记账日起 15 日内按日息万分之五计算；超过 15 日，则按日息万分之十计算；超过 30 日或透支金额超过规定限额的，按日息万分之十五计算。透支计算不分段，按最后期限或者最高透支额的最高利率档次计息。超过规定限额或规定期限，并且经发卡银行催收无效的透支行为称为恶意透支，持卡人使用信用卡不得发生恶意透支。严禁将单位的款项存入个人卡账户中。

单位或个人申领信用卡，应按规定填制申请表，连同有关资料一并送交发卡银行。符合条件并按银行要求交存一定金额的备用金后，银行为申领人开立信用卡存款账户，并发给信用卡。

6. 汇兑

汇兑是汇款人委托银行将其款项支付给收款人的结算方式。单位和个人的各种款项的结算，均可使用汇兑结算方式。

汇兑分为信汇、电汇两种。信汇是指汇款人委托银行通过邮寄方式将款项划转给收款人。电汇是指汇款人委托银行通过电报将款项划给收款人。这两种汇兑方式由汇款人根据需要选择使用。汇兑结算方式适用于异地之间的各种款项结算。这种结算方式划拨款项简便、灵活。

企业采用这一结算方式，付款单位汇出款项时，应填写银行印发的汇款凭证，列明收款单位名称、汇款金额及汇款的用途等项目，送达开户银行，委托银行将款项汇往收汇银行。收汇银行将汇款收进单位存款户后，向收款单位发出收款通知。

7. 委托收款

委托收款是收款人委托银行向付款人收取款项的结算方式。无论单位还是个人都可凭已承兑商业汇票、债券、存单等付款人债务证明办理同城或异地款项收取。委托收款还适用于收取电费、电话费等付款人众多且分散的公用事业费等有关款项。

委托收款结算款项划回的方式分为邮寄和电报两种。

企业委托开户银行收款时，应填写银行印制的委托收款凭证和有关的债务证明。在委托收款凭证中写明付款单位名称、收款单位名称、账号及开户银行，委托收款金额的大小写，款项内容，委托收款凭据名称及附寄单证张数等。企业的开户银行受理委托收款后，将委托收款凭证寄交付款单位开户银行，由付款单位开户银行审核，并通知付款单位。

付款单位收到银行交给的委托收款凭证及债务证明，应签收并在3天之内审查债务证明是否真实，是否是本单位的债务，确认之后通知银行付款。

付款单位应在收到委托收款通知的次日起3日内，主动通知银行是否付款。如果不通知银行，银行视同企业同意付款并在第4日，从单位账户中付出此笔委托收款款项。

付款人在3日内审查有关债务证明后，认为债务证明或与此有关的事项符合拒绝付款的规定，应出具拒绝付款理由书和委托收款凭证第五联及持有的债务证明，向银行提出拒绝付款。

8. 托收承付

托收承付是根据购销合同由收款人发货后委托银行向异地付款人收取款项，由付款人向银行承认付款的结算方式。使用托收承付结算方式的收款单位和付款单位，必须是国有企业、供销合作社以及经营管理较好，并经开户银行审查同意的城乡集体所有制工业企业。

办理托收承付结算的款项，必须是商品交易，以及因商品交易而产生的劳务供应的款项。代销、寄销、赊销商品的款项，不得办理托收承付结算。

托收承付款项划回方式分为邮寄和电报两种，由收款人根据需要选择使用；收款单位办理托收承付，必须具有商品发出的证件或其他证明。托收承付结算每笔的金额起点为10000元，新华书店系统每笔金额起点为1000元。

采用托收承付结算方式时，购销双方必须签有符合《经济合同法》的购销合同，并在合同上订明使用托收承付结算方式。销货企业按照购销合同发货后，填写托收承付凭证，盖章后连同发运证件（包括铁路、航运、公路等运输部门签发的运单、运单副本和邮局包裹回执）或其他符合托收承付结算的有关证明和交易单证送交开户银行办理托收手续。

销货企业开户银行接受委托后，将托收结算凭证回联退给企业，作为企业进行账务处理的依据，并将其他结算凭证寄往购货单位开户银行，由购货单位开户银行通知购货单位承认付款。

购货企业收到托收承付结算凭证和所附单据后，应立即审核是否符合订货合同的规定。按照《支付结算办法》的规定，承付货款分为验单付款与验货付款两种，这在双方签订合同时约定。验单付款是购货企业根据经济合同对银行转来的托收结算凭证、发票账单、托运单及代垫运杂费等单据进行审查无误后，即可承认付款。为了便于购货企业对凭证的审核和筹措资金，结算办法规定承付期为3天，从付款人开户银行发出承付通知的次日算起（承付期内遇法定休假日顺延）。购货企业在承付期内，未向银行表示拒绝付款，银行即视作承付，并在承付期满的次日（法定休假日顺延）上午银行开始营业时，将款项主动从付款人的账户内付出，按照销货企业指定的划款方式，划给销货企业。验货付款是购货企业待货物运达企业，对其进行检验与合同完全相符后才承认付款。为了满足购货企业组织验货的需要，结算办法规定承付期为10天，从运输部门向购货企业发出提货通知的次日算起。承付期内购货企业未表示拒绝付款的，银行视为同意承付，于10天期满的次日上午银行开始营业时，将款项划给收款人。为满足购货企业组织验货的需要，对收付双方在合同中明确规定，并在托收凭证上注明验货付款期限的，银行从其规定。

对于下列情况，付款人可以在承付期内向银行提出全部或部分拒绝付款：（1）没有签订购销合同或购销合同未订明托收承付结算方式的款项；（2）未经双方事先达成协议，收款人提前交货或因逾期交货付款人不再需要该项货物的款项；（3）未按合同规定的到货地址发货的款项；（4）代销、寄销、赊销商品的款项；（5）验单付款，发现所列货物的品种、规格、数量、价格与合同规定不符，或货物已到，经查验货物与合同规定或发货清单不符的款项；（6）验货付款，经查验货物与合同规定或与发货清单不符的款项；（7）货款已经支付或计算错误的款项。

不属于上述情况的，购货企业不得提出拒付。

购货企业提出拒绝付款时，必须填写"拒绝付款理由书"，注明拒绝付款理由，涉及合同的应引证合同上的有关条款。属于商品质量问题，需要提出质量问题的证明；属于外贸部门进口商品，应当提出国家商品检验或运输等部门出具的证明，向开户银行办理拒付手续。

银行同意部分或全部拒绝付款的，应在拒绝付款理由书上签注意见，并将拒绝付款理由书、拒付证明、拒付商品清单和有关单证邮寄收款人开户银行转交销货企业。

付款人开户银行对付款人逾期支付的款项，根据逾期付款金额和逾期天数，按每天万分之五计算逾期付款赔偿金。逾期付款天数从承付期满日算起。银行审查拒绝付款期间不算做付款人逾期付款，但对无理拒绝付款而增加银行审查时间的，从承付期满日起计算逾期付款赔偿金。赔偿金实行定期扣付，每月计算一次，于次月3日内单独划给收款人。赔偿金的扣付列为企业销货收入扣款顺序的首位。付款人账户余额不足支付时，应排列在工资之前，并对该账户采取"只收不付"的控制办法，直至足额扣付赔偿金后才准予办理其他款项的支付，由此产生的经济后果由付款人自负。

9. 信用证

信用证结算方式是国际结算的一种主要方式。经中国人民银行批准经营结算业务的商业银行总行以及经商业银行总行批准开办信用证结算业务的分支机构，也可以办理国内企业之间商品交易的信用证结算业务。

采用信用证结算方式的，收款单位收到信用证后，即备货装运，签发有关发票账单，连同运输单据和信用证，送交银行，根据退还的信用证等有关凭证编制收款凭证；付款单位在接到开证行的通知时，根据付款的有关单据编制付款凭证。

企业通过银行办理支付结算时应当认真执行国家各项管理办法和结算制度。中国人民银行颁布的《支付结算办法》规定：

（1）单位和个人办理结算，不准签发没有资金保证的票据或远期支票，套取银行信用；

（2）不得签发、取得或转让没有真实交易和债权债务的票据，套取银行和他人的资金；

（3）不准无理拒绝付款，任意占用他人资金；

（4）不准违反规定开立和使用账户。

三、银行存款业务的会计处理

为正确核算银行存款，企业应按开户银行和其他金融机构、存款种类等，分别设置"银行存款日记账"，由出纳人员根据收付款凭证，按照业务的发生顺序逐笔登记，每日终了应结出余额。该账户借方反映由于销售、收回款项、现金送存银行等而增加的银行存款，贷方反映由于购货、支付款项、提现等而减少的银行存款；期末借方余额，反映企业实际存在银行或其他金融机构的款项。月末"银行存款日记账"账面余额应与"银行存款"总账余额核对相符。

有外币存款的企业，应分别为人民币和各种外币设置"银行存款日记账"进行明细核算。

"银行存款日记账"应定期与"银行对账单"核对。至少每月核对一次。月度终了，企业银行存款日记账账面余额与银行对账单余额之间如有差额，必须逐笔查明原因进行处理。并按月编制"银行存款余额调节表"调节相符。

企业应加强对银行存款的管理，并定期对银行存款进行检查。如果有确凿证据表明存在银行或其他金融机构的款项已经部分不能收回，或者全部不能收回，如吸收存款的单位已宣告破产，其破产财产不足以清偿的部分，或者全部不能清偿的，应当作为当期损失，记入"营业外支出"科目。

四、银行存款余额的调节

企业每月应将银行存款日记账余额与银行对账单余额进行核对，以检查企业银行存款记录的正确性。

1.银行存款余额差异的原因

企业银行存款日记账余额与银行对账单余额往往不一致，造成差异的原因是多方面的，主要有：

（1）银行或企业的某一方或双方漏记某一项或几项交易；

（2）银行或企业的某一方或双方记账错误；

（3）存在未达账项。

未达账项是指由于企业与银行取得凭证的时间不同，导致记账时间不一致发生的一方已取得结算凭证且登记入账，而另一方由于尚未取得结算凭证尚未入账的款项。未达账项一般有以下四种情况：

（1）企业已收款入账而银行尚未入账的款项，即企业已收，银行未收。如企业销售产品收到支票，送存银行后即可根据银行盖章退回的"进账单"回单联登记银行存款的增加，但由于银行尚未办妥兑收手续而未入账。在这种情况下，若不考虑其他因素，则企业"银行日记账"余额要大于"银行对账单"余额。

（2）企业已付款入账而银行尚未入账的款项，即企业已付，银行未付。如企业开出支票支付购料款，企业根据支票存根、发票等凭证登记银行存款的减少，而银行由于收款人尚未持票向银行兑取而未入账。在这种情况下，若不考虑其他因素，则企业"银行存款日记账"余额要小于"银行对账单"余额。

（3）银行已收款入账而企业尚未入账的款项，即银行已收，企业未收。如银行已收妥企业托收的款项，已登记企业银行存款增加，企业由于尚未收到银行的收款通知而未入账，或已收到银行的收账通知但未及时入账。在这种情况下，若不考虑其他因素，则企业"银行存款日记账"余额小于"银行对账单"余额。

（4）银行已付款入账而企业尚未入账的款项，即银行已付，企业未付。如银行代企业直接支付的各种费用，银行已作为企业存款的减少入账，但企业尚未接到凭证而未入账，或已收到凭证但尚未及时入账。在这种情况下，若不考虑其他因素，则企业"银行存款日记账"余额要大于"银行对账单"余额。

2. 银行存款余额调节表的编制

企业银行存款日记账余额与银行对账单余额的差异,可通过编制银行存款余额调节表进行调节,并通过核对调节后余额是否一致,进一步检查企业银行存款记录的正确性,保证账实相符。

银行存款余额调节表有两种格式:一种格式是以企业银行存款日记账余额(或银行对账单余额)为起点,加减调整项目,调整到银行对账单余额(或企业银行存款日记账余额);另一种格式是分别以企业银行存款日记账余额和银行对账单余额为起点。加减各自的调整项目,分别得出两个调节后的余额。在会计实务中较多地采用了后一种格式。

如果调节后的银行存款日记账余额与银行对账单余额相符,一般表明双方记账正确(但也不排除存在差错的可能性,如两个差错刚好互相抵消,对余额没有影响)。如果调节后的余额还是有差异,则在已调整了全部未达账项情况下,表明记账有错误,应进一步查找并予以更正;否则,依然存在未调整的未达账项或记账错误。

3. 银行存款余额调节后的账务处理

对造成银行存款日记账与银行对账单余额差异的各项因素,应根据具体情况进行不同的处理。

(1)记账错误的处理

企业通过编制银行存款余额调节表发现的银行记账错误,应及时通知银行,予以更正;对于发现的自身记账错误,应根据错误类型采用划线更正法、红字更正法或补充登记法及时编制调整分录并登记入账。

(2)未达账项的处理

按照国际惯例,对于银行已入账,企业未入账的未达账项,应编制调整分录并登记入账。

这种做法的主要理由是:企业在月末不及时记录未达账项,可能会影响资产负债表对企业财务状况的恰当表达,使资产负债表上所表述的相关项目与银行存款余额将会同时不实。因此,企业应及时记录企业未记账的未达账项,以便公允地反映企业的财务状况。

我国现行会计实务对未达账项的处理与上述国际惯例完全不同。我国现行会计制度规定,对于未达账项不能以银行存款余额调节表作为原始凭证,据以调整银行存款账面记录。只有等到有关结算凭证到达企业时,才能据以进行相应的账务处理,且在下一月度应关注上月银行的未达账项是否及时入账。这一做法虽简化了会计核算,防止重复记账,但不利于财务状况的公允表达。因此,参照国际惯例,我国会计实务对未达账项的处理可做如下适当调整:

①月末不做账务处理,但对其中重大未达账项应在报表附注中加以披露;

②月末先将企业未记录的未达账项登记入账,下月初再将其转回,等收到有关凭证后再做正常处理。

五、财务预算与控制

（一）财务预算概述

1. 预算的概念

预算，是指企业在预测、决策的基础上，以数量和金额的形式反映企业在未来一定时期内经营活动、投资活动、财务活动等的具体计划，是为实现企业目标而对各种资源和企业活动进行的详细安排。预算是一种可据以执行和控制经济活动的最为具体的计划，是对目标的具体化，是将企业活动导向预定目标的有力工具。数量化和可执行性是预算的最主要特征。在实务中，只有经过预算，对企业未来的经济活动进行有预见性的安排，才能够应对未来可能发生的不确定性事项，降低风险，实现财务目标。

2. 全面预算

全面预算，是指企业为了实现其生产经营目标，将企业各个部门的经营活动进行规划，形成的一套反映企业预期经营活动的实施方案，财务预算是全面预算的核心内容。全面预算是由一系列的预算组成的，各种预算相互联系，构成比较复杂。

（1）全面预算的内容

全面预算通常包括经营预算、资本支出预算和财务预算三个部分。

①经营预算

经营预算，是指企业为了满足日常经营活动的需要而进行的预算，包括销售预算、生产预算、直接材料预算、直接人工预算、制造费用预算、销售及管理费用预算等。企业首先应根据市场需求及自身的生产能力，制定企业销售预算，销售预算是全面预算的起点。根据销售预算，企业分析生产能力能否达到生产要求，编制生产预算；根据生产预算的要求编制直接材料预算、直接人工预算、制造费用预算等。

②资本支出预算

资本支出预算，是指企业为满足生产需要而进行的长期投资预算，如固定资产的构建、扩建、改造等，资本支出预算需要长期筹资预算相配合；同时，根据销售预算确定生产预算，进而安排直接材料预算、直接人工预算、制造费用预算、销售费用预算、管理费用预算等。

③财务预算

财务预算，是指一系列专门反映企业未来一定预算期内预计财务状况和经营成果，以及现金收支等价值指标的各种预算的总称。财务预算具体包括现金预算、预计利润表、预计资产负债表和预计现金流量表。在全面预算中，财务预算的综合性最强，是预算的核心内容；而财务预算使用的各类指标又依赖于经营预算和资本支出预算，因此，经营预算和资本支出预算是财务预算的基础和前提。在实务中，预算是围绕企业产品或服务的销售额作为起点展开的，因此，销售预算是整个预算管理体系的基础和前提。

（2）全面预算的作用

全面预算作为一种综合管理方法，通过将管理决策数量化实现财务管理功能，在企业的经营管理活动中发挥着重要作用，其作用主要包括以下几个方面：

①明确企业经营目标

全面预算是企业目标的具体化，将企业各个部门都纳入预算来管理，将企业的总目标分解为各个部门的目标，各个部门根据各自的预算，对当年的生产经营情况提出明确的目标。全面预算构成一套完整的预算体系，是从上而下的目标定位，各层级的预算相互影响，共同完成企业的预算目标。

②协调好各方面的关系

为了使各个职能部门向着共同的企业目标前进，各部门的经济活动必须密切配合，相互协调，统筹兼顾，全面安排，搞好综合平衡。各部门之间只有协调一致，才能最大限度地实现企业的整体目标。全面预算经过综合平衡后可以提供解决各层级各部门利益冲突的最佳办法，代表企业的最优方案，可以使各层级各部门的工作在此基础上协调地进行。因此，企业的各层级各部门只有统一目标、统一方向、统一步调，才能更好地完成企业的目标。

③控制经济活动

通过预算指标可以控制企业实际经济活动的过程，随时发现问题，采取必要的措施，纠正不良偏差，避免经营活动的漫无目的、随心所欲，通过有效的方式实现预期目标。因此，预算具有规划、控制、引导企业经济活动有序进行、以最经济有效的方式实现预定目标的功能。

④考核评价业绩

预算作为企业财务活动的行为标准，使各项活动的实际执行有章可循。预算标准可以作为各部门责任考核的依据。经过分解落实的预算规划目标能与部门、责任人的业绩考核结合起来，成为奖勤罚懒、评估优劣的准则。在实务中，把预算目标与实际执行的结果进行对比，可作为考核评价部门和经理人员业绩的依据，以及升迁加薪的依据。

3.财务预算

在企业的全面预算体系中，财务预算非常重要，对企业的预算执行具有指导标杆的作用。财务预算包括现金预算、预计利润表、预计资产负债表和预计现金流量表。

（1）现金预算

现金预算又称现金收支预算，是指反映企业在预算期内全部现金流入和现金流出，以及由此预计的现金收支所产生的结果的预算。现金预算以销售预算、生产预算、成本与费用预算、预计资本支出预算为基础编制，是财务预算的核心。现金预算的内容包括现金收入、现金支出、现金余缺及资金的筹集与运用四个部分。其中，现金收入包括期初现金余额、预算期销售现金收入；现金支出包括预算期内的各种现金支出；现金余缺是指预算期内现金收入和现金支出的差额；资金的筹集与运用反映预算期内向银行借款、还款、支付利息、短期投资、投资收回等内容。

（2）预计利润表

预计利润表，是指反映和控制企业在预算期内损益情况和盈利水平的预算。它是在汇总销售预算、各项成本费用预算、资本支出预算等资料的基础上编制的。

（3）预计资产负债表

预计资产负债表，是指反映企业预算期末财务状况的总括性预算。它是依据当前的实际资产负债表和全面预算中的其他预算所提供的资料编制而成的。

（4）预计现金流量表

预计现金流量表，是指反映企业一定期间内现金流入与现金流出情况的一种财务预算。它是从现金的流入和流出两个方面，揭示企业一定期间内经营活动、投资活动和筹资活动所产生的现金流量。

（二）财务预算的编制方法与程序

1.财务预算的编制方法

财务预算构成一个完整的管理体系，有其成熟的预算方法。常见的财务预算编制方法主要包括固定预算与弹性预算、增量预算与零基预算、定期预算与滚动预算。

（1）固定预算与弹性预算编制方法

①固定预算编制方法

固定预算又称静态预算，是指以企业在预算期内正常的、可实现的某一既定业务量水平为基础来编制的预算。固定预算一般适用于费用项目固定或者变化很小的预算项目和数额比较稳定的预算项目。

固定预算编制容易、工作量小，可以根据企业上期数据直接填列，节约了预算编制的工作量。但是，固定预算具有以下两个方面的缺陷：一是预算编制过于呆板，因为编制预算的业务量基础是事先假定的某个业务量。在这种方法下，不论预算期内业务量水平实际可能发生哪些变动，都只按事先确定的某一个业务量水平作为编制预算的基础。二是可比性差，当实际的业务量与编制预算所依据的业务量发生较大差异时，有关预算指标的实际数与预算数就会因业务量基础不同而失去可比性。如凯城公司预计业务量为销售100000件产品，按此业务量给销售部门的预算费用为5000元。如果该销售部门实际销售量达到120000件，刚超出了预算业务量，固定预算下的费用仍为5000元。

②弹性预算编制方法

弹性预算，是指在成本（费用）习性分类的基础上，根据量、本、利之间的依存关系，考虑到计划期间业务量可能发生的变动，编制出一套适应多种业务量的费用预算，以便分别反映在不同业务量的情况下所应支出的成本费用水平。

弹性预算是为了弥补固定预算的缺陷而产生的，它克服了固定预算业务量固定、费用项目固定的不足。编制弹性预算所依据的业务量可以是生产量、销售量、机器工时、材料消耗量和直接人工工时等。弹性预算具有预算范围宽、可比性强的优点。弹性预算一般适用于与预算执行单位业务量有关的成本（费用）、利润等预算项目。

弹性预算的编制，既可以采用公式法，也可以采用列表法。

a. 公式法

公式法是假设成本和业务量之间存在线性关系，成本总额、固定成本总额、业务量和单位变动成本之间的变动关系可以表示为：

$$Y = a + bx$$

其中，Y 表示成本总额，a 表示不随业务量变动而变动的那部分固定成本，b 表示单位变动成本，x 表示业务量，某项目成本总额 Y 是该项目固定成本总额和变动成本总额之和。这种方法要求按上述成本与业务量之间的线性假定，将企业各项目成本总额分解为变动成本和固定成本两部分。

公式法的优点是：在一定范围内，预算可以随业务量的变动而变动，可比性和适应性强，编制预算的工作量相对较小。缺点是：按公式进行成本分解比较麻烦，对每个费用子项目甚至细目逐一进行成本分解，工作量很大。

b. 列表法

列表法是指通过列表的方式，将与各种业务量对应的预算数列示出来的一种弹性预算编制方法。

列表法的主要优点是：可以直接从表中查得各种业务量下的成本费用预算，不用再另行计算，因此直接、简便。缺点是：编制工作量较大，而且由于预算数不能随业务量变动而任意变动，弹性仍然不足。

（2）增量预算与零基预算编制方法

①增量预算编制方法

增量预算，是指以基期成本费用水平为基础，结合预算期业务量水平及有关降低成本的措施，通过调整有关费用项目而编制预算的方法。增量预算以过去的费用发生水平为基础，主张不需在预算内容上做较大的调整，它的编制遵循如下假定：企业现有业务活动是合理的，不需要进行调整；企业现有各项业务的开支水平是合理的，在预算期予以保持；以现有业务活动和各项活动的开支水平，确定预算期各项活动的预算数。

②零基预算编制方法

零基预算的全称为"以零为基础的编制计划和预算方法"，是指在编制预算费用时，不考虑以往会计期间所发生的费用项目或费用数额，而是一切以零为出发点，从实际需要逐项审议预算期内各项费用的内容及开支标准是否合理，在综合平衡的基础上编制预算费用的方法。

a. 零基预算的程序

企业内部各级部门的员工，根据企业的生产经营目标，详细讨论计划期内应该发生的费用项目，并对每一费用项目编写一套方案，提出费用开支的目的以及需要开支的费用数额。

划分不可避免费用项目和可避免费用项目。在编制预算时，对不可避免费用项目必须保证资金供应；对可避免费用项目，则需要逐项进行成本与效益分析，尽量控制将不可避免项目纳入预算当中。

划分不可延缓费用项目和可延缓费用项目。在编制预算时，应根据预算期内可供支配的资金数额在各费用之间进行分配。应优先安排不可延缓费用项目的支出。然后，再根据需要，按照费用项目的轻重缓急确定可延缓项目的开支。

b. 零基预算的优点

不受现有费用项目的限制；不受现行预算的束缚；能够调动各方面节约费用的积极性；有利于促使各基层单位精打细算，合理使用资金。

（3）定期预算与滚动预算编制方法

①定期预算编制方法

定期预算，是指在编制预算时，以不变的会计期间（如日历年度）作为预算期的一种编制预算的方法。这种方法的优点是能够使预算期间与会计期间相对应，便于将实际数与预算数进行对比，也有利于对预算执行情况进行分析和评价。但这种方法固定以1年为预算期，在执行一段时期之后，往往使管理人员只考虑剩下来的几个月的业务量，缺乏长远打算，导致一些短期行为的出现。

②滚动预算编制方法

滚动预算又称连续预算，是指在编制预算时，将预算期与会计期间脱离开，随着预算的执行不断地补充预算，逐期向后滚动，使预算期始终保持为一个固定长度（一般为12个月）的一种预算方法。

滚动预算的基本做法是使预算期始终保持12个月，每过1个月或1个季度，立即在期末增列1个月或1个季度的预算，逐期往后滚动，因而在任何一个时期都使预算保持为12个月的时间长度，故又叫连续预算或永续预算。这种预算能使企业各级管理人员对未来始终保持整整12个月时间的考虑和规划，从而保证企业的经营管理工作能够稳定而有序地进行。

滚动预算的编制还采用了长期计划、短期安排的方法进行，那就是在编制预算时，先按年度分季，并将其中第一季度按月划分，建立各月的明细预算数字，以便监督预算的执行；至于其他三个季度的预算，可以粗略一些，只列各季总数。到第一季度结束后，再将第二季度的预算按月细分，第三、四季度以及增列的下一年度的第一季度的预算只列出各季度的总数如此类推。采用这种方法编制的预算有利于管理人员对预算资料做经常性的分析研究，并根据当时预算的执行情况及时加以调整。

2. 预算的编制程序

企业预算的编制，涉及经营管理的各个部门，只有执行团队参与预算的编制，才能使预算成为他们自愿努力完成的目标，而不是外界强加给他们的枷锁。

企业预算的编制程序如下：企业决策机构根据长期规划，利用本量利分析等工具，提出企业一定时期的总目标，并下达规划指标；最基层成本控制人员自行草编预算，使预算能较为可靠、较为符合实际；各部门汇总部门预算，并初步协调本部门预算，编制出销售、生产、财务等预算；预算委员会审查、平衡各预算，汇总出公司的总预算；经过总经理批准，审议机构通过或者驳回修改预算；把主要预算指标报告给董事会或上级主管单位，讨论通过或者驳回修改；把批准后的预算下达给各部门执行。

（三）预算的编制

1.营业预算的编制

营业预算是企业日常营业活动的预算，企业的营业活动涉及供产销等各个环节及业务。营业预算包括销售预算、生产预算、材料采购预算、直接人工预算、制造费用预算、单位产品生产成本预算、销售及管理费用预算、专门决策预算等。

（1）销售预算

销售预算，是指在销售预测的基础上，根据企业年度目标利润确定的预计销售量、销售单价和销售收入等参数编制的，用于规划预算期销售活动的一种业务预算。在编制过程中，应根据年度内各季度市场预测的销售量和单价，确定预计销售收入，并根据各季现销收入与收回前期的应收账款反映现金收入额，以便为编制现金收支预算提供资料。根据销售预测确定的销售量和销售单价确定各期销售收入，并根据各期销售收入和企业信用政策，确定每期的销售现金流量，是销售预算的两个核心问题。

由于企业其他预算的编制都必须以销售预算为基础，因此，销售预算是编制全面预算的起点。

（2）生产预算

生产预算是为规划预算期生产数量而编制的一种业务预算，它是在销售预算的基础上编制的，并可以作为编制材料采购预算和生产成本预算的依据。编制生产预算的主要依据是预算期各种产品的预计销售量及存货期初期末资料，其计算公式为：

$$预计生产量 = 预计销售量 + 预计期末结存量 - 预计期初结存量$$

生产预算的要点是确定预算期的产品生产量和期末结存产品数量，前者为编制材料预算、人工预算、制造费用预算等提供基础，后者是编制期末存货预算和预计资产负债表的基础。

（3）材料采购预算

材料采购预算（直接材料预算）是为了规划预算期材料消耗情况及采购活动而编制的，用于反映预算期各种材料消耗量、采购量、材料消耗成本和材料采购成本等计划信息的一种业务预算。依据预计产品生产量和材料单位耗用量，确定生产需要耗用量，再根据材料的期初期末结存情况，确定材料采购量，最后根据采购材料的付款，确定现金支出情况。

$$某种材料耗用量 = 产品预计生产量 \times 单位产品定额耗用量$$

某种材料采购量＝某种材料耗用量＋该种材料期末结存量－该种材料期初结存量

（4）直接人工预算

直接人工预算是一种既反映预算期内人工工时消耗水平，又规划人工成本开支的业务预算。这项预算是根据生产预算中的预计生产量以及单位产品所需的直接人工小时和单位小时工资率编制的。在通常情况下，企业往往要雇用不同工种的人工，必须按工种类别分别计算不同工种的直接人工小时总数；然后将算得的直接人工小时总数分别乘以各该工种的工资率，再予以合计，即可求得预计直接人工成本的总数。

有关数据具体计算公式为：

①预计产品生产直接人工总工时

某种产品直接人工总工时＝单位产品定额工时 × 该产品预计生产量

单位产品定额工时是由单位产品生产工艺和技术水平决定的，由产品技术和生产部门提供定额标准；产品预计生产量来自生产预算。

②预计直接人工总成本

某种产品直接人工总成本＝单位工时工资率 × 该种产品直接人工总工时

编制直接人工预算时，一般认为各预算期直接人工都是直接以现金发放的，因此不再特别列示直接人工的现金支出。另外，按照我国现行制度规定，在直接工资以外，还需要计提应付福利费，此时应在直接人工预算中根据直接工资总额进一步确定预算期的预计应付福利费，并估计应付福利费的现金支出。为方便计算，假定应付福利费包括在直接人工总额中并全部以现金支付。

由于工资一般都要全部支付现金，因此，直接人工预算表中预计直接人工成本总额就是现金预算中的直接人工工资支付额。

（5）制造费用预算

制造费用预算是反映生产成本中除直接材料、直接人工以外的一切不能直接计入产品制造成本的间接制造费用的预算。这些费用必须按成本习性划分为固定费用和变动费用，分别编制变动制造费用预算和固定制造费用预算。编制制造费用预算时，应以计划期的一定业务量为基础来规划各个费用项目的具体预算数字。另外，在制造费用预算表下还要附有预计现金支出表，以方便编制现金预算。

变动制造费用预算部分，应区分不同费用项目，每一项目根据单位变动制造费用分配率和业务量（一般是直接人工总工时或机器工时等）确定各项目的变动制造费用预算数。其计算公式为：

某项目变动制造费用分配率＝该项目变动制造费用预算总额 ÷ 业务量预算总数

固定制造费用预算部分，也应区分不同费用项目，每一项目确定预算期的固定费用预算。

在编制制造费用预算时，为方便现金预算编制，还需要确定预算期的制造费用预算的现金支出部分。为方便计算，一般将制造费用中扣除折旧费后的余额，作为预算期内的制造费用现金支出。

（6）单位产品生产成本预算

单位产品生产成本预算是反映预算期内各种产品生产成本水平的一种业务预算。单位产品生产成本预算是在生产预算、材料采购预算、直接人工预算和制造费用预算的基础上编制的，通常应反映各产品单位生产成本，其计算公式为：

单位产品生产成本 = 单位直接材料成本 + 单位产品直接人工成本 + 单位产品制造费用

上述资料分别来自材料采购预算、直接人工预算和制造费用预算。

以单位产品生产成本预算为基础，还可以确定期末结存产品成本，其计算公式为：

期末结存产品成本 = 期初结存产品成本 + 本期产品生产成本 — 本期销售产品成本

公式中的期初结存产品成本和本期销售成本，应该根据具体的存货计价方法确定。确定期末结存产品成本后，可以与预计直接材料期末结存成本一起，一并在期末存货预算中予以反映。

（7）销售及管理费用预算

销售及管理费用预算，是指以价值形式反映整个预算期内为销售产品和维持一般行政管理工作而发生的各项目费用支出预算。该预算与制造费用预算一样，需要划分固定费用和变动费用列示，其编制方法也与制造费用预算相同。在该预算表下也应附列计划期间预计销售及管理费用的现金支出计算表，以便编制现金预算。

（8）专门决策预算

专门决策预算，又称资本支出预算，是指与项目投资决策相关的专门预算，它往往涉及长期建设项目的资金投放与筹集，并经常跨越多个年度。编制专门决策预算的依据，是项目财务可行性分析资料以及企业筹资决策资料。

2. 财务预算的编制

财务预算是企业预算的核心内容，属于企业的综合性预算，包括现金预算、利润表预算和资产负债表预算。

（1）现金预算

现金预算，是指以业务预算和专门决策预算为依据编制的，专门反映预算期内预计现金收入与现金支出，以及为满足理想现金余额而进行现金投融资的预算。现金预算由期初现金余额、现金收入、现金支出、现金余缺、现金投放与筹措五部分组成，其计算公式为：

期初现金余额 + 现金收入 — 现金支出 = 现金余缺

财务管理部门应根据现金余缺与期末现金余额的比较，来确定预算期的现金投放或筹措。当现金余缺大于期末现金余额时，应将超过期末余额的多余现金进行投资；当现金余缺小于现金余额时，应筹措现金，直到现金总额达到要求的期末现金余额。期末现金余额的计算公式为：

期末现金余额 = 现金余缺 + 现金筹措（现金不足时）= 现金余缺 — 现金投放（现金多余时）

（2）预计利润表

预计利润表用来综合反映企业在计划期的预计经营成果，是企业最主要的财务预算表之一编制预计利润表的依据是各业务预算、专门决策预算和现金预算。

（3）预计资产负债表

预计资产负债表用来反映企业在计划期末预计的财务状况。它的编制需以计划期开始日的资产负债表为基础，结合计划期间各项业务预算、专门决策预算、现金预算和预计利润表进行编制。它是编制全面预算的终点。

（四）财务控制

1.财务控制的概述

财务控制，是指以企业财务决策、财务预算为依据，按照一定的程序和方法，确保企业的内部机构和人员全面落实和实现对企业资金的取得、投放、使用和分配过程的控制。

财务管理包括财务预测、财务决策、财务预算、财务控制、财务分析等各个环节，其中财务预测、财务决策、财务预算指明了财务管理的方向和目标，财务控制则是保证实现财务管理目标的关键。财务控制的目的是确保预期目标的实现，尽可能求得最佳的经济效益，它是落实财务计划目标并保证其实现的有效工具。

财务控制借助责任预算、责任报告及业绩考核、内部转移价格等手段，通过价值指标将不同性质的业务综合起来监控，以不同岗位、部门和层次的不同经济业务为综合控制对象，是一种以日常现金流量为主要内容的全面控制。

（1）财务控制按内容分类

财务控制按内容可以分为一般控制和应用控制两类。

①一般控制。一般控制也称环境控制，是指对企业财务活动赖以进行的内部环境所实施的总体控制，包括组织结构控制、人员控制、财务预算、业绩评价体系、财务记录等内容的控制。这类控制具有间接性的特征，即通过对企业财务活动赖以进行的内部环境控制，间接地对企业财务控制质量等产生影响。

②应用控制。应用控制也称为业务控制，是指作用于企业财务活动的具体控制，包括业务处理程序中的批准与授权、审核与复核以及为保证资产安全而采取的限制措施等项控制。这类控制的特征在于它们具有直接防止和纠正财务收支错弊的作用。

（2）财务控制按功能分类

财务控制按照功能可以分为预防性控制、侦查性控制、纠正性控制、指导性控制和补偿性控制。

①预防性控制。预防性控制，是指为减少风险、错弊和非法行为发生或减少其发生机会而采取的一系列以防止为目的的控制活动。这类控制主要解决"如何事前就能够防止风险和错弊发生"的问题。

②侦查性控制。侦查性控制，是指为及时识别已经存在的风险以及已经发生的错弊和

非法行为，或增强识别能力所进行的各项控制。这类控制主要解决"如何揭露已经发生的风险和错弊"的问题。

③纠正性控制。纠正性控制，是指对那些通过侦查性控制查出来的风险和错弊问题所进行的调整和纠正的控制活动。这类控制主要解决"如何纠正已经发生的风险和错弊"的问题。

④指导性控制。指导性控制，是为了实现有利结果而进行的控制。这类控制主要强调"如何达到并实现有利结果"的问题。

⑤补偿性控制。补偿性控制，是针对某些环节的不足或缺陷而采取的控制措施。这类控制主要强调"如何补偿存在不足或缺陷的环节"的问题。

（3）财务控制按时间先后分类

财务控制按时间先后可以分为事前控制、事中控制和事后控制三类。

①事前控制。事前控制也称原因控制，是指企业在财务收支活动尚未发生之前，为防止企业财务资源在质和量上发生偏差而实施的控制。

②事中控制。事中控制，是指在企业财务活动发生的过程中，对财务收支活动所进行的控制。

③事后控制。事后控制，是指对财务活动的结果所进行的分析、评价控制。

2. 责任中心的概念

责任中心，是指企业为了能够进行有效的控制及内部协调，对承担一定经济责任并具有一定权力和利益的企业内部单位所划分的责任单位。建立责任中心是实行责任预算和责任会计的基础。

企业为了实行有效的内部协调与控制，通常都按照统一领导、分级管理的原则，在其内部合理划分责任单位，明确各责任单位应承担的经济责任、应有的权利，促使各个责任单位尽其责任协同配合实现企业预算总目标。

责任中心具有以下几个方面的特征：

（1）责任中心是一个责、权、利相结合的实体

每一个责任中心都要对一定的财务指标承担完成的责任；同时，责任中心被赋予与其所承担责任的范围与大小相适应的权利，并规定出相应的业绩考核标准和利益分配标准。

（2）责任中心具有承担经济责任的条件

责任中心具有承担经济责任的条件主要有以下两个方面：责任中心要有履行经济责任中各条款的行为能力；责任中心一旦不能履行经济责任，能对其后果承担责任。

（3）责任中心所承担的责任和行使的权利都应是可控的

每个责任中心只能对其职责范围内的成本、收入、利润和投资负责，这些内容必须是该中心所能控制的内容，在责任预算和业绩考评中也只应包括他们能控制的项目。可控是相对于不可控而言的，一般来说，责任层次越高，其可控范围越大。

（4）责任中心具有相对独立的经营业务和财务收支活动

责任中心具有相对独立的经营业务和财务收支活动，是确定经济责任的客观对象，是责任中心得以存在的前提条件。没有独立的经营业务和财务收支活动，就不存在任何程度的责任，也就不存在责任中心了，因此，责任中心应当有独立的经营业务和财务收支活动。

（5）责任中心便于进行责任会计核算或单独核算

责任中心不仅要划清责任，而且要单独核算，划清责任是前提，单独核算是保证。只有划清责任又能进行单独核算的企业内部单位，才是真正意义上的责任中心。

3. 责任中心的类型

根据企业内部责任中心的权限范围及业务活动的特点不同，责任中心一般分为成本中心、利润中心和投资中心三大类。

（1）成本中心

成本中心，是指不形成收入（或不考核其收入）而只对成本或费用承担责任的责任单位，因而不对收入、利润或投资负责。成本中心一般包括企业的供应部门、产品生产部门和管理部门等。

在一个企业中，成本中心的应用范围最广。从一般意义上来看，企业内部凡有成本发生，需要对成本负责并能对成本实施控制的责任单位，都可以设置为成本中心。如从企业工厂到车间、班组都可以称为成本中心。成本中心由于其层次规模不同，其控制和考核的内容也不尽相同，但基本上是一个逐级控制并层层负责的成本中心体系。

①成本中心的类型

成本中心分为技术性成本中心和酌量性成本中心。

a. 技术性成本中心。技术性成本中心，是指成本费用的发生额与业务量之间存在一定的数量依存关系，并且发生的数额通过技术分析可以相对可靠地估算出来。如产品生产过程中发生的直接材料、直接人工、间接制造费用等，均属于技术性成本。

技术性成本的特点是这种成本的发生可以为企业提供一定的物质成果，投入量与产出量之间存在密切的联系。技术性成本可以通过弹性预算予以控制。

b. 酌量性成本中心。酌量性成本中心，是指该中心费用发生的总额与业务量之间不存在明确的或不具有一定数量依存关系的成本中心，需要采用非技术的方法（如经验）来估算其可能发生的成本额。如研究开发费用、广告宣传费用、职工培训费用等，就属于酌量性成本。

这种成本的特点是成本费用是否发生以及可能的发生额，主要是由管理者决策决定的，主要是为企业提供一定的专业服务，一般不能直接产生可以用货币计量的成果，酌量性成本的控制应着重于预算总额的审批。

②成本中心的特点

成本中心具有以下几个方面的特点：

a. 成本中心只考核成本费用而不考核收益。这是由于成本中心一般不具有经营权和销售权，所以在其经济活动中一般不会形成收入。有的成本中心可能有少量的收入，从整体上来看，成本中心经济活动的目的决定了其投入与产出之间不存在密切的对应关系，因而，这些收入不作为主要的考核内容，也不必计算这些货币收入。

b. 成本中心只对可控成本承担责任。成本费用依据责任主体是否能控制分为可控成本和不可控成本。凡是责任中心能控制其发生及其发生数量的成本费用称为可控成本；凡是责任中心不能控制其发生及其发生数量的成本费用称为不可控成本，也称共同成本。

成本的可控与不可控是以特定的责任中心和特定的时期作为出发点的，这与责任中心所处管理层次的高低、管理权限及控制范围的大小和经营期间的长短有直接关系。如从一个企业来看，几乎所有的成本都可称为可控成本，而对企业内部各部门来说，则既有可控成本，也有不可控成本：通常较低层次的成本中心的可控成本一定是所属较高层次成本中心的可控成本，而较高层次的成本中心的可控成本不一定是较低层次成本中心的可控成本。

c. 成本中心只对责任成本进行考核和控制。责任成本是以具体的责任单位为对象，以其承担的责任为范围所归集的成本，是各成本中心当期确定或发生的各项可控成本之和。它可分为预算责任成本和实际责任成本，对成本中心工作业绩的考核主要是将实际责任成本与预算责任成本进行比较，正确评价该中心的工作业绩。

③成本中心的考核指标

成本中心的考核主要是将成本中心发生的实际责任成本同预算责任成本进行比较，从而判断成本中心业绩的好坏。成本中心的考核指标主要采用相对指标和比较指标，包括成本（费用）变动额和变动率两项指标，其计算公式为：

$$成本（费用）变动额 = 实际责任成本（费用）- 预算责任成本（费用）$$

$$成本（费用）变动率 = 成本（费用）变动额 \div 预算责任成本（费用）\times 100\%$$

在计算责任预算成本（费用）时，如果实际产量与预算产量不一致，应注意按弹性预算的方法先行调整预算指标，其计算公式为：

$$预算责任成本（费用）= 实际产量 \times 单位预算责任成本$$

（2）利润中心

利润中心，是指拥有独立或相对独立的生产经营决策权和收入，既对成本负责又对收入和利润负责的责任中心。利润中心往往处于企业内部的较高层次，是比成本中心更高层次的经营管理责任单位，如分厂、分店、分公司，一般具有独立的收入来源或视为一个有独立收入的部门，一般还具有独立的经营权，它不仅要绝对地降低成本，而且要寻求收入的增长，并使之超过成本的增长。

①利润中心的类型

利润中心可以分为自然利润中心和人为利润中心两种。

a. 自然利润中心。自然利润中心，是指可以直接对外销售产品并取得收入的利润中心。这种利润中心直接面向市场，具有产品销售权、价格制定权、材料采购权和生产决策权。它是企业内部的一个部门，但其功能和独立企业类似，能够独立控制成本，取得收入。

b. 人为利润中心。人为利润中心，是指以内部结算为基础，只对内部责任单位提供产品或劳务而取得"内部销售收入"、实现"内部利润"的责任中心。这种利润中心一般不直接对外销售产品。工业企业中的大多数成本中心都可以转化为人为利润中心。人为利润中心与其他责任中心一起确定合理的内部转移价格，并为其他责任中心提供产品或劳务。

②利润中心的考核指标

利润中心是通过一定时期实际实现利润与责任预算所确定的利润的比较，来评价利润中心的业绩。但由于利润中心成本核算方式不同，因此在具体比较上也有所区别。

a. 只核算可控成本、不分担不可控成本的利润中心，其考核指标及计算公式为：

利润中心边际贡献总额＝该利润中心销售收入总额－

该利润中心可控成本中心（变动成本总额）

边际贡献总额（降低）额＝实际边际贡献总额－预算边际贡献总额

边际贡献总额变动率＝边际贡献总额增长（降低）额÷预算边际贡献总额×100%

如果可控成本中包含可控固定成本，就不完全等于变动成本总额。但一般来说，利润中心的可控成本是变动成本。

b. 当利润中心计算共同成本或不可控成本时，其考核指标及计算方式为：

利润中心边际贡献总额＝该利润中心销售收入总额－该利润中心变动成本总额

利润中心负责人可控利润总额＝该利润中心边际贡献总额－

该利润中心负责人可控固定成本

利润中心可控利润总额＝该利润中心负责人可控利润总额－

该利润中心负责人不可控固定成本

公司利润总额＝各利润可控利润总额之和－公司不可分摊的各种管理费用、财务费用等

为了考核利润中心负责人的经营业绩，应针对经理人员的可控成本费用进行评价和考核。这就需要将各利润中心的固定成本区分为可控成本和不可控成本。这主要考虑有些成本费用可以划归、分摊到有关利润中心，却不能为利润中心负责人所控制，如广告费、保险费等。在考核利润中心负责人业绩时，应将其不可控的固定成本从中剔除。

（3）投资中心

投资中心，是指既要对成本和利润负责，又要对投资效果负责的责任中心。由于投资的目的是获得利润，因而投资中心同时也是利润中心，但也有不同。投资中心是企业内部最高层次的责任中心，它在企业内部具有最大的决策权，也承担最大的责任。投资中心的管理特征是较高程度的分权管理。

由于投资中心独立性较高，它一般应向公司的总经理或董事会直接负责。对投资中心不应干预过多，应使其享有投资权和较为充分的经营权。投资中心在资产和权益方面应与其他责任中心划分清楚。

投资中心主要考核能集中反映利润与投资额之间关系的指标，包括投资利润率和剩余收益。

①投资利润率。投资利润率又称投资收益率，是指投资中心所获得利润与投资额之间的比率，其计算公式为：

$$投资利润率 = 利润 \div 投资额 \times 100\%$$

用投资利润率来评价投资中心的业绩指标，能根据现有会计资料计算得到有关数据，比较客观，能综合反映投资中心的盈利能力；具有较强的可比性，可用于部门之间及不同行业之间的比较；有利于正确引导投资中心树立长远的经营目标和加强经营管理，促使管理者严格控制效益低的资产占用或投资活动。

但是，这个指标也有其局限性：投资中心只顾本身利益而与整个企业的目标背离，以使部门的业绩获得较好的评价，但损害了企业的整体利益。比如，部门经理可能放弃高于资本成本而低于目前部门投资利润率的机会，或者减少现有的投资利润率较低但高于资本成本的某些资产。

②剩余收益。剩余收益，是指投资中心获得的实际利润与预算规定的预期利润的差额，其计算公式为：

$$剩余收益 = 实际利润 - 预算规定的预期利润 = 实际利润 - 投资额 \times 预期最低投资利润率$$

用剩余收益来评价投资中心的业绩可以克服投资利润率的缺陷，它可以把业绩评价与企业的目标协调一致，只要投资利润率大于预期的最低投资利润率，该项目就是可行的。但该指标是绝对数指标，不便于不同部门之间的比较。

第四节　其他货币资金

在企业的经营资金中，有些货币资金的存放地点和用途与库存现金和银行存款不同，如外埠存款、银行汇票存款、银行本票存款等，需要设置"其他货币资金"账户以集中反映这些资金，以示它与现金、银行存款的区别。在"其他货币资金"账户之下，可分设外埠存款、银行汇票存款、银行本票存款、信用卡存款、信用证保证金存款、存出投资款等明细账户。

一、外埠存款

外埠存款是指企业到外地进行临时或零星采购时，汇往采购地银行开立采购专户的款项。企业将款项委托当地银行汇往采购地开立专户时，记入"其他货币资金"，收到采购员交来供应单位发票账单等报销凭证时，贷记本科目。将多余的外埠存款转回当地银行时，根据银行的收账通知，借记"银行存款"，贷记"其他货币资金"。

二、银行汇票存款

银行汇票存款是指企业为取得银行汇票按规定存入银行的款项。企业在填送"银行汇票申请书"并将款项交存银行,取得银行汇票后,根据银行盖章退回的申请书存根联,借记本科目;企业使用银行汇票后,根据发票账单等有关凭证,贷记本科目:如有多余款或因汇票超过付款期等原因而退回款项,根据开户银行转来的银行汇票第四联(多余款收账通知)载明的金额,贷记本科目。

三、银行本票存款

银行本票存款是指企业为取得银行本票按规定存入银行的款项。企业向银行提交"银行本票申请书"并将款项交存银行,取得银行本票后,根据银行盖章退回的申请书存根联,借记本科目;企业使用银行本票后根据发票账单等有关凭证,贷记本科目;因本票超过付款期等原因而要求退款时,应当填制一式两联的进账单,连同本票一并送交银行,根据银行盖章退回的进账单第一联,贷记本科目。

四、信用卡存款

信用卡存款是指企业为取得信用卡按照规定存入银行的款项。企业应按照规定填制申请表,连同支票和有关资料一并送交发卡银行,根据银行盖章退回的进账单第一联,借记本科目;企业使用信用卡购物或支付有关费用,贷记本科目;企业信用卡在使用过程中需要向其账户续存资金的,其处理同申请时的处理。

五、信用证保证金存款

信用证保证金存款是指企业为取得信用证按规定存入银行的保证金。企业向银行申请开立信用证,应按规定向银行提交开证申请书、信用证申请人承诺书和购销合同。企业向银行交纳保证金,根据银行盖章退回的进账单第一联,借记本科目;根据开证行交来的信用证来单通知书及有关单据列明的金额贷记本科目。

六、存出投资款

存出投资款是指企业已存入证券公司但尚未进行短期投资的现金。企业向证券公司划出资金时,按实际划出的金额借记本科目;购买股票、债券时,按实际发生的金额,贷记本科目。

第四章　财务会计无形资产管理分析

第一节　无形资产概述

一、无形资产的定义及其特点

无形资产，是指企业为生产商品或者提供劳务、出租给他人或为管理目的持有的没有实物形态的非货币性长期资产。无形资产包括专利权、非专利技术、商标权、著作权、土地使用权、商誉等，它们或者表明企业所拥有的一种特殊权力，或者直接体现为帮助企业取得高于一般水平的收益。

《企业会计准则——无形资产》规定：无形资产可分为可辨认无形资产和不可辨认无形资产。可辨认无形资产包括专利权、非专利技术、商标权、著作权、土地使用权、特许权等，不可辨认无形资产是指商誉。

目前，国际上对无形资产的界定不完全一致。《国际会计准则第38号——无形资产》规定，无形资产指为用于商品或劳务的生产或供应、出租给其他单位或为管理目的而持有的没有实物形态的可辨认无形资产。英国《财务报告准则第10号——商誉和无形资产》认为，无形资产指不具实物形态、可辨认、企业可控制的非金融性长期资产。美国正在对无形资产会计处理准则进行修订，所公布的征求意见稿认为，无形资产是指无实物形态的非流动资产（不包括金融资产），包括商誉。不难看出我国的无形资产概念与国际会计准则和英国会计准则中的无形资产概念存在一定差别，表现在我国的无形资产概念包括商誉。与美国征求意见稿中的无形资产概念相比，我国的无形资产概念与之基本一致。

无形资产具有下列特点：

1.无实体性

无形资产一般是由法律或契约关系所赋予的权利，它没有实物形态，看不见摸不着，但其作用可以感觉得到。在某些高科技领域，无形资产往往显得更为重要。没有实物形态的资产不一定都是无形资产，如应收账款，所以不能单靠有无物质实体作为判断是否是无形资产的唯一标志，但无形资产一定是没有实物形态的。

需要指出的是，某些无形资产的存在有赖于实物载体。比如，计算机软件需要存储在磁盘中。但这并没有改变无形资产本身不具有实物形态的特性。

2.未来效益的不确定性

无形资产能为企业带来长期效益，但它所能提供的未来经济效益具有很大的不确定性。如企业拥有一项专利权，它使企业在某项技术上拥有独占使用权，从而获得超过同类其他企业的经济利益。但是一旦有一项新的技术出现，它可以远远领先于企业的专利技术，那么企业来自该项专利的经济利益可能减少，甚至消失。无形资产的价值仅局限于特定的企业，在一个企业有用的无形资产不一定在其他企业拥有。并且也很难将无形资产的价值与特定的收入及特定的期间相联系，其不确定性远远超过其他资产。

3.非独立性

大多数的无形资产不能与企业或企业的有形资产相分离，只有与其他有形资产相结合，在企业生产经营中才能发挥作用。一个企业不可能只有无形资产，企业在未来取得的收益也很难区分是无形资产创造的还是有形资产创造的，通常是两者共同作用的结果。

4.非流动性

无形资产能为企业连续提供一年以上的服务或利益，其成本不能在短期内得到充分补偿。企业持有无形资产的目的不是为了出售而是为了生产经营，即利用无形资产来提供商品、提供劳务出租给他人，或为企业经营管理服务。软件公司开发的用于对外销售的计算机软件，对于购买方而言属于无形资产，而对于开发商而言却是存货。

二、无形资产的分类

无形资产可以按以下不同的标志进行分类：

（1）按可否辨认，无形资产可分为可辨认无形资产和不可辨认无形资产。

可辨认无形资产是指那些具有相对独立性，可以个别地取得，或作为组成资产的一部分取得，或作为整个企业的一部分取得，可以单独转让或出售的无形资产，如特许权。但也存在特殊情况，即虽然企业将其出售还需处置同一获利活动中的其他资产，该无形资产仍可能是可辨认的。比如，与地上附着物一同购入的土地使用权。

不可辨认无形资产是指那些不具有独立性，不能与企业整体或某项资产分离，不能单独取得和转让或出售的无形资产，最典型的就是商誉。

（2）按不同的来源，无形资产可分为外部取得的无形资产和内部的无形资产。

外购的无形资产是指从其他单位或个人购进的，或连同企业一并购进的，如外购的专利权、商誉等。自创的无形资产是指企业自行研制开发并申请成功的无形资产，如自制的商标权、专利权等。

（3）按有无固定使用年限，无形资产可分为有固定使用年限的无形资产和无固定使用年限的无形资产。

有固定使用年限的是指法律或合约规定有使用年限的无形资产，如特许权。无固定使用年限的是指法律和合约无法规定使用年限的无形资产，如商誉。

三、无形资产的确认

《企业会计准则——无形资产》规定：无形资产在满足以下两个条件时，企业才能加以确定：

第一，该资产产生的经济利益很可能流入企业；

第二，该资产的成本能够可靠地计量。

某个项目要想确认为无形资产，首先必须符合无形资产的定义，其次还要符合以上两项条件。

1. 符合无形资产的定义

符合无形资产定义的重要表现之一，就是企业能够控制该无形资产产生的经济利益。这虽是企业一般资产所具有的特征，但对于无形资产来说，显得尤其重要。如果没有通过法定方式或合约方式认定企业所拥有的控制权，则说明相关的项目不符合无形资产的定义。比如，一支熟练的员工队伍、特定的管理或技术、一定的客户或市场份额，除非它们的利用及其未来能给企业带来的经济利益受到法定权利的保护，否则不应认为企业对其有足够的控制，因此也不能将它们认定为该企业的无形资产。

2. 产生的经济利益很可能流入企业

作为企业的无形资产，必须具备产生的经济利益很可能流入企业这项基本条件。实务中，要确定无形资产创造的经济利益是否很可能流入企业，需要实施职业判断。在判断无形资产产生的经济利益是否可能流入企业时，企业管理部门应对无形资产在预计使用年限内存在的各种因素做出稳健的估计。

3. 成本能够可靠地计量

成本能够可靠地计量是资产确认的一项基本条件。对于无形资产来说，这个条件显得十分重要。企业自创商誉符合无形资产的定义，但自创商誉过程中发生的支出却难以计量，因而不能作为企业的无形资产予以确认。又比如，一些高科技企业的科技人才，假定其与企业签订了服务合同，且合同规定其在一定期限内不能为其他企业提供服务。在这种情况下，虽然这些科技人才的知识在规定的期限内预期能够为企业创造经济利益，但由于这些技术人才的知识难以辨认，加之为形成这些知识所发生的支出难以计量，从而不能作为企业的无形资产加以确认。

国际会计准则和其他国家或地区会计准则对无形资产确认都予以特别关注。《国际会计准则第38号》指出，企业将某项目确认为无形资产时，应能够证明该项目符合无形资产的定义，并同时符合以下条件：第一，归属于该资产的未来经济利益很可能流入企业；第二，该资产的成本能够可靠地计量。《国际会计准则第38号》特别强调，企业应使用合理并有证据的假定评价未来经济利益流入的可能性，这些假定应代表企业的管理层对资产使用寿命内将存在的一系列经济状况的最好估计。

在英国的会计实务中，对商誉和无形资产的确认所遵循的是英国会计准则委员会于1999年12月发布的原则公告。该公告指出，如果一项交易或其他事项产生了一项新资产或一项新负债，或导致一项现存资产或负债的增加，那么这种影响应在同时符合以下条件时予以确认：第一，存在表明新资产或负债已经产生的证据，或存在表明已增加现存资产或负债的证据；第二，新资产或负债或在现存资产或负债基础上增加的部分，能够以货币金额可靠地计量。

美国会计准则中没有关于专门确认无形资产的规定，相关的关于财务报表要素的确认原则如下：第一，符合定义，即要符合财务报表某一要素的定义；第二，可计量性，即具有一个相关的可计量属性，足以可靠地计量；第三，相关性，即有关信息在用户的决策中有重要作用；第四，可靠性，即信息是真实的可核实的无偏向的。

从形式上看，国际会计准则、英国会计准则及美国会计准则对无形资产确认条件存在一些不同，但从本质上看，它们并无实质上的区别。我国的会计准则与国际会计准则基本一致。

第二节　无形资产的核算

一、无形资产的增加

（一）无形资产的计价

企业的无形资产在取得时，应按取得时的实际成本计量。取得时的实际成本应按以下规定确定：

（1）购入的无形资产，按实际支付的价款作为实际成本。

国际会计准则、英国会计准则、美国会计准则对于购入的无形资产，都规定确认时按成本计量。但是，如果采用赊购的方法且延期支付的期限较长时，则规定对购入的无形资产通过折现的方法进行初始计量。

（2）投资者投入的无形资产，按投资各方确认的价值作为实际成本。但是，为首次发行股票而接受投资者投入的无形资产，应按该项无形资产在投资方的账面价值作为实际成本。

（3）企业接受的债务人以非现金资产抵偿债务方式取得的无形资产，或以应收债权换入无形资产的，按应收债权的账面价值加上应支付相关税费，作为实际成本。涉及补价的，按以下规定确定受让的无形资产的实际成本：①收到补价的，按应收债权的账面价值减去补价，加上应支付的相关税费，作为实际成本；②支付补价的，按应收债权的账面价值加上支付的补价和应支付的相关税费，作为实际成本。

（4）以非货币性交易换入的无形资产，按换出资产的账面价值加上应支付的相关税费，作为实际成本。涉及补价的，按以下规定确定换入无形资产的实际成本：

收到补价的，按换出资产的账面价值加上应确认的收益和应支付的相关税费减去补价后的余额，作为实际成本；

应确认的收益＝补价×（换出资产的公允价值－换出资产的账面价值）÷换出资产的公允价值

支付补价的，按换出资产的账面价值加上应支付的相关税费和补价，作为实际成本。国际会计准则和美国会计准则对于非货币性交易换入的无形资产，在进行初始计量时，都区分交易的性质，根据其是属于同类非货币性交易还是属于非同类非货币性交易，从而采取不同的处理方法。我国不做这样的区分。英国会计准则对此没有专门的规定。

（5）接受捐赠的无形资产，应按以下规定确定其实际成本：

①捐赠方提供了有关凭据的，按凭据上标明的金额加上应支付的相关税费，作为实际成本。

②捐赠方没有提供有关凭据的，按如下顺序确定其实际成本：同类或类似无形资产存在活跃市场的，按同类或类似无形资产的市场价格估计的金额，加上应支付的相关税费，作为实际成本；同类或类似无形资产不存在活跃市场的，按该接受捐赠的无形资产的预计未来现金流量现值，作为实际成本。

（6）自行开发并按法律程序申请取得的无形资产，按依法取得时发生的注册费、聘请律师费等费用，作为无形资产的实际成本。在研究与开发过程中发生的材料费用、直接参与开发人员的工资及福利费、开发过程中发生的租金、借款费用等，直接计入当期损益。已经计入各期费用的研究与开发费用，在该项无形资产获得成功并依法申请取得权利时，不得再将原已计入费用的研究与开发费用资本化。

（7）企业购入的土地使用权，或以支付土地出让金方式取得的土地使用权，按照实际支付的价款作为实际成本，并作为无形资产核算；待该项土地开发时再将其账面价值转入相关在建工程（房地产开发企业将需开发的土地使用权账面价值转入存货项目）。

（二）会计处理

为核算企业的无形资产，设置"无形资产"科目。本科目应按无形资产类别设置明细账，进行明细核算。本科目的期末借方余额，反映企业已入账但尚未摊销的无形资产的摊余价值。企业自创的商誉，以及未满足无形资产确认条件的其他项目，不能作为企业的无形资产，不在本科目内反映。具体的账务处理如下：

（1）购入的无形资产，按实际支付的价款，借记"无形资产"，贷记"银行存款"等。

（2）投资者投入的无形资产，按投资各方确认的价值，借记"无形资产"，贷记"实收资本"或"股本"等。为首次发行股票而接受投资者投入的无形资产，应按该项无形资产在投资方的账面价值，借记"无形资产"，贷记"实收资本"或"股本"等。

（3）企业接受的债务人以非现金资产抵偿债务方式取得的无形资产，或以应收债权换入无形资产的，按应收债权的账面价值加上应支付的相关税费，借记"无形资产"，按该项债权已计提的坏账准备，借记"坏账准备"，按应收债权的账面余额，贷记"应收账款"等，按应支付的相关税费，贷记"银行存款""应交税金"等。涉及补价的，分别情况处理：

①收到补价的，按应收债权的账面价值减去补价，加上应支付的相关税费，借记"无形资产"，按收到的补价，借记"银行存款"等，按该项债权已计提的坏账准备，借记"坏账准备"，按应收债权的账面余额，贷记"应收账款"等，按应支付的相关税费，贷记"银行存款""应交税金"等。

②支付补价的，按应收债权的账面价值加上支付的补价和应支付的相关税费，借记"无形资产"，按该项债权已计提的坏账准备，借记"坏账准备"，按应收债权的账面余额，贷记"应收账款"等，按支付的补价和相关税费，贷记"银行存款""应交税金"等。

（4）接受捐赠的无形资产，按确定的实际成本，借记"无形资产"，按未来应交的所得税，贷记"递延税款"，按确定的价值减去未来应交所得税后的差额，贷记"资本公积"，按应支付的相关税费，贷记"银行存款""应交税金"等。

（5）自行开发并按法律程序申请取得的无形资产，按依法取得时发生的注册费、聘请律师费等费用，借记"无形资产"，贷记"银行存款"等。

企业在研究与开发过程中发生的材料费用、直接参与开发人员的工资及福利费、开发过程中发生的租金、借款费用等，直接计入当期损益，借记"管理费用"，贷记"银行存款"等。

（6）企业通过非货币性交易取得的无形资产，比照以非货币性交易取得的固定资产的相关规定进行处理。

二、无形资产的后续支出

无形资产的后续支出，是指无形资产入账后，为确保该无形资产能够给企业带来预定的经济利益而发生的支出，比如相关的宣传活动支出。由于这些支出仅是为了确保已确认的无形资产能够为企业带来预定的经济利益，因而应在发生当期确认为费用。

《国际会计准则第38号》指出，无形资产后续支出应在发生时确认为费用，除非满足以下条件：第一，该支出很可能使资产产生超过原来预定绩效水平的未来经济利益；第二，该支出能够可靠地计量和分摊至该资产。同时指出，商标、刊头、报刊名、客户名单和实质上类似的项目（不论是外部购入的还是内部产生的）所发生的后续支出，只能确认为费用，以避免确认自创商誉。

《英国财务报告准则第10号》没有特别提及无形资产后续支出。美国会计准则也没有特别就无形资产后续支出如何处理提供指南，在实务处理中，对于可辨认无形资产，允许资本化的后续支出通常仅限于那些能够延长无形资产使用寿命的支出。

三、无形资产的摊销

无形资产应当自取得当月起在预计使用年限内分期平均摊销，计入损益。如预计使用年限超过了相关合同规定的受益年限或法律规定的有效年限，该无形资产的摊销年限按如下原则确定：

（1）合同规定受益年限但法律没有规定有效年限的，摊销年限不应超过合同规定的受益年限；

（2）合同没有规定受益年限但法律规定有效年限的，摊销年限不应超过法律规定的有效年限；

（3）合同规定了受益年限，法律也规定了有效年限的，摊销年限不应超过受益年限和有效年限二者之中较短者；

（4）如果合同没有规定受益年限，法律也没有规定有效年限的，摊销年限不应超过10年。

摊销无形资产价值时，借记"管理费用——无形资产摊销"，贷记"无形资产"。

无形资产应否摊销以及如何摊销，在国际上素有争论。以下是国际会计准则及美国、英国的会计准则中的一些观点：

1. 无形资产应否摊销

国际会计准则要求将无形资产按系统方法予以摊销。

英国财务报告准则虽然主张对无形资产进行摊销，但同时对那些被认为具有无限使用寿命的商誉或无形资产不要求进行摊销。

美国会计准则要求对包括商誉在内的无形资产进行摊销。不过，值得注意的是，美国财务会计准则委员会正在对涉及无形资产的公认会计原则进行修订，最新的建议认为，商誉不应予以摊销，替而代之的是定期对其进行减值测试。

2. 摊销年限

《国际会计准则第 38 号》指出，无形资产的应折旧金额应在其使用寿命的最佳估计期限内系统地摊销。同时指出，只有在极少情况下，才可能存在令人信服的证据表明某项无形资产的使用寿命是长于 20 年的特定期间；在一般情况下，无形资产的使用寿命不超过 20 年。

3. 摊销方法

《国际会计准则第 38 号》认为，企业用于摊销无形资产的方法应反映消耗该无形资产的方式，如直线法、余额递减法和生产总量法等。但是，有时企业并不能很好地确定其消耗无形资产所内含的经济利益的方式。对此，国际会计准则认为，应采用直线法。英国会计准则与国际会计准则的规定基本一致。美国会计准则没有硬性地规定企业应采用直线法或是其他方法来摊销无形资产。

4.残值

《国际会计准则第 38 号》认为，无形资产的残值应假定为零，除非其符合以下任何一项条件：第一，由第三方承诺在无形资产使用寿命结束时购买该无形资产；第二，该无形资产存在活跃市场，其残值可以根据该市场信息确定，并且这种市场在该无形资产的使用寿命末很可能存在。

《英国财务报告准则第 10 号》认为，会计实务中，无形资产的残值通常是不大的，只有出现以下情况时，残值才可能是较大的：第一，在无形资产使用期限结束时依据合约权力可以收到一定数量的金额；第二，对残值存在一项易于确定的市场价值。为此，该公告指出，在摊销无形资产时，只有当残值可以可靠地计量时，才能考虑残值因素。对商誉而言，无残值可言。

我国会计准则认为，在进行无形资产摊销时不应考虑残值因素，即认为是零。

四、无形资产的减值

企业应当定期或者至少于每年年度终了，检查各项无形资产预计给企业带来未来经济利益的能力，对预计可收回金额低于其账面价值的，应当计提减值准备。当存在下列一项或若干项情况时，应当计提无形资产减值准备：

（1）某项无形资产已被其他新技术等所替代，使其为企业创造经济利益的能力受到重大不利影响；

（2）某项无形资产的市价在当期大幅下跌，在剩余摊销年限内预期不会恢复；

（3）某项无形资产已超过法律保护期限，但仍然具有部分使用价值；

（4）其他足以证明某项无形资产实质上已经发生了减值的情形。

当存在下列一项或若干项情况时，应当将该项无形资产的账面价值全部转入当期损益，借记"管理费用"，贷记"无形资产"：

（1）某项无形资产已被其他新技术等所替代，并且该项无形资产已无使用价值和转让价值；

（2）某项无形资产已超过法律保护期限，并且已不能为企业带来经济利益；

（3）其他足以证明某项无形资产已经丧失了使用价值和转让价值的情形。

为核算企业计提的无形资产减值准备，设置"无形资产减值准备"科目，该科目应按单项无形资产计提减值准备。期末，企业所持有的无形资产的账面价值高于其可收回金额的，应按其差额，借记"营业外支出——计提的无形资产减值准备"，贷记"无形资产减值准备"；如已计提减值准备的无形资产价值又得以恢复，应按已计提减值准备的范围内转回，借记"无形资产减值准备"，贷记"营业外支出——计提的无形资产减值准备"。

本科目期末贷方余额，反映企业已提取的无形资产减值准备。

《国际会计准则第 38 号》没有直接对减值进行定义，而是对减值损失做了界定，即减值损失是指资产的账面价值超过其可收回金额的金额。其中，资产的账面价值指资产负债表内确认的资产的金额减去相关累计摊销额和累计减值损失后的余额。

《英国财务报告准则第 10 号》指出，减值指固定资产包括有形固定资产和无形固定资产或商誉的可收回金额低于其账面价值引起的价值减少。

《美国财务会计准则公告第 121 号——长期资产减值与待处置长期资产的会计处理》指出，如果企业预期从长期资产的使用和最终处置获得的未折现的未来现金流量低于其账面价值，则说明该长期资产发生了减值。

从上述内容可以看出，尽管国际会计准则和英国会计准则对资产减值现象的描述有些不同，但实质却是一样的，而美国会计准则则有些不同。

五、无形资产的处置和报废

企业出售无形资产，按实际取得的转让收入，借记"银行存款"等，按该项无形资产已计提的减值准备，借记"无形资产减值准备"，按无形资产的账面余额，贷记"无形资产"，按应支付的相关税费，贷记"银行存款""应交税金"等，按其差额，贷记"营业外收入——出售无形资产收益"或借记"营业外支出——出售无形资产损失"。

企业出租无形资产所取得的租金收入，借记"银行存款"等，贷记"其他业务收入"等结转出租无形资产的成本时，借记"其他业务支出"，贷记"无形资产"。

企业用无形资产向外投资，比照非货币性交易的规定处理。

若预计某项无形资产已经不能给企业带来未来经济利益，应当将该项无形资产的账面价值全部转入管理费用。

《企业会计准则——无形资产》规定，企业在判断无形资产是否预期不能为企业带来经济利益时，应根据以下两项加以判断：第一，该无形资产是否已被其他新技术等所替代，且已不能为企业带来经济利益；第二，该无形资产是否不再受法律的保护，且不能给企业带来经济利益。

第三节　可辨认无形资产

一、专利权

专利权，是指国家专利主管机关依法授予发明创造专利申请人对其发明创造在法定期限内所享有的专有权利，包括发明专利权、实用新型专利权和外观设计专利权。

专利权是人们智力劳动的结果，也是最常见的知识产权的一种。为了保护发明创造，鼓励发明创造，有利于发明创造成果的推广使用，促进科学技术的发展，加速科技成果的商品化，适应社会主义市场经济的需要，我国在1984年颁发了《中华人民共和国专利法》，并于1992年9月对此做了修改。该法明确规定，专利权拥有人的专利受到国家法律的保护。申请专利，应按照法律程序进行，无论申请的是发明、实用新型还是外观设计，都应当具备新颖性、创造性和实用性三个条件。

专利权是否有价值应看其是否具有降低成本，或者提高产品质量，或者可以转让出去获得转让费收入，从而能给持有者带来经济利益等特点。专利权在会计上的核算包括以下几个方面：

（一）专利权取得成本的确定与核算

无形资产的计价也应遵循历史成本原则，即按取得无形资产时所发生的实际成本计价，包括必要的注册费、手续费和法律费等。自制的专利权理论上应包括在创造专利权过程中所发生的制图费、实验费、申请专利的法律登记费以及聘请律师费等，但是，由于自己创造的专利权不一定能够成功，为了谨慎起见，在研究与开发过程中发生的材料费用、直接参与开发人员的工资及福利费、开发过程中发生的租金、借款费用等，直接计入当期损益。

已经计入各期费用的研究与开发费用，在该项无形资产获得成功并依法申请取得权利时，不得再将原已计入费用的研究与开发费用资本化。

（二）专利权的摊销及其核算

无形资产按其历史成本入账后，在其使用期限内，应遵循配比原则，将其成本在各受益期间进行分摊。无形资产的摊销期限，合同规定了受益年限的，按不超过受益年限的期限摊销；合同没有规定受益年限而法律规定了受益年限的，按不超过法律规定的有效期限摊销，经营期短于有效年限的，按不超过经营期的年限摊销；合同和法律都规定受益年限的，在两者孰短的期限内摊销；合同和法律都未规定受益年限的，按不超过10年的期限摊销。我国修改后的《中华人民共和国专利法》规定，发明专利保护期限为20年，实用新型和外观设计专利保护期限为10年，均自申请日起算。专利权在摊销时，应借记"管理费用——无形资产摊销"科目，贷记"无形资产——专利权"科目。

（三）专利权的转让及其核算

专利发明创造作为一种无形资产，可以进入商品流通领域，作为买卖的标的物。当专利权人不打算利用其专利或无法利用时，就可以将其专利权转让给他人利用。专利权的转让是指专利权人将其专利权转移给受让人所有，受让人支付一定报酬或价款，成为新的专利人的行为。专利权转让必须签订转让合同，并向专利局备案。专利权转让有两种形式，一种是所有权转让，另一种是使用权转让。

1. 所有权转让

根据我国税法规定，转让专利权的所有权，应缴纳营业税，税率为5%，计入"应交税金——应交营业税"。

企业出售无形资产，按实际取得的转让收入，借记"银行存款"等，按该项无形资产已计提的减值准备，借记"无形资产减值准备"，按无形资产的账面余额，贷记"无形资产——专利权"，按应支付的相关税费，贷记"银行存款""应交税金"等，按其差额，贷记"营业外收入——出售无形资产收益"或借记"营业外支出——出售无形资产损失"。

2. 使用权转让

企业出租无形资产所取得的租金收入，借记"银行存款"等，贷记"其他业务收入"等；结转出租无形资产的成本时，借记"其他业务支出"，贷记"无形资产——专利权"。

（四）专利权投资及其核算

专利权人可以专利权作为投资，取得投资收益。这也可以被认为是专利权人自行实施专利的一种变通形式。

专利权如受到侵害而发生诉讼时，有可能胜诉也有可能败诉。关于诉讼费的处理一般惯例是如胜诉，应予资本化；如败诉，应计入当期费用，且注销专利权成本。

二、商标权

商标是用来辨认特定的商品或劳务的标记。商标权指专门在某类指定的商品或产品上使用特定的名称或图案的权利。商标权包括独占使用权和禁止权两个方面。独占使用权指商标权享有人在商标的注册范围内独家使用其商标的权利；禁止权指商标权享有人排除和禁止他人对商标独占使用权进行侵犯的权利。

商标权是又一种知识产权的表现形式。商标是用来辨认特定的商品或劳务的标记，其外在形态是由文字、图形，或者是文字与图形的组合构成的。在国外，也有以包装容器造型、音响、气味、颜色来构成商标的。商标权是指商标所有人依法对其注册商标所享有的权利。为了加强商标管理，保护商标专用权，促使生产者保证商品质量和维护商标信誉，以保障消费者的利益，促进我国知识经济的发展，我国在1982年颁布了《中华人民共和国商标法》，后又进行了修改。该法明确规定，经商标局核准注册的商标为注册商标，商标注册人享有商标专用权，受法律保护。

商标权具有专有性、地域性和时间性等法律特征。所谓专有性，是指商标注册人对注册商标享有专有使用的权利，其他任何单位或个人未经商标注册人的许可，不得使用该注册商标，专有性又可表现为商标的独占使用权和禁止权。商标注册人有权排除第三者擅自使用其注册商标，这种权利是商标权具有排他性的法律表现。地域性是指商标所有人享有的商标权，只在授予该项权利的国家有效，在其他国家内不发生法律效力。时间性是指商标权有一定的法定有效期限。有效期届满前可以申请续展注册，到期不续展则效力自行终止。

商标权之所以具有经济价值，主要是由于企业拥有某种特别商标的优质商品，成功地取得了广大消费者的信任，赢得了大量的顾客。所以它是企业的一种信誉，这种信誉能使企业高于同行业一般水平获得超额利润。

商标权的取得可能是企业自创并注册登记而得，也可能通过购买或接受投资从其他单位或个人取得。自创的商标权，其成本包括从设计至申请注册登记取得商标权的一切费用，还包括为保护商标权所发生的诉讼费、律师费以及续展登记费等。然而能够给拥有者带来获利能力的商标，常常是通过多年的广告宣传和其他传播手段，赢得客户的信赖而树立起来的。广告费一般直接作为销售费用，而不计入商标权的成本。外购的专利权成本包括购入的价款、登记费、法律费以及其他因受让而发生的支出。

商标权取得后应将其成本在其有效期内摊销，具体要求与专利权相同。我国商标法规定商标权的有效期限为 10 年，但到期还可以续展。

根据商标法规定，商标可以转让，但受让人应当保证不改变转让商标的商品质量标准，而且不可再随意转让给第三人。

商标权的会计核算也包括商标权的取得、商标权的摊销和商标权的转让等。可设"无形资产——商标权"科目进行会计处理。具体核算可比照专利法。

三、特许权

特许权，又称经营特许权、专营权，指企业在某一地区经营或销售某种特定商品的权利，或是一家企业接受另一家企业使用其商标、商号、技术秘密等的权利。前者一般是由政府机构授权，准许企业使用或在一定地区享有经营某种业务的特权，如水、电、邮电通信等专营权，烟草专卖权等；后者指企业间依照确定的合同，有限期或无限期使用另一家企业的某些权利，如连锁企业分店使用总店的名称。

专营权的法律特征是独占性和无地域性。所谓独占性是指一旦企业从政府机构或其他企业取得某种特许权，其他企业或个人不得侵犯和享用。无地域性是指专营权可以跨国界授予，如麦当劳、肯德基等都是以特许经营权方式授予其在世界各地的特许人经营其快餐的特权。在我国，特许经营权也早已出现，电力公司、电话公司、煤气公司等公用事业单位，都是政府给予特定企业的特许权。近年来，我国以特许经营权方式从事的连锁超市、快餐业、出租车经营的公司也日渐增多。特许权给受让人带来的经济利益是无形的，也是很多企业生存的前提。某些特许权经过企业精心经营可以为企业创造巨大的超额利润。

所以，取得特许权时，受让人应付出一定的代价，有的是一次性支付一笔总金额，有的是分期支付占用费。受让人在进行会计核算时，应设"无形资产——特许权"科目，并将初始一次性支付一笔较大的数额资本化，以后在合同规定的期限内摊销；无规定期限的按不超过 10 年摊销。摊销费计入管理费用。关于分次按营业额支付的占用费，在支付时，计入当期费用。

四、土地使用权

土地使用权，指国家准许某企业在一定期间内对国有土地享有开发、利用、经营的权利。根据我国土地管理法的规定，我国土地实行公有制，任何单位和个人不得侵占买卖或者以其他形式非法转让。企业取得土地使用权的方式大致有以下几种：行政划拨取得、外购取得、投资者投入取得等。

土地是人们赖以生存与发展的物质基础，在西方国家，土地可以作为固定资产自由买卖。在我国，土地属于国家所有，任何企业或个人，只能依照法律的规定对国有土地享有开发、利用、经营的权利，而不能侵占、买卖、出租或者以其他形式非法出让土地。为了加强土地管理，维护土地的社会主义公有制，1994 年，我国对 1986 年颁布的《中华人民共和国土地管理法》继 1988 年后进行了第二次修改，明确规定了土地使用权除了国家依法划拨给某些企业使用外，还可以通过有偿出让的方式供某些企业使用或转让。国家将国有土地使用权按照地块、用途、年限和其他条件在一定期限内出让给土地使用者，由土地使用者按照合同约定向国家支付土地使用权出让金，未按照出让合同约定支付土地使用权出让金的，土地管理部门有权解除合同，并可以请求违约赔偿。土地使用权出让合同约定的使用年限届满，土地使用者需要继续使用土地的，可以申请续期。土地使用权人依法取得土地使用权后，可通过买卖、赠予或者其他合法方式将土地使用权转移给他人。土地使用权转让后，其使用年限为原土地使用权出让合同约定的使用年限减去原土地使用者已经使用年限后的剩余年限。

土地使用权的会计核算主要包括土地使用权的取得、土地使用权的摊销、土地使用权的转让、土地使用权投资、土地使用权赠予等。

企业的土地使用权不论是从国家出让取得，还是从其他单位转让取得，其成本除了企业支付的出让金或转让金外，在其开发利用之前，可能还发生一些迁移补偿费、场地平整费、丈量费和法律手续费等，这些费用应一并作为土地使用权成本。若分期支付土地使用权费用时，还应以每次应支付使用费的现值入账，借记"无形资产土地使用权"，贷记"银行存款"。

我国房地产有关法规规定，如果土地使用权是连同土地上的附着物，如房屋、建筑物等一起购入的，土地使用权则一并作为固定资产核算，不再单独确认为无形资产。

企业会计制度规定，企业进行房地产开发时，应将相关的土地使用权予以结转；结转时，将土地使用权的账面价值一次计入房地产开发成本。

国家在出让或企业在转让土地使用权时，一般都规定土地使用权的有效使用年限，这时，企业在取得土地使用权后，应在规定的有效使用期内摊销，摊销时一般借记"管理费用"，贷记"无形资产——土地使用权"。

五、非专利技术

非专利技术，也称专有技术，它是指不为外界所知，在生产经营活动中已采用的，不享有法律保护的各种技术和经验。非专利技术一般包括工业专有技术、商业贸易专有技术、管理专有技术等。非专利技术可以用蓝图、配方、技术记录、操作方法的说明等具体资料表现出来，也可以通过卖方派出技术人员进行指导，或接受买方人员进行技术实习等手段实现。非专利技术具有经济性、机密性和动态性等特点。

第四节　商誉

商誉通常是指企业由于所处的地理位置优越，或由于信誉好而获得了客户信任，或由于组织得当生产经营效益高，或由于技术先进掌握了生产诀窍等原因而形成的无形价值。这种无形价值具体表现在该企业的获利能力超过了一般企业的获利水平。商誉与整个企业密切相关，因而它不能单独存在，也不能与企业可辨认的各种资产分开出售。由于有助于形成商誉的个别因素不能单独计价，因此商誉的价值只有把企业作为一个整体看待时才能按总额加以确定。商誉可以是自创的，也可以是外购的。

一、商誉的性质

随着企业兼并收购浪潮的涌起，企业产权交易日益活跃，在产权有偿转让过程中，商誉也应运而生。对商誉概念的认识，比较一致的看法是，商誉是由于企业所处地理位置优越，或由于信誉好而获得了客户的信任，或由于组织得当、生产经营效益高，或由于技术先进、掌握了生产的诀窍等原因而形成的无形价值。这种无形价值能为企业带来超过一般盈利水平的超额利润。例如，某企业净资产的价值为 1000 万元，行业平均净资产报酬率为 5%，而该企业平均每年可获利 85 万元。可见，该企业具有超过同行业平均盈利的能力，其获得的超额利润为 35（85 − 1000×5%）万元。这 35 万元，就可认为是企业自身有隐含的商誉创造的。

商誉不同于一般的无形资产，美国财务会计委员会将其特征概括如下：

①商誉与作为一个整体的企业密切相关，它不能单独存在，也不能与企业的可辨认的各种资产分开来出售；②形成商誉的各个因素，不能用任何方法或公式进行单独讨价；它的价值只有在把企业作为一个整体来看待时，才能按总额加以确定；③在企业合并时可确认的商誉的未来收益，可能和建立商誉过程中所发生的成本没有关系。商誉的存在，未必

一定有为建立它而发生的各种成本。可见，商誉是一种不可单独买卖、不可辨认或确指的特殊的无形资产。

二、商誉入账价值的确定

商誉可以是由企业自己建立的，也可以是向外界购入的。但是，只有外购的商誉，才能确认入账。只有在企业兼并或购买另一个企业时，才能确认商誉。商誉的计价方法很多，也很复杂。通常在一个企业购买另一个企业时，经双方协商确定买价后，买价与卖方可辨认净资产公允价值的差额即为商誉。

有人主张，那些长期具有超额收益能力、超过同行业平均利润率的企业在自创商誉过程中，为了取得超额利润，付出了一定的代价和巨额支出，应将这些费用估价入账，确认为商誉。他们认为不这样做会违背信息的相关性和重要性原则，不能充分地将信息传递给使用者。因为自创商誉是实现企业未来经济利益的承担者之一，其价值不应在企业购并时才得以实现，并且具有自创商誉的企业往往生命力很强，如果该企业没有被购并，其商誉也无法体现，即使购并时体现，也只是反映在购买企业的账上，作为购买企业的资产。而购买企业购买入账的商誉不一定能为该企业的未来带来收益，如果商誉是被购并企业的管理业绩优越而形成，若购并后企业不能发扬被购并企业的管理水平，则可能会使企业经济效益下降。

在实务中，并不确认自创商誉。不过随着预测科学的进步，可以预测企业未来每年盈利能带来的现金流量，选择合理的贴现率，确定企业的收益能力；也可以通过对上市企业的股票市价总额与其重估价后的净资产对比确定企业的收益能力，据此来确定企业的商誉。

三、商誉的摊销

商誉的价值如何摊销，在理论上有以下三种方法：

（1）在取得商誉时，将其价值全部冲销所有者权益，而不作为资产处理。该种方法的理由是：商誉与其他资产不同，它无法辨认，不能与企业整体相分离，它不是资产，与现金不同，不能单独买卖，所以在某种意义应收账款或固定资产等资产完全不同。

有人认为，外购商誉的会计处理应与自创商誉的会计处理一致。自创商誉的有关费用在发生时全部计入费用，而不作为资产，外购商誉也应同样处理。若将外购商誉的价值摊销，可能会导致重复记账。这是因为一方面通过摊销外购商誉已使本期净利润减少；另一方面为了保持企业的超额获利能力，企业还会发生一些支出，来维持或提高外购商誉的价值，而这些支出在发生时就计入当期费用，势必会使本期收入与商誉的费用相配比时发生重复。

这种方法还有一个理由，即外购商誉为企业带来的收益期间很难确定，无法将其价值在有限的期间摊销。

（2）将外购商誉在账面上作为企业的资产，不摊销其价值，除非该资产发生减值。很多人都赞成这种观点，认为商誉具有无限的使用寿命，加上为了维护和提高该资产的价值，企业也在不断投入资源，除非有迹象表明，该企业获得超额利润的能力已下降，否则不应摊销其价值。另外，在摊销商誉时，因为期间不肯定，带有很大的主观性，势必会使本期净利润不真实。

（3）将外购商誉作为资产入账，且将其价值在有效的使用年限摊销。赞成该种观点的人认为商誉的价值最终会消失，应该将其最初取得的成本分期计入其影响的期间，只有这样才符合会计的配比原则。

在实务中，较多采用第三个观点。在摊销商誉时，应根据法律的限定、行业竞争、技术进步等选择摊销年限。在美国，商誉的摊销年限最长不得超过 40 年。我国规定商誉的摊销期不超过 10 年。摊销商誉时，借记"管理费用"，贷记"无形资产——商誉"。

四、负商誉

当企业购并另一个企业时，所支付的价款低于被购并企业可辨认净资产的公允价值时，其差额为负值，称为负商誉。

负商誉与商誉一样，只有在企业购并时才能确认。购并另一个企业发生负商誉，可能是由于被购并企业的盈利能力确实很低，低于同行业的一般盈利水平，也有可能是交易市场发生变化使企业分别出售其资产比整体出售更有利，而使整个企业的价值低于其资产的公允价值。

在会计上，负商誉作为商誉的对立面对其处理也有三种方法：

（1）作为递延收益，分期摊入各期损益。这种方法是商誉的反向处理。但这种方法的缺陷是使人难以理解。一方面，递延收益是负债，但负商誉并不具有负债的内在要求，它根本不存在债权人，企业将来也不需要付出资产或劳务去偿还；另一方面，将负商誉分期摊入各期收益，在无现金流入的情况下，使企业收益增加。

（2）在购并时，将负商誉全部增加所有者权益。这种处理实际上是将负商誉作为计价调整科目，直接调整企业的资本价值而不涉及企业的损益，避免了损益虚增的情况。

（3）按比例冲销非流动资产，直到非流动资产的账面价值为零，尚还有差额，则确认为递延贷项，分期摊入各期损益。该种方法比较谨慎，也避免了人为确定摊销期间，加大各期利润，使信息使用者难以理解的缺陷。

第五章　流动负债

第一节　负债概述

流动负债是指预计在一个正常营业周期中清偿，或者自资产负债表日起一年内（含一年）到期应予以清偿，或者企业无权自主地将清偿推迟至资产负债表日后一年以上的负债。

企业的流动负债通常包括短期借款、交易性金融负债、应付票据、应付账款、预收账款、应付职工薪酬、应交税费、应付利息、应付股利、其他应付款、持有待售负债等。流动负债具有偿还期限短、筹资成本低、偿还方式灵活等特征。

其典型的组成有短期银行借款，例如银行透支（Bank Overdraft），应付商业本票，应付票据，应付账款，应付费用，长期借款于一年到期的部分，付给债权人（Creditors）的款项。以资金的观点，可将其分为两类，一为非自发性的融资，如应付票据，应付账款，应付费用，这些都是营运上自然产生的企业付款义务，大多数情况企业针对这类融资是不需额外支付利息，其中应付票据与账款为供应商的融通，而应付费用如应付薪资，应付租金，应付利息，则是企业对于取得资产或享受服务而产生的未来支付义务；另外，一类则为自发性的融资，如银行借款、应付商业本票，这些都是企业为筹措资金而主动取得，其特性为支应短期的资金需求，这类融资是需要支付资金成本（利息）。长期借款将于一年内到期的部分，也应转列为流动负债。

一、流动负债的分类

流动负债按不同的标准可做不同的分类。

1. 按产生的原因分类

（1）融资活动中形成的流动负债，是指企业从银行和其他金融机构筹集资金形成的流动负债，如短期借款、应付利息等。

（2）结算过程中产生的流动负债，是指企业在正常的生产经营活动中与外部发生结算业务形成的流动负债，如应付账款、应付票据、预收账款等。

（3）经营过程中产生的流动负债，是指企业在生产经营核算中由于实行权责发生制，某些费用需要预先提取等原因而形成的流动负债，如应交税费、应付职工薪酬等。

（4）利润分配过程中产生的流动负债，如应付股利等。

2.按应付金额是否确定分类

（1）应付金额确定的负债。这类流动负债是指在确认负债时，就有明确的到期需偿付的金额，如短期借款、应付票据、应付账款、预收账款、应付职工薪酬、其他应付款等。

（2）应付金额视企业经营情况而定的负债。这类流动负债与企业的经营成果密切相关，往往在经营期末才能确定其金额，如应交税费、应付股利等。

（3）应付金额需要估计的负债。这类流动负债常常是伴随着某种经营活动的结果而发生的，但其偿付金额需要预先估计，如应付产品质量担保负债等。

二、流动负债的计价

企业的各项流动负债应按实际发生的金额记账。从理论上讲，企业的流动负债应当按未来偿付金额的现值记账，因为流动负债的偿付意味着未来的现金流出。但是由于企业流动负债的偿还期限一般短于一年，负债的金额往往比较小，其到期值与现值往往相差不大，所以为简便起见，我国企业会计实务中，流动负债一般按未来应付金额（面值）计价，而不是按其现值计价。

三、流动资产管理

（一）流动资产管理概述

1.流动资产概述

流动资产投资又叫作经营性投资，其具有以下几个方面的特点。

（1）回收时间短。投资于流动资产的资金对于企业来说回收的时间是短暂的，期限一般会控制在一年或一个营业周期，这种情况下只是在短时期内会对企业的发展有一定的影响。因此，在一般情况下可通过商业信用，短期银行借款等方式来解决流动资产投资所需的资金问题。

（2）数量波动很大。流动资产的数量会随企业内外条件的变化而变化，时高时低，波动很大。这个特征适用于季节性企业和非季节性企业。

（3）具有并存性。企业周转流动资产的过程中，资金流入和流出基本上会在每天都在发生，这个过程是需要占用一定的时间的。站在供产销的角度来看，企业发展过程中同时存在着各种不同形态的流动资产。在此基础上，为了最大程度上保证流动资产的顺利周转，企业必须针对流动资产各项目的比例进行合理的配置。

（4）发生次数比较频繁。企业财务人员经常面临流动资产投资问题，为了经营上的需要，在一个月中就可能需要多次追加对现金应收账款和库存等方面的投资。

（5）具有季节波动性。这里需要认识到对于流动资产投资的资金量并不是固定不变的，随着产供销的变化，流动资金占用量是起伏不定的，所示发生变化，这种情况对于季节性企业和非季节性企业来说都是适用的。相应地，流动负债的数量会随着流动资产占用量的上下变动发生相应的变化。

2.流动资产的分类

流动资产所包含的具体内容多种多样，根据不同的标准可以将其分为不同的种类。

（1）根据在生产过程中的作用分类

根据在生产过程中的作用进行分类，生产领域和流通领域中的流动资产主要是流动资产的两种类别。

①生产性流动资产

生产性流动资产是指直接为产品生产所储备的材料物资和生产过程中需进一步加工的在产品，如原材料、燃料，包装物和低值易耗品、协作件、自制半成品、在产品等。

②流通领域中的流动资产

流通领域中的流动资产是指在商品流通过程中发挥作用的流动资产。如商业企业的流动资产均为流通领域中的流动资产、工业企业的货币资产、产成品、外购商品等也属于流通领域中的流动资产。

（2）根据资产的占用形态分类

根据资产的占用形态分类，可将流动资产分为现金、各种银行存款、应收及预付款和库存等。

①现金、各种银行存款

现金、各种银行存款是指企业的库存现金或外币现钞，以及存入境内外的人民币存款和存款。在流动资产中，它流动性最强，可直接支用，也是其他流动资产的最终转换对象。

②应收及预付款项

应收及预付款项是指企业在生产经营过程中所形成的应收而未收的或预先支付的外币款项，包括应收账款、应收票据、其他应收款和预付货款。企业为了加强市场竞争能力，通常采取赊销或预先支付一笔款项的做法。

③库存

库存是指"企业在生产经营过程中为销售或者耗用而储存的各种资产，包括商品产成品、半成品、在产品原材料、辅助材料，低值易耗品，包装物等。"流动性比较大是库存的一个重要特点，且其占用分布于各经营环节，故在流动资产中占有较大的比重。

3.在流动资产管理过程中需要遵循的基本要求

流动资产的管理除要做好日常安全性、完整性的管理以外，还需在风险和收益率之间进行权衡，决定流动资产的总额及其结构以及这些流动资产的筹资方式。在其他相同的条件下，易变现资产所占比例越大，现金短缺风险就越小，但收益率就越低。在其他情况相同的条件下，企业各项债务的偿还期越长，没有现金偿债的风险越小，但企业的利润可能减少。在流动资产日常管理的过程中，需要注意以下几点要求。

（1）全面分析、预测流动资产的需用量。在企业中具体阐述流动资产的需用量的含义，这里是指企业为了获得生存和发展在一定的时间段内所需的流动资产占用量，并且是合理的，既能在一定程度上满足企业生存发展的需要，同时对于资产占有量不会造成挤压和浪费。从企业发展的各方面来看，企业的生产规模，整体市场状况、物资与劳动消耗水平以及流动资产的周转速度均影响着流动资产需用量的大小。在一定条件下，企业生产经营规模，企业所需要的流动资产需用量就会越大，反之就会减少。

（2）及时筹集、供应所需的流动资产。企业在筹集和供应流动资产所需的资金时应通过分析选择合适的筹资渠道和方式，计算所需花费的资金成本及其对损益的影响，要求能够获得较大的筹资效益，但是却尽量要付出较小的代价。

（3）控制流动资产的占用数量。对于现代企业的日常发展，通过建立有效的管理和控制系统，在保证生产经营活动的正常需要的前提下，要科学地控制流动资产的占用数，提高企业的经济效益。

（4）提高资金的使用效率。在企业生产经营过程中，企业在占用资金的同时，付出相应的使用成本是其必然需要付出的代价。当明确定性好企业的生产规模及其消耗水平时，企业所占用的流动资产主要会受到企业对于运用流动资产的周转速度的影响，流动资产周转速度越快，企业就会占用很少的流动资产占有量。因此从这个层面上来说，为了有效提高流动资产的使用效用，就可以通过企业大幅度加速流动资金的周转速度这个措施。

（5）将资金使用和物资运用有效相结合，务必遵守结算纪律，做到钱货两清。在生产经营过程中，物资的货币表现就体现在资金方面，企业在运用物资和使用资金方面并不是孤立存在的，而是两者之间是密切联系在一起的。现代企业在管理流动资金的过程中，应该将资金使用与物资运用有效相结合，严格遵守结算纪律，做到钱货两讫，才能保证每个企业的生产经营顺利进行。

（二）货币资金管理

1.现金的持有动机与成本

（1）现金的持有动机

为了保证企业的正常运用，持有一定的现金量对于企业是必需的，但是应该根据企业的不同情况来制定现金的持有量。具体来说，以下三种动机是企业持有现金的主要原因。

①交易动机

交易动机是指企业为维持正常生产经营秩序而持有一定货币资金的行为。公司在正常生产活动的过程中，通常会在购买原材料、支付小额费用之时需要运用一部分现金。公司根据以往的经营经验以及公司交易规模的发展决定公司持有现金量的水平。当然，在特殊时期，公司会根据特殊需求而增加现金的持有量，例如有在建工程的时候。

②投机动机

投机动机是指，当企业发展遇到特殊的投资机会的时候，就可以发挥这部分置存现金的作用，比如，可用手头持有的现金大量购买价格低廉的生产资料，或者时机合适的话，可以购买有利于企业未来发展的股票和债券等。不可否认的是，在通常情况下，除了金融企业和投资公司外，大部分企业很少会有置存现金来满足投机性的需要，所以当市场上出现不寻常的投资机会的时候，临时筹集资金就成为这些企业获取资金的重要途径。

③预防动机

预防动机是指公司为应付紧急情况而持有一定现金的行为。企业在处理自身业务活动的时候，通常需要处理一些紧急情况，从而难以预测未来现金流入量与流出量。需要值得注意的是，当实际发生的情况与企业对现金流量的预期存在明显的背离的时候，有可能使企业陷入困境，从而威胁到企业的正常生产经营秩序。因此，企业需要在维持一定正常业务活动资金需要量的基础上，追加持有一部分现金，用以应付可能发生的波动。企业在确定应持有的预防动机现金可以考虑下述三个方面的因素：第一，公司对待风险的态度；第二，公司短期借款能力；第三，公司现金流的预期强度。

（2）与现金相关的成本

①持有成本

公司持有货币资金就会放弃一部分报酬——货币市场能够带来的利息收入，因此这一部分成本的大小与货币资金的余额还有货币市场的利率变化有关系。企业为了经营业务的需要，拥有一定的现金是必要的，但现金拥有量过高，机会成本代价就会增大，从而降低企业的收益。

②转换成本

货币资金的转换成本是指货币资金与有价证券相互转换发生的成本，外国学者也将之称为"皮鞋成本"，主要包括经纪人费用、证券过户费等。这一部分费用与证券交易次数和交易量有关。

③管理成本

公司保留一部分货币资金就必须雇佣相关人员进行管理，例如现金出纳，为其支付一部分薪酬，还要购买一些保管设备。这一部分统称为货币资金的管理成本。

④短缺成本

现金的短缺成本是指"在现金持有量不足而又无法及时通过有价证券变现加以补充而给企业造成的损失。"直接损失与间接损失两种形式主要构成了短缺成本。当企业在生产经营的过程中现金短缺的话，就会造成对于急需的原材料无法及时购买和供应，从而使企业的生产经营中断而给企业造成损失，这是直接损失；由于现金短缺而无法按期支付货款或不能按期归还货款，将给企业的信用和企业形象造成损害，这是间接损失。现金的短缺成本与现金持有量之间的关系是密切联系的，呈反方向变动关系。更具体地来说，当现金持有量的增加时现金的短缺成本会下降；当现金持有量减少时，现金的短缺成本则会上升。

2.最佳现金持有量

企业为了各种动机的需要，必须保持一定数量的现金，但持有现金又面临各项成本，当企业持有过少的现金时，企业可能就会面临着现金短缺的困难，阻碍企业生产的发展；当企业持有过多的现金时，则会进一步导致企业盈利水平的降低。在现金余额问题上，存在收益与风险的权衡问题，必须确定最佳的现金持有量。

（1）成本分析模式

持有成本、转换成本和短缺成本是构成现金成本的主要内容。为了分析预测出企业在总成本最低时的现金持有量，就需要采用成本分析模式，即根据现金的有关成本进行分析预测的方法。

这里需要着重说明的是，为了确定企业的最佳现金持有量，在运用成本分析模式时不考虑现金与有价证券之间的相互转换问题，因而不考虑转换成本，只需要考虑的是企业在持有一定量的现金的基础上进一步导致产生的持有成本及短缺成本。

在现金管理的各项成本中，管理费用的性质是具有一定的特殊性，具有固定成本的性质，因此，在这个基础上，在一定的现金持有量范围内，明显的线性关系并不是现金管理成本与现金持有量存在的关系，在坐标图上表现为与横坐标平行的一条直线（如图5-1所示）。

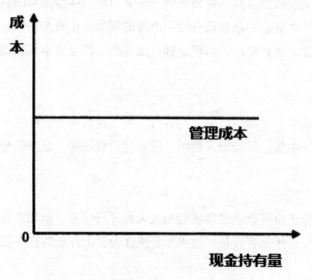

图5-1 现金管理成本与现金持有量的关系

机会成本与现金持有量成正比例关系，随着现金持有量的增加而增长，具体来说是指因持有现金而丧失的再投资收益（如图5-2所示）。

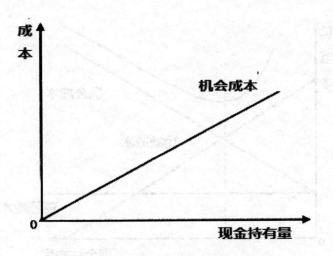

图 5-2 机会成本与现金持有量线性关系

机会成本的计算方式为：

机会成本 = 现金持有量 × 有价证券利率（或报酬率）

短缺成本同现金持有量负相关，随着现金持有量的增大相应地会减少现金短缺；反之就会随着现金持有量的减小而增大现金短缺成本（如图 5-3 所示）。

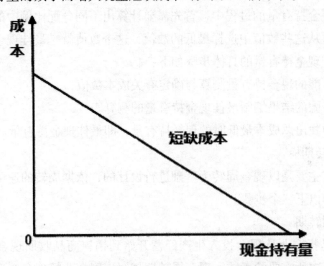

图 5-3 短缺成本与现金持有量线性关系

最佳现金持有量的成本分析模式，就是对以上三种不同的现金持有成本进行分析，力求三种成本之和最小。将上述三种现金持有成本线放在同一个坐标图上，能够综合反映现金持有量与相应持有成本之间的关系（如图 5-4 所示）。

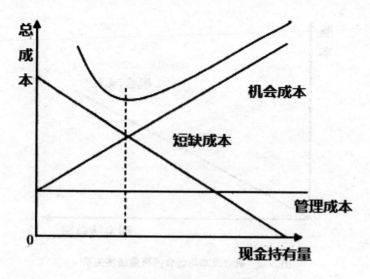

图 5-4　成本分析模式示意图

如图 5-4 所示可以看出，机会成本线向右上方倾斜，短缺成本线向右下方倾斜，因为不同成本所持有的现金量各不相同，所以图中总成本以抛物线的形式出现，而总成本的最低点就是抛物线的最低点，而这点所对应的横轴上的数值就是最佳现金持有量。

在计算最佳现金持有量的过程中，首先需要计算出不同分配比例中的机会成本与短缺成本两者之和，再从这些数值中选择最低的数值，这个数值就是最佳现金持有量。在实际操作中，计算最佳现金持有量的具体步骤如下：

①根据各种可能的现金持有量测算与确定有关成本数值；

②根据上一步骤的结果编制最佳现金持有量的测算表；

③从测算表中找出总成本最低时的现金持有量，即最佳现金持有量。

（2）现金周转期模式

现金周转模式主要是以现金周转为基础进行设计的，依据周转的速度来确定最佳现金持有量，主要分为以下三个步骤。

①确定现金周转期

现金周转期是指企业从现金投入生产经营开始到销售商品收回现金为止所需要的时间，即现金周转一次所需要的天数。现金周转期越短，则企业的现金持有量就越小。它的长短取决于以下三个方面。

a. 库存周期

库存周期主要是指从开始准备购买原材料开始，到把原材料转化为产品并且将产品顺利销售这一过程所需要的时间。

b. 应收账款周期

应收账款周期主要是指从应收账款的发生到现金的收回所需要的时间。

c. 应付账款周期

应付账款周期主要是指从应付账款的发生到现金偿还所有的应付账款的完成所需要的时间。

这三者之间的关系如图 5-5 所示。

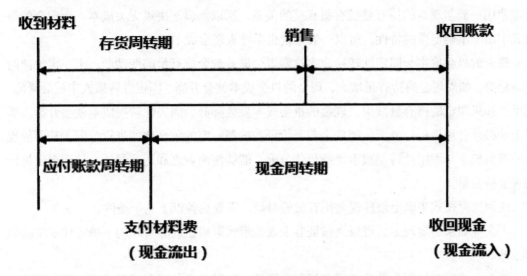

图 5-5　现金周转期总图

根据图 5-5 所显示的内容，可得现金周转期的计算方式：

现金周转期＝库存周转期＋应收账款周转期－应付账款周转期

②确定现金周转率

现金周转率指的是一定时期内现金周转的次数，其计算公式为：

现金周转率＝计算期天数／现金周转期

在上述公式中，计算期天数通常按年计算，即 360 天。现金周转率与周转期成反比关系，周转期越短，则周转次数越多，在现金需求额一定的情况下，现金持有量将会减少。

③确定最佳现金持有量

最佳现金持有量的计算公式为：

最佳现金持有量＝全年现金需求量／现金周转率

现金周转期模式具有简单明了，便于计算的特点。但在使用的过程中，还应该注意以下两个方面的问题。

a. 企业的运营情况比较稳定，可以根据企业的销售计划来预测未来年度的现金总量。

b. 企业可以根据以往的销售情况预测出未来年度的现金周转期，所预测的结果应该符合企业发展的规律，确保一定的科学性和准确性。

（3）库存模式

库存模式主要是由美国的著名学者威廉·鲍曼（William Baumol）提出来的，主要是来源于库存规划的经济批量模型，所以也可以称之为鲍曼模型。

库存模式主要的研究重点在于现金有关成本的最低值，所以在库存模式中一般只考虑现金的机会成本因素和固定性的转换成本因素这两方面。所谓转换成本主要是指企业使用现金所购买的一些有价证券，以及有价证券进行兑换时所需要的交易费用，这时候一般是不考虑现金的所需要的管理费用和短缺成本。这是因为在一定的范围之内，现金所需要的管理费用一般与现金的持有量没有很直接的关系，所以都属于决策无关成本。而现金的短缺成本由于不确定性的特性，所以一般来说也不计入现金成本中。

现金的机会成本与固定性转换成本这两者会随着现金持有量的变动而产生一定规律的变动趋势，如果现金的持有量增大，现金的机会成本就会升高，固定性转换成本就会降低，相反，如果现金的持有量减少，现金的机会成本就会降低，固定性转换成本就会升高。所以企业必须合理地进行分配，把现金与有价证券按照一定的黄金比例进行分配，从而使现金的机会成本与固定性转换成本保持最佳分配，能够使两者之和达到最低，从而得出最佳的现金持有量。

使用库存模式来确定最佳现金持有量的时候，需要具备以下几个条件。

①企业如果需要现金，可以通过证券变现的形式取得，证券变现的不确定性发生的概率很低。

②企业所需要的现金总量是可以进行预测的，所以企业的运营情况稳定，现金的流出与流入量都维持在一定的稳定状态，可以进行预测。

③企业现金的支出状态稳定，波动很小，当现金的余额为零时，可以及时通过证券变现来进行补充现金持有量。

④证券变现的利率以及每次固定性的交易费用可以进行查询获知。现金管理相关的总成本计算公式如下：

$$现金管理相关总成本 = 持有机会成本 + 固定性转换成本$$

3. 现金的日常管理

企业确定了最佳的现金持有量之后，还需要对现金进行有效管理，这样才能确保现金的安全和使用，发挥最大的效用，一般来说，现金的日常管理主要分为现金支出管理和现金回收管理两方面。

（1）现金支出管理

现金支出管理的主要目的是尽量地延缓现金支出的时间，一般来说，延缓现金支出的方法主要包括以下几个方面。

①使用汇票付款

在选择支票付款时，只要收款方把支票存入银行，付款方就需要无条件地进行支付。但是在使用汇票付款时，就不一定是"见票即付"这种方式。当收款方把汇票送达给银行之后，银行才会把汇票交付给付款方进行承兑，而付款方在收到汇票之后，必须把与汇票上相同的金额存入银行，银行才可以付款给收款方。这样就合理地拖延了付款时间。

②合理使用现金"浮游量"

现金的浮游量主要是指由于资金未到账，所以企业的记账账户上的现金余额与银行账户上所显示的现金余额存在一定的差额。很多时候，企业的记账账户上显示的现金金额为零，但是银行账上所显示的现金余额数量还比较巨大。这种情况出现主要是因为企业所开出的付款票据仍在处理过程中，银行没有进行付款出账。所以如果企业能够合理地运用现金的浮游量，就可以节约大量的现金。在进行使用现金"浮游量"时一定必须掌握好时间和数额，否则一旦银行需要付款，账上没有现金就会出现透支情况，从而影响企业的声誉。

（2）现金回收管理

现金回收管理的最终目标是加快现金回收周期。企业可以根据成本效益原则选择一些合适的方法来加快应收账款的回收。

企业的账款回收一般需要经过四个时间点：第一时间点是客户开出票据，第二时间点是企业收到票据，第三时间点是票据交付银行，第四时间点是企业收到现金。

企业进行账款回收都需要一定的时间，这些时间包括了客户出票据后的邮寄时间、企业收到票据需处理的时间和票据进行结算所需要的时间。这些时间的长短取决于企业、客户、银行这三者之间的实际距离，还取决于三者之间的实际工作效率。

在实际工作中，缩短这两段时间的方法一般有银行业务集中法、邮政信箱法等。

①银行业务集中法

银行业务集中法又称集中银行法，是企业建立多个收款中心来加强现金回收的方法。采用该种方法，企业不仅只在总部所在地设立一个收款中心，而且在许多地区分别设立收款中心。其目的在于缩短从顾客邮寄付款支票到公司利用资金的时间。

这种方法具有很大商务优点，其不仅可以使公司集中有效地使用资金，并且还可以缩短顾客邮寄支票所需的时间。其缺点是，企业开设的每个收款中心的银行都要求补偿性余额，开设的收款中心越多，补偿性余额造成的呆滞资金总量就越大，所发生的机会成本就越高。公司合理地确定收款中心的数量和设置地点，是采用集中银行法管理现金收款业务的关键。为此，企业应在权衡利弊得失的基础上，做出是否采用银行业务集中法的决策，这就需要计算出分散收账收益净额。

分散收账收益净额＝（分散收账前应收账款投资额－分散收账后应收账款投资额）×企业综合资金成本率－因增设收账中心每年增加费用额

②邮政信箱法

邮政信箱法又叫作锁箱法，是西方企业加速现金流转的一种常用方法。企业可在各主要城市租用专用的邮政信箱。企业对客户开出发票、账单、通知客户将款项寄到专用的邮政信箱，并直接委托当地开户银行每日开启信箱，以便及时取出客户支票予以登记，将款项存入该企业账户。当地银行依约定期向企业划款并提供收款记录。

该方法的优点是，免除了公司办理收账、货款存入银行的一切手续，缩短了公司办理收款与存储的时间。其缺点是，被授权收取邮政信箱货款的银行除了要求相应的补偿性余额外，还要收取办理额外服务的服务费，使回收现金的成本增加。因此，是否采用锁箱法，需要在回收现金创造的收益和所增加的成本之间进行权衡。

（三）应收账款管理

1.应收账款产生的原因

（1）商业竞争

市场经济条件下，企业的商品生产和经营活动面临着激烈的竞争。市场竞争的格局下，企业只能不断扩大销售渠道，除了传统的提高产品质量、销售服务、扩大推广等方式之外，赊销也成为一种扩大销售的重要手段之一，在其他产品条件相似的情况下，采取赊销手段的产品销售量比采取现销手段的产品销售量还是能够提高很多，所以这就是采取赊销手段的有效成果，也是现在企业产生很多应收账款的主要原因。

（2）销售和收款的时间差额

商品成交的时间和收到货款的时间不一致，也导致了应收账款的产生。由于结算方法的缘故，对批发和大量生产的企业来讲，发货时间和收到货款的时间往往不能同步，这样，销货方的资金在这一期间是属于垫付性质的。

从根本上讲，应收账款是企业为了扩大销售和盈利而进行的投资，因而要发生成本，增加企业的支出。但是，如果企业为了节约支出而减少应收账款的投资，又会限制企业的销售，进一步影响企业的盈利能力。因此，应收账款管理的目标是：权衡应收账款的收益与成本，以尽可能少的成本获取尽可能多的经济效益。

2.应收账款的功能与成本

应收账款的功能是指它在生产经营中的作用。在市场经济条件下，企业的应收账款主要有两个方面的功能，即增加销售和减少库存。企业持有应收账款，也会发生支出或成本。

（1）管理成本

管理成本是指用于应收账款的各种管理费用，包括调查客户信用状况、收集各种信息的费用，账簿的记录费用，收账费用以及其他费用等。管理费用是应收账款上发生的间接成本，通常可视为固定成本，可通过预测加以确定，无须具体计算。

（2）机会成本

机会成本是指企业的资金因投放于应收账款而必然放弃其他投资机会所丧失的收益。这种成本一般按短期有价证券的利率确定。机会成本是应收账款上发生的潜在成本，其计算公式为：

应收账款占用的机会成本 = 应收账款平均占用额 × 机会成本率 = 每日赊销占用应收账款额 × 平均收账期 × 有价证券利率 = 年赊销收入 × 变动成本率/360 × 平均收账期 × 有价证券利率

（3）坏账成本

坏账成本是指应收账款不能及时回收，发生坏账而给公司造成的损失，这是应收账款的直接成本，其计算方式为：

$$坏账损失 = 赊销收入 \times 实际（或预期）坏账损失率$$

3. 信用政策

（1）信用标准

信用标准是指给予客户赊销的最低条件，通常以预期的坏账损失率来表示。它表明公司可接受的信用风险水平。一般而言，在严格的信用标准下，公司只愿意对信用卓著的客户给予赊销，许多客户因信用品质达不到指定的标准而被拒于公司的商业信用之外。在宽松的信用标准下，会有利于公司扩大销售，但却可能使公司的坏账损失加大，信用风险水平提高，并且增加成本。因此信用标准在确定之前，首先应对客户的资信进行调查与分析。

企业对客户进行资信评定时，一般采用信用的"六C"系统。信用"六C"主要包括信用品质、偿债能力、资本、抵押品、经济状况、持续性这六个方面。

①信用品质主要是指客户按照合同规定能够按时进行偿还债务的可能性，信用品质的判断主要通过客户以往的偿还记录作为参考依据进行评判。

②偿债能力主要是指对客户的还款能力进行判断，这些判断的依据主要是客户的所有资产、客户的流动资产、客户的运营能力、客户的负债结构等一些真实的数据，根据数据进行分析得出一定的参考意见，再根据对客户的实际观察作为补充，从而来判定客户的偿债能力。

③资本是指对客户总资产、有形资产净值等的测定，它反映了客户的经济实力与财务状况的优劣，是偿付债务的最终保证，一般从财务报表中获得。

④抵押品是指客户获得信用可能提供担保的资产。

⑤经济状况是指不利经济环境对公司的影响或者对公司偿债能力的影响。

⑥持续性是指客户经营政策和经营行为的连续性和稳定性。

（2）信用条件

信用条件主要是指企业允许客户进行赊销账款的优惠条件，主要包括了折扣期限、信用期限和现金折扣。折扣期限主要是指企业同意客户在一定的信用期限内，得到一定的现金折扣。信用期限主要是指企业同意客户延期付款的最长时间。现金折扣主要是指企业为了鼓励客户能够尽快付款而承诺给予的一定优惠。

4. 应收账款的主要账务处理

为了反映应收账款的增减变动及其资金占用情况，企业应当设置资产类的"应收账款"科目，借方登记企业因销售材料，商品或提供劳务而发生的应收未收款项以及因到期无法收回而转入的应收票据的本息，贷方登记收回的应收账款、改用商业汇票结算的应收账款以及确认为坏账的应收账款，期末借方余额为尚未收回的应收账款，若为贷方余额则为预收账款。本科目按照购货单位或接受劳务的单位名称设置明细账进行明细核算。

（1）应收销货款

销售商品、产品和提供劳务时，按应收的全部款项，借记"应收账款"科目，按不含税销售额，贷记"主营业务收入""其他业务收入"等科目，按应向买方收取的增值税额，贷记"应交税费——应交增值税（销项税额）"科目，按为购货或接受劳务的单位、个人代垫的包装费、运输费等，贷记"银行存款"科目。收回货款和代垫费用时，借记"银行存款"科目，贷记"应收账款"科目。

（2）应收账款转为应收票据

因应收账款改用商业汇票结算而收到经承兑的商业汇票时，借记"应收票据"科目，贷记"应收账款"科目。

5. 应收账款的日常管理

（1）应收账款的追踪分析

应收账款一旦产生，企业就必须考虑到应收账款的回收问题。为了能够尽快完成应收账款的回收，企业就必须对应收账款进行合理的追踪分析。追踪分析的重点应该放在赊销产品的销售情况和变现情况。特别对那些金额较大或者客户信用情况较差的客户进行及时追踪，一旦发现客户出现任何问题，都必须采取相应的措施，及时收回货款，防止产生不必要的损失。

（2）进行应收账款的账龄分析

账龄指的是发生在外的各笔应收账款的时间长度，公司往往通过编制账龄分析表来进行分析。

通过账龄分析，可使财务人员掌握应收账款水平及付款时间长短的有关信息。在通常情况下，账款逾期的时间越短就越有利于收回，企业所受到的坏账损失越小；反过来，如果账款逾期的时间越长，那么收账的难度和企业的坏账损失都会大幅度增加。因此，账龄可以提示财务人员把过期款项视为工作的重点，密切注意过期账户比重的变化，一旦增加，立即采取措施，改善信用状况，提高收款效率。

（3）催收应收账款

在实际工作中，总有一部分货款因客户的拖欠或拒付而不能及时收回，其原因也是各不相同的，这就要求公司在日常的管理中，具体情况具体分析，确定合理的催收程序及催收办法。一般来说，催收程序应从催收费用最小的方法开始，逐渐加码，使公司处在有理、有利、有节的境地。即从信函通知到电告催收，再到派员洽谈直到诉诸法律。诉诸法律往往是不得已而为之的办法，由于公司直接向法院起诉，一方面要花费较多的诉讼费用，另一方面效果往往也不怎么理想。而采取除法律以外的其他方法，也许可以达成双方谅解妥协，既密切了相互关系，也有助于货款的回收，并且一旦将来彼此关系置换时，也有一个缓冲的余地。

（4）建立应收账款的坏账准备制度

公司的应收账款总有一部分收不回来，从而成为坏账。也就是说，坏账损失的发生是不可避免的，但坏账必须经过确认才能成立。从当前会计制度及相关法律规定来看，企业确定坏账损失需要满足两个条件。

第一，由于债务人遭遇破产或是死亡，用其破产后的财产或是遗产对其债务进行清偿后，仍然不能收回的账款，就应被记为是坏账损失。

第二，由于债务超过法定的期限，导致不能偿债，且超过三年仍然没有被偿还的应收账款，则通常会被企业记为坏账损失。

按照国际惯例，坏账损失一般是在注册会计师进行查账时确认，只有经过注册会计师认定确实不能收回的，才予以确认。需要注意的是，即使按照上述中第二个确认坏账损失的条件，企业已经对相关账务进行坏账处理之后，但企业仍然保持有催收账款的法定权利，并不会由于企业坏账的确定从而导致企业与欠款人之间债券债务关系的解除。既然坏账损失在所难免，就必须对这些坏账损失进行财务处理。

为增强公司的风险意识，从谨慎性原则出发，财会制度规定公司实行坏账备抵法，即公司需要对可能出现的坏账损失提前进行估计，然后还需要建立起相应的弥补坏账的措施，在做账时要计提坏账准备金。需要注意的是，由于各个行业的应收账款的收回的风险存在差异，因此坏账准备的计提比率之间也存在很大差别。公司应依据制度并结合自身的实际情况，确定坏账准备金的提取比率及提取数额，从而使坏账得以处理，加速公司的资金周转。

（四）存货管理

1. 库存管理的目标及其作用

（1）库存管理的目标

企业库存对企业发展具有重要的影响。企业大批量的购货，保证充足的库存，可以降低企业的购货成本，同时还可以节约生产时间，防止出现缺料生产的情况，保证企业生产的顺利进行。此外，库存还可以在很大程度上提高企业生产和销售的机动性，及时对客户的需求进行反应，并尽量满足，防止出现由于库存不足从而出现流失客户的情况。虽然企业的库存对维持企业的生产具有重要的作用，但仍需要注意的是，如果企业所持有的库存过多，那么就会占用企业更多的资金，随之产生的与储存相关的成本与费用也会增加，这对提高企业的获利能力是不利的。由此看来，企业进行库存管理的一个重要目标就是，正确权衡库存成本与收益之间的关系，保证二者的最佳组合。

（2）库存的作用

所有的企业都要保持一定的库存，其原因大致如下：

第一，确保生产的连续进行。在现代化的生产环境中，企业各个生产阶段通常都会按照规定的时间和数量，确定所需要的生产物资，因此这就要求在企业生产过程中的各个环节都要设定一定的缓冲时间，同时还要储备一定数量的生产资料。

第二，满足市场需求的变化。市场需求是不断变化的，企业不能事先准确预测，所以必须保持安全存货以防范需求的突然变化。

第三，增强生产计划的柔性。产品的需求往往是随时间变化的，存货能够减轻需求旺季的生产压力。这样在制订生产计划时，就可以通过扩大或缩小生产批量使生产流程更加有条不紊，并降低生产成本。

第四，利用批量订购（生产）的好处。由于订货需要一定的费用，所以需要一件采购一件，可能是不经济的。如果一次采购一批，分摊到每件物品上的订货成本就能减少。对生产过程，采用批量加工可以同样起到分摊生产准备成本的作用。另外，批量采购很多时候还可以获得价格折扣的优惠。

第五，避免价格上涨。有时实际物价要上涨，为了避免增加成本，企业就会以超过平时正常水平的数量进行采购。

2.库存的成本管理

（1）取得成本

库存的取得成本主要是由两部分组成的，一部分是库存进价成本，另一部分是库存进货费用。

①库存进价成本

库存进价成本，指的是不附带任何费用的单纯的库存物品的价值，通过用采购单价乘以采购数量就可以计算出来。在一定的生产时间内，假设进货总量是一定的，在没有采购数量折扣，且物价不变的情况下，库存的进价成本都是稳定不变的，其与企业的采购数量之间没有直接的影响。从这里就可以看出，企业库存进价成本实际上属于决策无关成本。

②库存进货费用

库存进货费用，指的是企业为了进货，保证库存的过程中产生的费用。通常主要指的是与材料采购相关的运输费、办公费、通信费、差旅费、邮资、入库搬运费、检验费等。根据与订货次数关系的不同，可以将进货费用分为两类，一类是变动性进货费用，另一类是固定性进货费用。变动性进货费用属于决策的相关成本，其与企业订货次数的多少之间存在一定的关系，包括有电话、电报费、差旅费、邮资等，其与进货次数之间是正比例关系。相反，固定性进货费用属于决策无关成本，其与订货次数之间没有特定的关系，主要包括专设采购机构的基本开支等。

（2）储存成本

储存成本是指企业由于库存而造成的经营成本，库存成本主要是由不同的费用构成，主要包括资金占用发生的费用，产品储藏发生的费用、各种保险费用以及由于时间过长而导致的部分产品的损坏或变质形成的损失。企业的储存成本从储存数额的关系上来看大致可以分为储存成本和固定性储存成本两类。

①固定性储存成本

固定性的储存成本与库存数量、时间的长短都没有必然的联系，因为固定性的仓库成本是一直客观存在，如职工的工资、仓库使用折旧等。固定性的储存成本作为一种稳定的成本构成部分，降低仓储成本能够调整的空间不大。

②变动性储存成本

变动性储存成本指的是，随着库存数量和库存时间的变化而发生变化的仓储成本，一般来说，我们只考虑数量要素，因为库存时间大多数情况下都是确定的，在只考虑数量因素的前提下，库存数额越大企业的经营成本越高。

（3）缺货成本

缺货成本是指由于市场需求旺盛，企业由于库存不足不能在市场大量销售而造成的损失，导致库存不足的原因有很多，比如说，原材料供应商的供应中断、企业机器设备损坏，员工罢工等。缺货成本是否应该作为企业的成本计入账目，应该根据实际情况而定，因为市场有需求不代表本企业的商品能够零库存销售。如果允许缺货，那么缺货成本与企业成本则不成正比例关系；反之，如果不允许缺货，那么缺货的成本我们可以将其看作零，因此没有必要进行考虑。

库存的总成本是上述库存的进货成本、储存成本、缺货成本之和。

3.库存日常管理

库存日常管理的目标是在保证企业生产经营正常进行的前提下减少库存，防止积压。库存日常管理方法主要有库存储存期控制以及库存 ABC 分类修理。

（1）库存储存期控制

企业的库存在购进之后，会占用大量的资金，并产生资金使用费（利息以及机会成本），也会对资金收益产生影响。由于未来市场供求关系的不确定性风险会对企业的经营带来意外，企业应尽力缩短库存储存时间，加速库存周转，节约资金占用，降低成本费用，提高企业获利水平。

从储存与时间的关系方面来看，企业的库存投资的费用可以分为两种，第一种是一次性投资费用，第二种是日增长费用。一次性费用数额的多少与库存的时间无关，甚至在有些情况下，与库存量也没有必然联系，它是一种一次性支付所有费用的一种付费方式。日增长型费用，与企业库存的时间的长短有直接的关系，因为库存费用是随着时间产生的，它是一种随着时间推移缴费总量不断上涨的付费类型。

根据以上分析，可以将本量利的平衡关系式分解为：

商品经营利润＝商品销售的毛利润一次性费用—销售税金及附加—日增长费用 × 储存天数

日增长型费用随着仓储时间的增加而不断增加，因而库存的成本也会一直增加。当企业的毛利润减一次性费用减销售税金及附加的余额（简称毛利余额）被日增长费用抵消到恰好等于企业目标利润时，说明库存已经到了保利期，企业应该想办法早日清理库存，为下一批产品提供仓储空间和预算。库存如果能在保利期间内全部销售出去，所获得利润会比原定的计划多，如果在保利期没有将库存全部销售，那么企业的收益将会低于预期，时间越长收益越低，甚至会抵消已经产生的利润。具体计算公式为：

库存保本储存天数 = 毛利一次性费用—销售税金及附加 / 日增长费用

库存保利储存天数 = 毛利一次性费用—销售税金及附加—目标利润 / 日增长费用

批进批出经销库存获利或亏损额 = 日增长费用 ×（保本储存天数 - 实际储存天数）

即，如比保本期每提前一天售出，就可以节约一天的日增长费用，即可取得一个相当于日增长费用的利润额。

在上述公式中，日财务费用可根据以下公式计算：

日增长费用 = 日利息 + 日保管费 + 日仓储损耗

若仓储损耗较小，为计算方便，可将其并入一次性费用。

通过对仓储期的分析，我们可以及时了解和掌握库存的相关状况，对库存产品和销售计划进行合理的调整，保证库存产品的盈利能力。一般来说，仓储分析主要是对保利期产品的数量进行盘点，然后根据具体情况采取相应的措施。一般来说，凡是过了保利期的产品大多属于积压产品和损害库存，这些产品会带来仓储成本却不会为企业带来利润，因为它们的销售收入不够抵消库存产生的费用，这时应该及时对这些积压产品进行清理销售，将企业的损失降至最低。企业的营销策略应该与库存紧密挂钩，根据产品的仓储状况和市场销售状况制定平衡、合理销售策略，目的是减轻企业积压产品压力，促进保利产品销售。

（2）库存 ABC 分类管理

大型企业往往有成千上万种存货项目，有些存货项目价值大、数量多，有些存货项目价值小，数量少。如果不分重点，对每一项目存货都进行周密的规划，严格的控制，不仅使管理工作变得复杂，而且也容易造成顾此失彼。ABC 管理法是对企业品种繁多的存货，按存货资金进行统计、排列和分类，找出管理重点，提高存货管理经济效益的一种方法。通过排列分类，可以发现少数项目的存货占存货资金总额的比例很大，而多数项目的存货占存货资金总额的比例很小。据此就可以对各类存货进行 ABC 分类，其步骤如下：

①计算每一种存货在一定时期内资金占用金额和全部存货资金占用总额；

②计算每一种存货资金占用额占全部资金占用额的百分比，并按从大到小顺序排列，制成表格；

③在同一表中计算累计存货种类数和累计金额百分数，据此可画出 ABC 管理图；

④按存货在表中排列次序，分为 A，B，C 三类。

A 类存货，种类占 10% ~ 15%，资金占用额约为 80%；B 类存货，种类占20%~30%，资金占用额约为 15%；C 类存货，种类占 55% ~ 70%，资金占用额约为 5%。

ABC 分析法通过对各类存货实行不同的管理方法，抓住重点，照顾一般。

A 类存货种类少，资金占用比例大，是管理的重点，应严格控制和重点规划，尽量缩短订货周期，增加订货次数，以减少储存量；B 类存货种类较多，资金占用比例较小，也应引起重视和加强管理，采取适中的控制；C 类存货种类繁多，资金占用比例很小，可适当增加一次订货量，减少订货次数，适当增加储存量，以简化存货管理工作。

四、固定资产管理

（一）固定资产概述

1.固定资产的分类

企业的固定资产品种繁多、规格不一，数量较大、金额较多。因此为了便于固定资产的管理，必须对其进行科学分类。固定资产按照不同标志，可以进行以下分类。

（1）按经济用途划分

①营业用固定资产。营业用固定资产是指直接或间接地服务于客人的各种固定资产，如客房、餐厅、商场、康乐设施，以及供水、供电、供热等其他设施。

②非营业用固定资产。非营业用固定资产是指不是服务于客人而是用于企业员工的各种固定资产，如员工食堂、员工宿舍、员工浴室、医务室、托儿所等。

固定资产按经济用途分类，可以反映企业营业用和非营业用固定资产在全部固定资产中所占比重，了解企业固定资产总体构成情况，从而可以使企业更加合理地进行固定资产配置，充分发挥其使用效能。

（2）按使用情况划分

①使用中的固定资产，是指企业正在使用的，用于企业经营或者非经营的固定资产；由于季节或者生产原因暂时停产，检修中的资产也属于企业使用的固定资产。

②未使用固定资产，是指还没有开始使用的新增加的固定资产，以及已经损坏报废停止使用的固定资产。

③不需用固定资产，是指本企业不需用，已报请有关部门批准等待处理的固定资产。

固定资产按使用情况分类，可以反映企业固定资产的使用情况，分析固定资产的利用程度，从而可以促使企业充分挖掘固定资产的使用潜力，提高固定资产的利用效果。并据此确定固定资产计提折旧的范围。

（3）按其所属关系划分

①自有固定资产，是指由国家投资或企业自有资金购建的，归企业长期支配使用的各项固定资产。

②外单位投入固定资产，是指企业与其他单位联合经营，由外单位投资或转入的各项固定资产。

③接受捐赠固定资产，是指有关单位或个人向本企业无偿捐赠的各项固定资产。

④租入固定资产，包括融资性租入固定资产和经营性租入固定资产两种。

融资性租入固定资产，是指从外单位租入固定资产，按合同规定租赁期满，租赁费用分期全部付清，资产所有权转归企业所有。

经营性租入固定资产，是指从外单位租入固定资产，按照合同定期支付租赁费用，合同期满归还外单位，本企业只有使用权，而没有所有权。

固定资产按其所属关系分类，可以反映企业固定资产的资金来源情况，掌握本企业固定资产实有水平，划清固定资产折旧界限，促使企业不断提高业务经营能力。

2. 固定资产的特点

固定资产是指同时具有几个固定特点的资产，它是企业资产的重要组成部分。固定资产的特点主要具有两个方面的特点：第一，固定资产是经营者持有的能够为其生产商品、提供服务的企业资产；第二，商品的使用期限（寿命）一般都在一年以上，使用期限不足一年的资产不属于企业的固定资产。常见的固定资产包括企业为经营和生产所建造的房屋、为生产购置的生产设备、为产品运输购置的交通工具。

固定资产是企业生产和再生产的物质基础，在科学技术日益发达的今天，物质基础作为科学技术的载体，在企业的生产和经营中发挥着十分重要的作用。企业的固定资产种类有很多，对企业生产和经营的作用也各有特点，有的固定资产会直接与企业的劳动者发生联系，使他们的劳动转成企业的产品或者提供的服务；有些固定资产则与生产活动没有直接的联系，如企业生产的场所、企业管理的工具等。固定资产的管理离不开对固定资产的认识和理解，科学的管理应该抓住管理项目的特点，以此为切入保证管理工作的有效性和针对性。固定资产的特点如下。

（1）为生产商品、提供劳务、出租或经营管理而持有

企业持有固定资产目的是通过固定资产获取利润，比如利用固定资产获得商品，活动劳动，获得劳动手段等，可以说企业的固定资产是企业生产和经营的基础，如果没有固定资产，企业也不可能称之为企业。企业只有产生商品或者服务才能获得利润，虽然企业为获得商品或者服务必须为生产产品或提供服务的固定资产付出一大笔资金，但是固定资产的使用时间较长，能够收回成本并为企业赢取利润。需要注意的是，机械设备的经销商也购进大型设备，但是由于这些设备是用于交换出售，因此它们并不属于经销商固定资产的范围。

（2）使用寿命超过一个会计年度

固定资产的使用寿命是指企业工资资产使用时间的长短，或者某样资产能够为企业提供产品或者服务的数量。一般来说，房屋、建筑等固定资产的使用寿命主要是指其能够正常使用的年限，生产设备的使用寿命主要是指设备能够生产产品的数量，运输工具的使用年限主要是指其能够安全运行的里程数。固定资产的使用寿命最低为一年，这也意味着固定资产不能流动，会在一段时期内为企业所占有，随着使用期限的逐渐消耗，通过折旧计提来估算其实际的资产价值。

（3）固定资产是有形资产

固定资产具有实物性，这一特点也是固定资产与无形资产最大的区别。在企业运行过程中，有些无形资产可以具备固定资产的几个基本特征，比如有些无形资产是企业本身固

有资产，也可以为企业提供产品、服务，并且持续使用的期限会超过一年，但是由于它不具备实物性的特点，我们不能将其称为固定资产，这一类型的无形资产实际上是企业长期资产的一种。

（4）能够多次参加生产经营过程而不改变其实物形态

固定资产作为一种劳动手段，直接或间接作用于劳动对象上，使劳动对象变为产品。在这个过程中，固定资产基本保持原有的物质形态和性能，并不断地发挥其作用，直到完全丧失其使用价值。因此，固定资产的价值补偿是随着固定资产的使用而逐渐进行的，而实物更新则要到固定资产报废时才能完成。

3. 固定资产的计价

企业固定资产按实物量指标计算，表现为房屋多少平方米、机器多少台、运输汽车多少辆等。通过实物量指标，可以掌握企业的技术装备情况，确定企业的生产能力。固定资产一方面要从实物量方面进行反映，另一方面还要从价值量方面进行反映。实物量指标虽有反映具体的特点，但不能汇总，不利于综合反映固定资产的总体情况。为此，还必须利用货币作为统一计量单位，对固定资产进行计价。固定资产一般有以下几种计价方法。

（1）按原始价值计价

原始价值也称原值或原价，是指取得固定资产时所发生的全部成本。固定资产的估值是按照其原始价值进行的，随着使用寿命的减少对原始价值进行相应的折旧计提。企业获取固定资产的成本是在固定资产可以使用之前，所有为获取固定资产而发生的合理支出。通过对企业固定资产的原始价值的评估，我们可以比较准确对企业经营的规模进行描述，一般来说，可以对企业原始固定资产价值越高企业的经营规模评估价值越大。

（2）按重置成本计价

重置成本也称现行成本，是指按照当前市场条件，重新取得同样一项资产所需支付的金额。按重置成本计价一般是在无法确定其原始价值的时候，如出现盘盈的固定资产，接收捐赠的无附单据的固定资产。固定资产的重置成本可以比较真实地反映固定资产的现时价值和规模。

（3）按净值计价

固定资产净值也称折余价值，是指固定资产原始价值扣除其累计折旧后的余额。固定资产净值反映的是固定资产未损耗的那部分价值，它反映企业尚未回收的那部分固定资产投资。按净值计价，一般是用于计算固定资产处置利得或损失以及资产负债表中的固定资产账面价值。

（4）按可收回金额计价

固定资产可收回金额，是指固定资产公允价值减去处置费用后的净额与固定资产预计未来现金流量的现值两者之间较高者。如果固定资产为企业带来的经济效益比起账面的实际价值低，或者根本不能为企业带来收益，那么我们不能通过原始账面的价值来确定企业固定资产的实际价值，如果这时用原始价值对固定资产进行预估会发现结果是企业固定资产虚高以及利润的虚增。

（二）固定资产的购建决策管理

1. 固定资产购建决策的要素

企业投资于新的厂房和设备是为了获得这一投资形成的未来收益给企业带来的利润。由于固定资产购建要经过很长一段时间才能产生收益，在每一项固定资产的购建决策中，都应重点考察如下几个要素。

（1）项目的盈利性

可利用资金的成本与规模只强调了固定资产购建决策的一个方面，而其根本方面应是投资项目本身的盈利性，资金成本的高低也是与项目的预期收益率相对而言的。投资的根本动机是追求收益的最大化，投资收益主要是指投入资金运用后所得的收入与发生的成本之差，投资决策中考虑投资收益要求投资方案的选择必须以投资收益的大小来取舍，即应选择投资收益最高的方案。

这里重点强调固定资产实现必要的投资报酬率问题。必要的投资报酬率与投资风险相关。风险和报酬的基本关系是风险越大要求的报酬率越高。一般来说，不同的投资项目所带来的风险是不同的，在相同的收益下人们更倾向于风险较小的投资项目，但是随着竞争的加剧风险系数会有所上升，回报也会相对变少。高风险的投资项目一般具有很高的投资回报收益，有些风险控制能力较强的企业，在进行投资时对高风险、高回报的项目情有独钟。风险和报酬的这种联系，是市场竞争的结果。总之，投资人要承担风险，就要求期望的报酬率与其风险相适应。风险和期望投资报酬率的关系可以表示如下：

$$必要投资报酬率 = 无风险报酬率 + 风险报酬率$$

必要投资报酬率应当包括两部分：一是无风险报酬率，如购买国家发行的公债和定期银行存款存单，到期连本带利肯定可以收回。这个无风险报酬率，可以吸引公众储蓄，是最低的社会平均报酬率。二是风险报酬率，它与风险大小有关，风险越大则要求的报酬率越高，是风险的函数。

在理论上，假设风险和风险报酬率成正比，公式为：

$$风险报酬率 = 风险报酬系数 \times 风险程度$$

其中的风险程度用标准差或变异系数等计量。风险报酬系数是将标准离差率转化为风险报酬的一种系数或倍数，它取决于全体投资者的风险回避态度，可以通过统计方法测定。如果大家都愿意冒险，风险报酬系数就小，风险溢价不大；如果大家都不愿意冒险，风险报酬系数就大，风险附加值就高。

（2）固定资产购建与流动资产的配比

在一定的生产技术水平条件下，固定资产购建总是要有一定比例的流动资金需求。如果固定资产购建没有相应的流动资金做保证，固定资产购建就难以实施，不能取得良好的效果。

（3）固定资产的技术水平

随着科学技术的迅速发展，不同技术水平的固定资产会同时并存，相应地给企业提出了一个在固定资产购建决策中选择什么技术水平的问题。在一般情况下，应尽量选择购建技术水平先进的固定资产，以利于提高效率，降低成本，增加盈利。但是，如果无视企业的客观实际和周围环境，一味地追求技术先进的固定资产，可能导致适得其反的结果。应从技术上先进和经济上合理两个方面的要求综合分析设备效率，使用寿命，对资源的利用程度、设备维修的难易程度，对环境的影响，设备的配套情况等因素，权衡利弊，做出适当选择。

（4）企业的筹资能力

筹资在一定程度上决定着投资，是投资的前提。企业确定的投资方案或项目所需的资金数额需要通过筹资解决，只有如数、及时筹集到投资所需要的资金，投资方案才能实施。如果筹资不顺利、筹集不到或不足所需要的资金，即使再好的投资方案也不能得以实施。

2.固定资产购建决策的方法

固定资产购建决策方法是指对投资项目进行可行性的分析评价和最后决策所采用的一系列方法。固定资产购建决策方法很多，可概括为非贴现现金流量法和贴现现金流量法两大类。

（1）现金流量

①现金流量的概念

现金流量，是指与企业固定资产的构建和决策有密切联系的现金的收入和支出。现金流量是评价投资方案是否具有可行性的基本指标，在经过计算之后可以得出具体的数值，其计算公式如下：

$$现金流量 = 一定时期内现金流入量 - 现金流出量$$

现代财务管理学从某方面来说就是通过现金流量来衡量项目收益，为资金管理提供决策依据的一门学科。在现代财务管理学中，很多情况都是通过现金流量来衡量不同投资项目的收益的，净利润虽然是企业盈利能力的重要体现，但在某些情况下并不太适用。造成这种现象的原因我们可以从以下两个方面来理解。

a.现金流量能够更好地体现企业货币资金的流动情况，可以准确地反映出企业在经营过程中，资金的增减变化，帮助管理者判断企业的资金是否处于平衡状态，维持企业健康的运营状态。

b.采用现金流量才可以在投资的计算之中对货币的时间价值进行考虑，以更加准确地反映企业运营的真实状况。需要判定每笔款项的收入和支出的时间与数额，在经过一段时间之后由于市场的变化，资金的价值会发生相应的变化，在项目投资的过程中，必须对资金的时间要素进行衡量。

而利用利润额大小衡量投资项目优劣时存在以下缺陷：

a. 在固定资产的构建过程中，需要付出大量的货币现金，这一要素实际上会被忽视，没有得到充分的尊重与考虑；

b. 固定资产的价值都是用其原始价值减去折旧计提的价值得出的，在固定资产的折价过程中，并没有涉及现金，只是价值数字上的变化；

c. 计算固定资产带来的企业利润时，很多时候并没有将所有要素完全考虑进去，比如垫支流动资金的数量以及资金的时间价值等；

d. 只要企业的销售方案已经确定，应该算入当期的销售收入之中，但是实际上企业还有一部分并没有获得现金，只不过是账面上的数字。

②现金流量的构成

投资决策中的现金流量，一般由初始现金流量、营业现金流量和终结现金流量构成。

a. 初始现金流量

初始现金流量主要是指投资发生之初所产生的现金流量。一般来说，初始现金流量主要包括以下几个部分。

固定资产的原始投资。固定资产的原始投资是获取固定资产的成本，即企业建造厂房、购买设备所产生的费用。

与固定资产相配套的流动资产投资支出。这一部分支出主要是企业对生产材料和资产流通进行的资本投入。

其他投资费用。其他投资费用是指与固定资产的购置、安装、使用等紧密相关的其他费用的支出，比如员工技能培训产生的费用、聘请专家产生的费用等。

b. 营业现金流量

营业现金流量是指，企业的项目投资结束之后，企业在固定资产在其使用寿命之内所产生的现金收入与支出。一般来说，营业的现金流等于营业产生的现金收入减去营业消耗和税金。这种类型的现金流量，一般都是以年为单位进行核算的。需要注意的是，定期损益的计算中出现的净收益，与营业的现金流量是不同的，因为定期损益会将固定资产的折旧以及其他消耗计算在内。以定期损益计算所确定的净收益为基础，我们也可以对营业的现金流量进行计算，其公式为：

营业现金流量＝定期损益计算所确定的净收益＋非现金支出的费用

c. 终结现金流量

终结现金流量是企业项目产生的三种现金流量之一，它是项目经济寿命终结的时候发生的一种现金流量。

③现金流量的计算

现金流量的计算包括全额分析法和差额分析法。全额分析法用于对扩大收入投资项目的现金流量计算；差额分析法则用于对降低成本投资项目的现金流量计算。

（2）非贴现现金流量法

非贴现现金流量法是不考虑资金时间价值的各种方法。这类方法主要包括年平均报酬率法、投资回收期法等。

①年平均报酬率法

平均报酬率（ARR）是指项目寿命周期内的年均现金流量与初始投资的比率或年平均营业现金流量与平均投资额的比率。年平均报酬率指标是通过计算比较年平均报酬率的大小评价投资方案好坏的方法。其评价标准是：以年平均报酬率最大为好。

年平均报酬率也叫年平均收益率、年平均投资报酬率等。它是投资收益额与投资成本额之比。由于对投资收益和投资成本的看法不同，年平均报酬率的计算具有多种不同方式，如：

年平均净利

年平均报酬率 = 年平均净利 / 初始投资总额 ×100%　　　　　　（1）

年平均报酬率 = 年平均现金净流量 / 初始投资总额 ×100%　　　　（2）

年平均报酬率 = 年平均营业现金净流量 / 平均投资额 ×100%　　　（3）

上述第（2）式中年均现金净流量是指项目寿命周期内现金流量的平均数，即项目寿命周期内各年现金流量之和除以项目寿命周期；初始投资是指最初该项目的货币资金支出（包括固定资产上的投资和垫支在流动资产上的资金支出等）。

上述第（3）式中年均营业现金流量是指项目寿命周期内各年营业现金流量之和除以项目寿命周期；平均投资额为最初固定资产购建减残值之差额的一半，加上整个寿命周期内占用的残值与垫支在流动资产上的资金支出。因为厂房、机器设备投资的残值部分和垫支在流动资产上的资金部分都是从第一年初垫支到项目寿命终结为止全额占用，因此，应全额算作平均投资额。而厂房、设备投资中扣除残值部分，每年以折旧的形式收回，垫支金额到项目终结下降至零，因此这部分垫支应该除以 2，才是平均数。

应用平均报酬率法进行投资决策的过程中，企业应首先拟定要求达到的投资报酬率，或称必要平均报酬率。根据这一报酬率，对投资项目进行可行性分析。在进行具体决策时，只有高于必要的平均报酬率的方案才能入选。而在多个方案的互斥选择中，则选用平均报酬率最高的方案。

②投资回收期法

投资回收期指标是通过计算比较投资回收期的长短比较投资方案好坏的方法。其评价标准为投资回收期一般不能长于投资有效期的一半，多个方案中则以投资回收期最短者为好。

投资回收期亦称投资偿还期，是指从开始投资到收回全部初始投资所需要的时间，一般用年表示。由于初始投资的收回主要依赖营业现金净流量，因此，投资回收期的计算因营业现金净流量的发生方式而异。

如果营业现金净流量以年金形式发生时，则：

投资回收期 = 初始投资 / 年现金净流量

如果营业现金净流量逐年不等额发生时，则需计算逐年累计的现金净流量和各年末尚未收回的投资额。若设初始投资是在第 n 年和第 n+1 年之间收回，则回收期可按下式计算：

投资回收期 =n+ 第 n 年末尚未收回的投资额 / 第 n+1 年的现金净流量

在应用投资回收期法进行投资决策拟订可行性方案时，企业通常将投资方案的投资回收期同投资者既定的期望投资回收期进行比较。若投资方案的投资回收期小于或等于期望回收期，则投资方案可行；反之，则不可行。

即：

投资回收期≤期望回收期，投资方案可行；

投资回收期＞期望回收期，投资方案不可行。

如果对两个或两个以上的可行性方案进行决策时，则回收期短者为优。

上述期望回收期，是投资者事先规定的投资回收年限。一般而言，投资方案的投资回收期至少要比投资项目所形成的固定资产的经济寿命要短。

（3）贴现现金流量法

贴现现金流量法是考虑了资金时间价值的方法。这类方法主要包括净现值法、现值指数法、内含报酬率法。

①净现值法

投资方案的净现值（NPV），是指投资方案未来现金现流量的现值，减去其净投资额现值以后的余额。即从投资开始直至项目寿命终结，所有现金流量（包括现金流入量和现金流出量）按资金成本或其他特定的贴现率计算的现值代数和。净现值流量的现值和净投资额的现值是由净现金流量和净投资额按企业的最低报酬率或资金成本率这一折现因素折算而得到的。净现值法便是通过比较各个方案净现值的大小而选择最优可行性方案的一种方法。净现值计算公式如下：

净现值 = 现金流入的现值总额—现金流出的现值总额

净现值指标的判断标准是：在只有一个备选方案时，净现值为正时可以采纳该方案，净现值为负时不能采纳。因为当净现值为正时，表明企业的投资可以获得现值报酬，否则，企业得不到现值报酬，现值报酬是考虑到了资金的时间价值的报酬。在众多的投资额相等的可行性方案中，净现值最大者为最佳方案。

净现值法的优缺点：

a.优点

考虑了资金的时间价值，通过贴现将未来现金流量折算成现值，使不同时期的现金流量换算成同一时点上的货币金额，从而使对各方案的评价、比较更加合理和科学。

能够反映各种投资方案的净收益（或现值净收益）。

考虑了最低报酬率。该方法要求将项目寿命期内所有的现金流量按最低投资报酬率或资金成本率贴现，由此可直接判断该方案是否可行。

b. 缺点

不能直接说明各个投资方案本身可能达到的实际投资报酬率是多少，在投资有限的情况下，只是根据各个投资项目净现值的绝对数做出投资选择是不能争取实现最大投资效益的。

运用该方法时，首先要确定最低报酬率或资金成本率，否则该方法难以应用。而准确测定最低报酬率则是比较困难的，因为它要考虑到资金取得成本与未来各种有关因素的影响。

如果两个项目寿命不等，寿命长的项目净现值大，寿命短的项目净现值小时，就很难用净现值辨别其优劣。这是因为，可将寿命短的项目收回的投资及时投放出去获得现金流量。

当两个项目投资规模不一，投资规模大的项目净现值大，投资规模小的净现值小时，也很难作出正确判断。

②现值指数法

现值指数法是通过对现值指数的计算对决策方案的好坏进行评估。所谓闲置指数就是项目未来收益的现值总和与初始投资综合的比例，通俗来说就是每一单位数量的投资（通常以万为单位）所能带来的收益。计算公式如下：

现值指数（PI）＝投产后各年收益的现值总额／各项初始投资的现值总额

现值指数法是净现值法的一种变形，现值指数和净现值之间有着内在的联系。即：净现值 >0，现值指数 ≥ 1；

净现值 =0，现值指数 -1；净现值 <0，现值指数 <1。

因此，在运用现值指数法进行企业投资决策时，一般把现值指数大于 1 的方案视为可行性方案。对两个或两个以上的互斥方案进行择优决策时，现值指数最大者为最优可行性方案。

在一般情况下，现值指数法可以反映财务投资方案的获利能力的大小。如果把初始投资看作投资成本，把未来现金流量的现值看作收益，那么现值指数也称为成本收益率或获利指数。

现值指数法是通过比较不同方案现值指数的大小或获利能力大小而确定较优的方案，克服了净现值法不能对不同规模，寿命周期不同的各投资方案进行比较的缺点，但仍存在着要预先确定最低报酬率或资金成本率的问题，且其含义比较难以理解。

③内含报酬率法

a. 内含报酬率法的概念

内含报酬率法是通过计算比较内含报酬率指标进行决策判断的方法。内含报酬率是使投资项目的净现值等于零的贴现率，又称内部报酬率（IRR），它是投资项目本身可以达到的报酬率。

b. 内含报酬率的计算

内含报酬率的计算较为复杂，根据投资方案有关的现金流量的发生情况，一般有以下两种计算方法：

第一，当各年现金净流量相等时，可以用年金现值系数插值法求得；

第二，当每年现金净流量不相等时，内含报酬率的计算，通常需要"逐步测试法"。

内含报酬率法就是通过分析内含报酬率的大小而评价其方案是否可行或是否为最优可行性方案的一种方法。在运用内含报酬率法进行企业投资决策时，财务管理人员一般需要根据具体情况首先确定一个要求达到的内含报酬率。如果某一方案的内含报酬率大于要求达到的内含报酬率，则认为此方案是可行性方案。在对两个或两个以上的可行性方案进行评价时，内含报酬率最大者为最优方案。

c. 内含报酬率法的优缺点内含报酬率法的优点：

同净现值法一样，它既考虑各期收益的时间价值，也考虑整个项目寿命期的全部收益。

它直接指明企业可以达到的最高报酬率，用它和企业资金成本比较，可以反映出企业的资金增值和实际收益情况；用它和部门，行业的基准收益率比较可以直接测定项目是否符合部门和行业标准，可否立项。其结论直观、鲜明，决策者乐于采用。

便于投资方案的优选与评价，尤其是对那些仅只是投资规模不同，其他条件相同的投资决策，净现值法无能为力，而内含报酬率法却能很好地加以运用。

内含报酬率法的缺点如下：

它同净现值比率法一样仅仅用相对数比较，这样在选项中，投资额少，内含报酬率高的方案入选，而投资额大、净现值率大的方案往往遗漏，不利于企业选择赚到最多的方案。

内含报酬率法假设各期贴现率相等、各期资金成本相同，但在实际中却很难成立。最低报酬率或资金成本率也很难确定。

在现金流量呈多次正、负交错的不规则时，同一个方案可能出现几个内含报酬率，必然增加决策的难度。

内含报酬率只反映报酬对投入的比率，并不意味着对企业的投资收益最大。这时，内含报酬率法往往要借助于净现值法的帮助。

3. 固定资产购建决策方法的比较

（1）投资决策方法的特征

固定资产购建决策中的非贴现现金流量法和贴现现金流量法，在实际工作中均有不同程度的应用。但是，各种方法可能导致各不相同的投资决策结果。因此，我们必须回答这样一个问题：到底哪种方法最佳？如果我们把最佳方法理解为一种能够选择出一系列使公司价值最大化项目的方法，那么，该方法应具有以下特征：

①该方法必须考虑投资项目整个寿命期内的现金流量。

②该方法必须考虑货币的时间价值。

③在对该方法进行互斥项目选择时，必须选择能使公司价值（公司股票价值）最大的项目。根据这些特征来衡量前述的各种方法，就会有以下结果：投资回收期法与第一点、第二点不符；年平均报酬率法也与第二点不符，即它采用的是会计收益而非现金流量，没有区分早期货币价值与晚期货币价值的差异。净现值法、现值指数法和内含报酬率法都符合第一点，第二点，在评价相互独立的项目时，这三种方法都能做出明确的可行与不可行决策来。但唯有净现值法在任何情况下，都能够满足第三点的要求。

（2）几种贴现现金流量法的比较

①净现值法与内含报酬率法的比较

在一般情况下，只要不同的投资方案是相互独立的，那么无论是用净值法还是用内含报酬率法，所得结果都是一样的。这是因为二者评估的内容具有逻辑上的联系。我们先来看内含报酬率法，这种算法只要内含报酬利率比投资的资金成本高，投资方案就具有可行性，而就实际情况来说内含报酬率高说明企业的投资收益高，资金的回报率大于投资成本率，净值肯定会大于零。接下来我们看净现值法，净现值法要求企业的净现值收益大于零，数值越大投资的可行性越高，而我们已经用内含报酬率法推测出内含报酬率高，净现值会大于零，因此二者实质上都是对净收益的评估，因此结果会一致。在进行计算方法的选择时，要根据具体的情况，合理采用评估手法，原则是简便、易行。需要注意的是，在不同而且互斥的投资方案中，我们一定要谨慎使用评估方法，有时不同的评估方法会出现不同的结果。

②净现值法与现值指数法的比较

在一般情况下，用净现值法和用现值指数法评价投资项目得出的结论非常相似。然而，当初始投资额不相同时，有可能会得出相反的结论。

4.投资项目决策

（1）资本限量决策

在用于投资项目的资金有限的情况下，我们需要将资金与投资项目与不同的投资要素和投资方案进行有机结合，将资金利用的效率发挥到最大，用最小的资金投入获取最大的收益。在资金有限的情况下，对不同投资项目进项评估时，评估的项目不再是该项目的预计净现值，而应该是预计现值指数。因为净现值评估具有一定的局限性，比如投资金额较高的项目，即使收益率比较低，也会产生比低投资项目更多的净收益。现值指数的评估则更具普遍性，并且可以对不同项目的投资收益进行优劣排名，帮助企业的决策作出正确的决策。

（2）固定资产更新改造决策

①应否更新的决策

固定资产应否更新决策是指就应否用新设备替换旧设备的问题进行的决策。我们知道，设备在其有效年限内，随着使用时间的延长，其性能不断老化，精密度不断降低，因而其效率将不断下降、耗费将不断增大。当性能优良，消耗较小的新设备面市时，企业必然面临着是否更新的问题。进行此决策的关键在于比较新、旧设备的成本与收益，看更新所能增加的收益或节约的成本能否大于更新所需增加的投资。

②何时更新的决策

设备的有效期是指其能够使用的年限，亦即其自然寿命期。但是，从经济效益的角度考虑，设备并不一定非用到其自然寿命期终了。通常去看下，设备的持有成本与使用年限反方向变动，使用年限越长，年均持有成本越小。主要的持有成本如设备的年折余价值。而设备的运行成本则与其使用年限同方向变动，使用年限越长，年运行成本越大。运行成本主要有设备的维修成本，低效成本（指效率降低而增加的材料、能源消耗和残次品损失等）。因此，设备的年均成本是呈凹形状态的，它在某一点上最低，在此点前，年均成本会随使用年限的延长而降低，超过该点则年均成本反而随使用年限的延长而增加。

（三）固定资产的日常管理

1.编制固定资产购建计划，实行计划管理

一项具体的固定资产购建方案，应包括以下基本内容：第一，计划名称、计划的目的及详细说明。第二，有关财务的各项估计：①全部设备成本；②需要时间；③资金来源。第三，工作进度及各阶段所需资金预计。第四，投资后，生产能力及收益能力的估计。包括：生产能力的估计；市场销售趋势的预测；收益能力、投资回收期间及投资报酬率。

投资计划主要包括：①投资前的生产量，单位售价、生产成本、管理及推销费用、单位利润、总利润、每年现金流量；②投资后上述各项的数额；③税前盈余及税后盈余；④投资报酬率；⑤预计每年提取的折旧费；⑥投资回收年限。

固定资产购建计划，根据不同企业的不同管理需要而编制。企业应根据自身的具体情况确定其编制的具体方法。固定资产购建计划的编制需要企业各职能部门密切配合，协同研究。财务部门的具体工作是参与固定资产购建计划的编制，其主要任务是综合检查投资项目中各个指标的测算工作，以弄清该项投资对企业资金的需求以及对企业资金循环的各种影响，从而规划资金来源，合理安排资金支出。

2.固定资产归口分级管理

企业通行的一种固定资产管理制度是归口分级责任制，也就是在全局的基础上，由企业的经营者统一领导，按照固定资产的类别对固定资产进行分类，然后分配给相关的职能部门进行归口分级管理。采用这种广利方式能够对固定资产进行更加细致的管理和利用，可以有效地提高固定资产的使用年限，减少固定资产维护或修理产生的额外费用。归口分级管理就是按照固定资产的类别将其分配给相关部门管理，然后再由部门逐级对固定资产的相关内容进行管理，这样可以保证企业每一个人员都是成为固定资产的管理和维护者，保证企业固定资产得到更合理的利用。

实行固定资产的归口管理，处理好固定资产管理中的权责关系，可以把固定资产管理

和生产技术管理结合起来，把使用者和管理者统一起来，能够调动企业各部门、各级单位和职工管理固定资产的积极性。它是根据管用结合，权责结合的原则，通过固定资产管理责任制实施对固定资产的管理。企业固定资产种类繁多，数量较大，使用地点分散，涉及企业各职能部门、各级单位和全体职工。因此，要管好、用好固定资产必须把固定资产管理的权限和责任落实到有关部门和使用单位，实行固定资产归口分级管理责任制。

实行固定资产归口分级管理，一般的做法是：生产部门对全厂的生产设备进行管理；动力部门对全厂的动力设备进行管理；运输部门负责管理运输工具；总务部门则对房屋、家具进行管理；技术部门对各种科研开发设备进行管理。主要原则就是各部门分管其部门的固定资产，以确保固定资产的完全完整。

企业内部各车间，班组和有关科室是使用固定资产的具体单位。因此，在归口分管的基础上，还要层层对口，分级负责，将固定资产分别落实到各级使用单位，由其负责管理。在其管理中，严格执行财产管理制度，保证固定资产完整和合理使用，发挥固定资产的使用效率。同时，根据谁使用谁负责管理的原则，进一步落实到基层和个人，与岗位责任制结合起来，便可做到层层负责任。

企业财会部门是管理固定资产购建的专职部门或综合协调部门，对固定资产管理活动负有总的责任。其主要职责是：联合相关的职能部门，对固定资产进行计划编制，同时制订相关的管理制度和管理方法，对企业的固定资产进行有效的管理，在具体的实施过程中，对其进行监督，并且不断核算分析企业的固定资产，掌握固定资产的变动状况，随时了解企业固定资产的使用情况；协助各归口部门做好固定资产管理的各项基础工作，组织财产清查，使固定资产的安全保管和有效利用得到可靠保证。

3. 固定资产的制度管理

作为固定资产管理的综合部门，财会部门主要是负责固定资产的安全保管，与此同时，保证固定资产的有效使用。在固定资产的管理制度上，财会部门要与有关的职能部门进行合作，共同制订相关的管理制度和管理方法，规定各类固定资产的增减变动、维修更新的手续，协助有关部门执行。具体包括以下一些活动：

（1）固定资产的标准，按现行制度规定执行。凡是符合固定资产基本特点，属于固定资产企业资产，无论资金从哪里获得，都应该及时计入相应账户，并按照相关的规定进行折旧计提，不能存在账户记录之外的固定资产。因为固定资产是企业承担民事赔偿责任的重要来源，为了保护债权人的利益，企业所有的固定资产都必须按照法律的规定记录在企业的固定资产账户之中。

（2）建立健全固定资产账卡和记录，为固定资产的管理和利用提供可靠的决策依据。在固定资产的管理中，企业应该尽可能促进财务管理部门和固定资产使用部门的合作，对固定资产进行详细的分类和明细记录，为固定资产编制统一管理制度。固定资产的构建必须经过企业内部一系列的评估与决策才能实现，因为固定资产会占用企业一部分流动资产，如果固定资产的构建不能为企业带来更好的收益，就没有必要构建新的固定资产。因此，固定资产构建评估主要是对新的固定资产能够为企业生产和经营带来的收益进行衡量。

（3）对固定资产进行定期的清查和盘点。关于固定资产的盘点，企业应当制订相关的程序和时间要求，固定资产至少要每年盘点一次，并且逐渐形成一种制度。如果在此过程中，发现一些问题，应该交由固定资产的使用部门查明原因，并最终出具书面报告，经企业管理部门审核批准之后，对固定资产进行统一的处理，提高固定资产的利用率。对于一些没有估价入账的固定资产，企业财务部门需要按照固定资产的质量，以市场上同种产品的平均价格为基础进行合理估价，然后记入固定资产。一些已经超过使用年限的固定资产，要及时对其进行处理。

4. 固定资产报废与清理管理

固定资产有其使用的年限和使用的范围，在超出这一适用范围之后，固定资产会失去其价值，造成价值的减少。对于固定资产的报废以及固定资产报废的审批手续，财会部门要进行严格的审查与分析，同时对于固定资产报废的原因进行深刻研究，了解是否需要进行报废清理，并且查看其是否还有继续使用的可能。固定资产报废的原因有很多种，可能是由于正常使用的磨损造成的，也可能是由于保管或使用过程中的不当造成提前报废。

对报废的固定资产要把好审批关。对按规定重新改（扩）建工程必须拆除的，或固定资产已经超出其寿命期限，并且经过专业确定证明其确实不存在修复并投入继续使用的可能，或者由于不可抗力因素的影响，或者是由于自然灾害遭受严重损坏的情况，要对固定资产进行清理和报废的申请。

在对固定资产的实际情况进行考察与了解之后，如果确认其符合报废的相关规定，财会部门可将其处理意见呈报给上层领导。领导批准之后，便可开始固定资产的清理工作。对于已经丧失使用价值的固定资产的报废，需要经过进一步的审查与鉴定。一些专业性较强的固定资产的设备报废，要经过专业技术人员的审查与鉴定，并且在取得相关的技术鉴定书之后，进行理由的详细申明，最后按照审批程序经上级主管部门批准才能报废，基层单位无权擅自对其进行报废处理。

固定资产的清理批准下来之后，财会部门需要与有关部门进行配合，对固定资产的残余价值进行正确的估计，同时对相关的费用和开支进行有效监督，将变价收入及时入账，计入营业外收入，最终由企业安排使用。

5. 坚持挖潜、革新方针，监督固定资产的合理使用

企业在不增加投资的前提下，通过挖潜、革新、改造的方法，也是提高企业生产能力的一个重要途径。

（1）在保证生产经营正常进行的条件下，压缩非生产用固定资产购建比重，积极处理不需要的固定资产，减少未使用的和备用的固定资产，使现有的生产设备尽可能地投入生产，增加企业的生产能力。

（2）提高房屋建筑物现有生产面积和利用程度，减少非生产用面积，合理配置生产设备和减少单台机器设备的占用面积和调整通路等。这样可以在不增加房屋建筑物的情况下，提高生产面积的利用程度。

（3）把企业固定资产的更新、改革以及大修理与技术革新和技术改造紧密结合起来，在不增加或少增加投资的情况下，恢复固定资产性能，提高其生产效率。

（4）加强在建工程管理，节约固定资产购建支出，使在建工程尽快形成实际生产力。

（四）固定资产的折旧管理

1. 固定资产折旧的概念

固定资产在使用的过程中，会不断地磨损消耗，这些损耗将会按照一定的管理办法进行系统的分摊和评估，这就是固定资产的折旧。在企业的生产过程中，固定资产的价值会根据其损耗程度逐渐转移到相关的成本和费用中去，这些成本和费用在产品生产出来销售出去后，又会在企业的销售收入中得到相应的补偿。折旧，就是固定资产损耗价值的转移。

固定资产的损耗可以分为两种：有形损耗和无形损耗。

（1）如果固定资产在使用的过程中，由于摩擦、震动等原因造成其质量变坏，造成机械磨损，或者由于长期的闲置，最终造成损耗，就被称为是有形损耗。

（2）由于科学技术的不断进步，劳动生产率的不断提高，固定资产的价值不断降低，这被称为是固定资产的无形损耗。

固定资产损耗价值的补偿有以下两种情况：

（1）固定资产本身的价值在其使用期间，得到的损耗补偿，就是我们通常所说的折旧；

（2）固定资产的各个组成部分，在使用条件和作业环境不同的条件下，其耐磨程度也是不同的，为了保证这些固定资产可以发挥正常的作用，需要按照损耗程度对其进行系统的恢复，这部分的费用成为修理费用。

固定资产修理费用同折旧费用一样，也是企业成本的一个组成部分，因此在进行企业成本核算的时候也应将其计入成本费用的项目。固定资产的损耗和折旧成本销售收入中得到补偿。但修理费用同折旧费用不同，修理费用是实际已经花费或不久将要花费的支出，它是一种减少企业营运资金的费用；而折旧费用实际并没有支付，它只是表明固定资产本身价值的一种减少，从固定资产实物形态上来看并没有改变。

2. 影响固定资产折旧的因素

在实际工作中，固定资产折旧是按会计期（年、月）计提的。因此，必须明确影响固定资产折旧的因素，以便作为计提依据。

（1）固定资产折旧基数

固定资产折旧是对固定资产本身损耗价值的补偿，因此如果企业想要对固定资产的损耗和折旧进行核算与分析，必须以其原始价值为基数，在这个基础上企业才能对固定资产折旧的各项数据进行科学的核算。这种将原始价值作为折旧基数的做法只能使固定资产在价值上得到补偿，而不一定使固定资产在实物上也完全得到补偿。由于资金时间价值的作用和物价水平变动以及通货膨胀的影响，再加上固定资产使用期限较长，故固定资产原始价值收回后，实际不能实现固定资产原来规模的更新，对企业而言，相当于部分资金转化为利润而虚耗了，企业生产经营规模也缩小了。

固定资产折旧应是以重置完全价值为基本依据进行核算的，这样做可以便于固定资产报废时收回的折旧加净残值，并保证这个数值刚好能够实现固定资产原来规模的更新，但是，我们也应该意识到这样一个问题，即固定资产完全价值重置并不是固定的，它经常会因为企业的经营政策和资金流动情况发生变化，在进行应用时应该注意这种情况的出现。

（2）固定资产预计净残值

固定资产预计净残值是指假定固定资产预计使用寿命已满并处于使用寿命终了时的预期状态，简单来说就是固定在产到达使用年限后剩余的价值量。在财务管理和核算那种，我们将固定资产净残值作为固定资产的不转移价值部分来对待，因此在核算过程中我们不会将其计入成本、费用中。一般来说，企业在固定资产折旧的核算过程中，大部分会事前进行预估，将这一部分价值从固定资产原值中扣除，到固定资产报废时直接回收。固定资产净残值占固定资产原值的比例一般在 3% ~ 5%。

（3）固定资产减值准备

固定资产减值准备是指固定资产已计提的固定资产减值准备累计金额，是固定资产折旧核算和分析的一个重要因素。一般来说，企业在完成固定资产计提减值准备后，应当在剩余使用寿命内根据调整后的固定资产账面价值（固定资产账面余额扣减累计折旧和累计减值准备后的金额）和预计净残值重新计算折旧率和折旧额。

（4）固定资产使用寿命

固定资产使用寿命是固定资产折旧的一个重要影响因素，它对企业固定资产的折旧有着极为重要的影响。从以上来看，固定资产的使用寿命（在实际运用中经常称其为"固定资产的使用年限"），是指企业使用固定资产的预计期间，或者该固定资产所能生产产品或提供劳务的数量。固定资产使用寿命直接影响各期应提的折旧额，从而影响成本，利润以及企业的营运资金。固定资产使用寿命取决于它的物理性能、使用情况、使用条件、维护保养的好坏和科学技术的进步情况等。因此企业在固定资产折旧核算时，应该首先确定固定资产使用寿命，并且在确定固定资产的使用年限过程中既要考虑由于固定资产的使用以及自然力的作用而带来的有形损耗，也要考虑科学技术进步等原因使固定资产价值贬低而产生的无形损耗。

3. 固定资产的折旧计算方法

根据我国财经制度的规定企业固定资产的折旧方法一般采用平均年限法（即直线法）。交通运输工具也可采用工作量法。经财政部批准的部分设备，企业可以采用双倍余额递减法和年数总和法。

（1）平均年限法

平均年限法是固定资产在预计使用年限内，根据其原始价值和预计净残值平均分摊固定资产折旧总额的一种方法。采用这种方法计算的固定资产折旧额在各个使用年（月）份都是相等的，累计的折旧额在平面直角坐标系上表现为一条直线，因此这种方法也称为直线法。这种方法计算简单，被大部分旅游企业广泛采用。计算公式如下：

①固定资产年折旧额＝固定资产原值×（预计残值－预计清理费用）/预计使用年限

或：固定资产年折旧额＝固定资产原值×（1－预计净残值率）/预计使用年限

②固定资产年折旧率＝固定资产年折旧额/固定资产原值×100%

或：固定资产年折旧率＝1－预计净残值率/预计使用年限×100%

③固定资产月折旧率＝固定资产年折旧率/12

④固定资产月折旧额＝固定资产原值×固定资产月折旧率

（2）工作量法

工作量法就是按照固定资产在使用期间预计的工作量平均分摊固定资产折旧总额的方法。这种方法是根据企业经营活动或设备的运营情况来计提折旧。工作量法包括以下两种：

①按行驶里程计算折旧。其公式为：

单位里程折旧提取额＝原值×（1－预计净残值率）/预计总行驶里程

②按工作小时计算折旧。其公式为：

单位工作小时折旧提取额＝原值×（1－预计净残值率）/预计总工作小时数

（3）双倍余额递减法

双倍余额递减法是在不考虑固定资产残值的情况下，以平均年限法折旧率的双倍为折旧率，再乘以固定资产在每一会计期间账面净值，计算每期固定资产折旧额的一种方法。计算公式如下：

年折旧率＝2/预计使用年限×100%

年折旧额＝年初账面净值×年折旧率

月折旧额＝年折旧额/12

（4）年数总和法

年数总和法是根据固定资产在预计使用年限内的折旧总额，乘以每期递减的折旧率，计算每期固定资产折旧额的方法。采用这种方法由于折旧率是一个变量，因此年数总和法又称为变率递减法。计算公式如下：

年折旧率＝折旧年限－已使用年限/折旧年限（折旧年限+1）÷2

年折旧额＝（固定资产原值－预计净残值）×年折旧率

年折旧率＝年折旧额/12

4.加速折旧法的意义

（1）优化资源配比

固定资产使用的总成本包括折旧费用和大修理费用，由于大修理费用在使用初期较少，后期较多，而且固定资产的服务价值在使用初期较高，后期较低。因此提取折旧时开始提得多些，后期提得少些。这样成本费用比较均衡，更好地体现了会计准则的配比原则。

（2）降低无形损耗

在当前科学技术不断进步，劳动生产率不断提高的前提下，旅游企业固定资产的无形损耗愈发突出，因此早期多提一些折旧，可以及早防范企业因固定资产无形损耗而带来的损失。

（3）规避经营风险

固定资产通常投资数额大，投资收回时间长，因此采用加速折旧法提取折旧，可以在早期更多地投资，从而可以避免一定的投资风险。

（4）提高经营效益

采用加速折旧法，可以推迟企业应交所得税的时间，相当于政府给企业一笔无息贷款。因此企业利用政府给予的税收上的优惠，可以更好地开展本企业经营业务活动，提高企业经济效益。

由于政治、经济等外部环境及企业内部自身管理要求，相关的税收政策等一系列因素的影响，企业究竟采用哪一种方法计提折旧，还要结合以上多方面因素予以考虑。另外，企业采用哪种折旧方法或哪些设备可以采用加速折旧法，都是需要报经财政部门批准的。固定资产折旧方法和折旧年限一经确定不得随意变更。

第二节　短期借款

短期借款是指企业向银行或其他金融机构等借入的期限在一年以下（含一年）的各种款项。短期借款一般是企业为了满足正常生产经营所需的资金或是为了抵偿某项债务而借入的。短期借款的债权人不仅是银行，还包括其他非银行金融机构或其他单位和个人。

一、种类

工商企业的短期借款主要有：经营周转借款、临时借款、结算借款、票据贴现借款、卖方信贷、预购定金借款和专项储备借款等。

（1）经营周转借款：亦称生产周转借款或商品周转借款。企业因流动资金不能满足正常生产经营需要，而向银行或其他金融机构取得的借款。办理该项借款时，企业应按有关规定向银行提出年度、季度借款计划，经银行核定后，在借款计划中根据借款借据办理借款。

（2）临时借款：企业因季节性和临时性客观原因，正常周转的资金不能满足需要，超过生产周转或商品周转款额划入的短期借款。临时借款实行"逐笔核贷"的办法，借款期限一般为 3~6 个月，按规定用途使用，并按核算期限归还。

（3）结算借款：在采用托收承付结算方式办理销售货款结算的情况下，企业为解决商品发出后至收到托收货款前所需要的在途资金而借入的款项。企业在发货后的规定期间（一般为3天，特殊情况最长不超过7天）内向银行托收的，可申请托收承付结算借款。借款金额通常按托收金额和商定的折扣率进行计算，大致相当于发出商品销售成本加代垫运杂费。企业的贷款收回后，银行将自行扣回其借款。

（4）票据贴现借款：持有银行承兑汇票或商业承兑汇票的，发生经营周转困难时，申请票据贴现的借款，期限一般不超过3个月。如现借款额一般是票据的票面金额扣除贴现息后的金额，贴现借款的利息即为票据贴现息，由银行办理贴现时先进扣除。

（5）卖方信贷：产品列入国家计划，质量在全国处于领先地位的企业，经批准采取分期收款销售引起生产经营资金不足而向银行申请取得的借款。这种借款应按货款收回的进度分次归还，期限一般为1~2年。

（6）预购定金借款：商业企业为收购农副产品发放预购定金而向银行借入的款项。这种借款按国家规定的品种和批准的计划目标发放，实行专户管理，借款期限最多不超过1年。

（7）专项储备借款：商业批发企业国家批准储备商品而向银行借入的款项。这种借款必须实行专款专用，借款期限根据批准的储备期确定。

二、核算

企业通过设置"短期借款""财务费用""应付利息"等账户进行短期借款的核算，其核算主要涉及三个方面：取得借款的核算、短期借款利息的核算和归还短期借款的核算。

1.取得短期借款的核算

企业借入的短期借款，无论用于哪个方面，只要借入了这项资金，就构成了一项流动负债。企业应通过"短期借款"科目，核算短期借款的取得、偿还等情况。该科目的贷方登记取得借款本金的金额，借方登记偿还借款的本金金额，若余额在贷方，则反映企业尚未偿还的短期借款。该科目可按借款种类、债权人和币种设置明细科目进行明细核算。

企业从银行或其他金融机构取得短期借款时，借记"银行存款"科目，贷记"短期借款"科目。

2.短期借款利息的核算

企业借入短期借款应支付利息。在实际工作过程中，如果短期借款利息不是按月支付的，如按季度支付利息，或者利息是在借款到期时连同本金一起归还，并且其数额较大的，企业于月末应采用预提方式进行短期借款利息的核算。短期借款利息属于企业的筹资费用，应当在发生时作为财务费用直接记入当期损益。在资产负债表日，企业应当按照计算确定的短期借款利息费用，借记"财务费用"科目，贷记"应付利息"科目；实际支付利息时，借记"应付利息"科目，贷记"银行存款"或"库存现金"科目。

如果企业的短期借款利息是按月支付的或者利息是在借款到期时连同本金一起归还，但是数额不大的可以不采用预提的方法，而在实际支付或收到银行的计息通知时，直接记入当期损益，借记"财务费用"科目，贷记"银行存款"科目。

3. 归还短期借款的核算

短期借款到期时，应及时归还。短期借款到期偿还本金时，企业应借记"短期借款"科目，贷记"银行存款"科目。如果利息是在借款到期时连同本金一起归还的，企业应将归还的利息通过"应付利息"或"财务费用"科目核算。

第三节　应付与预收款项

一、应付票据

1. 应付票据概述

应付票据是指企业购买材料、商品和接受劳务供应等而开出、承兑的商业汇票。商业汇票按承兑人不同分为商业承兑汇票和银行承兑汇票，按是否带息分为带息商业汇票和不带息商业汇票。带息商业汇票到期应支付的票据金额包括票面值和票据利息。不带息商业汇票的票面金额中包含利息，到期只支付票面金额。我国现行的商业汇票一般为不带息票据。

企业应通过"应付票据"科目，核算应付票据的发生，偿付等情况。该科目贷方登记开出，承兑汇票的面值，借方登记支付票据的金额，若余额在贷方，则反映了企业尚未到期的商业汇票的票面金额。

企业应当设置"应付票据备查簿"。详细登记商业汇票的种类、号数和出票日期、到期日、票面余额、交易合同号和收款人姓名或单位名称及付款日期和金额等资料。应付票据到期结清时，上述内容应当在备查簿内予以注销。

我国商业汇票的付款期限不超过六个月。因此，企业应将应付票据作为流动负债管理和核算。同时，由于应付票据的偿付时间较短，在会计实务中，一般均按照开出、承兑的应付票据的面值入账。

2. 不带息商业汇票的核算

企业因购买材料、商品和接受劳务供应等面开出、承兑的商业汇票。应当按其票面金额作为应付票据的入账金额，借记"材料采购""在途物资""原材料""库存商品""应付账款"和"应交税费——应交增值税（进项税额）"等科目，贷记"应付票据"科目。

企业因开出银行承兑汇票而支付银行的承兑汇票手续费，应当记入当期财务费用，借记"财务费用"科目，贷记"银行存款"科目。

3.带息商业汇票的核算

带息商业汇票和不带息商业汇票的核算基本相同。所不同的是带息商业汇票企业应于中期期末或年末，按照票据的存续期间和票面利率计提票据利息。记入应付票据。按照计提的票据利息，借记"财务费用"科目，贷记"应付票据"科目。

二、应付账款

1.应付账款概述

应付账款是指企业因购买材料、商品或接受劳务供应等经营活动而应付给供应单位的款项。应付账款是由于买卖双方在购销活动中取得货物和支付货款的时间不一致而产生的负债。

（1）应付账款的入账时间

应付账款的入账时间为取得购货发票的时间。从理论上讲，应以所购货物的所有权转移或接受劳务完成为标志，即在企业取得所购货物的所有权或已接受劳务完成时确认应收账款入账。因其与取得供货发票的时间间隔较短，所以在会计实务中以取得购货发票的时间作为应收账款的入账时间。

（2）应收账款的入账金额

应付账款一般按购货发票上注明的金额入账，而不是按到期应付金额的现值入账。如果附带有现金折扣条件的应付账款，其入账价值在会计上有两种处理方法：一是总价法，即假定现金折扣不会发生，应付账款按未扣除现金折扣的总价记账，若企业提前付款而获得现金折扣时，作为理财收益冲减财务费用；二是净价法，即假定现金折扣会发生，应付账款按扣除最大现金折扣后的净价记账，若企业未能提前付款而丧失折扣时，作为理财费用记入财务费用。我国《企业会计准则》规定应付账款的现金折扣应采用总价法核算。

2.不带现金折扣的应付账款的核算

企业应通过"应付账款"科目，核算应付账款的发生，偿还、转销等情况。该科目贷方登记企业购买材料、商品和接受劳务等而发生的应付账款。借方登记偿还的应付账款，或开出商业汇票抵付应付账款的款项或冲销无法支付的应付账款。若余额一般在贷方，则反映企业尚未支付的应付账款余额。本科目应按照债权人设置明细科目进行明细核算。

（1）发生与偿还应付账款

企业购入材料、商品或接受劳务等所产生的应付账款，应按应付金额入账。购入材料，商品等验收入库，但货款尚未支付，根据有关凭证（发票账单、随货同行发票上注明的实际价款或暂估价值），借记"材料采购""在途物资""原材料""库存商品"等科目。按照可抵扣的增值税进项税额，借记"应交税费——应交增值税（进项税额）"科目，按应付的款项，贷记"应付账款"科目。

企业接受供应单位提供劳务面发生的应付未付款项，根据供应单位的发票账单所列金额，借记"生产成本""管理费用"等科目；按照增值税专用发票上注明的可抵扣的增值税进项税额，借记"应交税费——应交增值税（进项税额）"科目，贷记"应付账款"科目。

在实务中，企业外购电力，燃气等动力一般通过"应付账款"科目核算，即在每月付款时先作暂付款处理，按照增值税专用发票上注明的价款，借记"应付账款"科；按照增值税专用发票上注明的可抵扣的增值税进项税额，借记"应交税费——应交增值税（进项税额）"科目，贷记"银行存款"等科目；月末按照外购动力的用途分配动力费时，借记"生产成本""制造费用"和"管理费用"等科目。贷记"应付账款"科目。

企业偿还应付账款或开出商业汇票抵付应付账款时，借记"应付账款"科目，贷记"银行存款""应付票据"等科目。

（2）转销应付账款

应付账款一般在较短期限内支付，但有时由于债权单位撤销或其他原因而使应付账款无法清偿。企业对于确实无法支付的应付账款应予以转销。按其账面余额记入营业外收入，借记"应付账款"科目，贷记"营业外收入"科目。

3. 带有现金折扣的应付账款的核算

应付账款附有现金折扣的。企业应按照扣除现金折扣前的应付款总额入账。因在折扣期限内付款而获得的现金折扣，应在偿付应付账款时冲减财务费用。

三、预收账款

预收账款是指企业按照合同规定向购货单位预收的款项。预收账款与应付账款同为企业短期债务。但与应付账款不同的是，预收账款所形成的负债不是以货币偿付，而是以货物清偿。

企业应通过"预收账款"科目，核算预收账款的取得、偿付等情况。该科目贷方登记发生的预收账款金额和购货单位补付账款的金额，借方登记企业向购货方发货后冲销的预收账款金额和退回购货方多付账款的金额。若期末贷方余额，则反映企业预收的款项；若为借方余额，则反映企业尚未转销的款项。本科目一般应当按照购货单位设置明细科目进行明细核算。

企业预收购货单位的款项时，借记"银行存款"科目，贷记"预收账款"科目；销售实现时，按实现的收入和应交的增值税销项税额，借记"预收账款"科目，按照实现的收入，贷记"主营业务收入"科目，按照增值税专用发票上注明的增值税税额，贷记"应交税费——应交增值税（销项税额）"等科目；企业收到购货单位补付的款项，借记"银行存款"科目，贷记"预收账款"科目；向购货单位退回其多付的款项，借记"预收账款"科目，贷记"银行存款"科目。

第四节 应付职工薪酬

一、职工薪酬的内容

职工薪酬是指企业为获得职工提供的服务或解除劳动关系而给予的各种形式的报酬或补偿。职工薪酬包括短期薪酬、离职后福利、辞退福利和其他长期职工福利。企业提供给职工配偶、子女、受赡养人、已故员工遗属及其他受益人等的福利，也属于职工薪酬。

这里所称的"职工"主要包括三类人员：一是与企业订立劳动合同的所有人员，含全职、兼职和临时职工；二是未与企业订立劳动合同，但由企业正式任命的企业治理层和管理层人员，如董事会成员、监事会成员等；三是在企业的计划和控制下，虽未与企业订立劳动合同或未由其正式任命，但向企业所提供服务与职工所提供服务类似的人员，也属于职工的范畴，包括通过企业与劳务中介公司签订用工合同而向企业提供服务的人员。职工薪酬主要包括以下内容：

1. 短期薪酬

短期薪酬是指企业在职工提供相关服务的年度报告期间结束后 12 个月内需要全部予以支付的职工薪酬，因解除与职工的劳动关系给予的补偿除外。短期薪酬具体包括以下内容：

（1）职工工资、奖金、津贴和补贴，包括构成工资总额的计时工资、计件工资、支付给职工的超额劳动报酬和增收节支的劳动报酬、为补偿职工特殊或额外的劳动消耗和因其他特殊原因支付给职工的津贴以及为保证职工工资水平不受物价影响支付给职工的物价补贴等。其中，企业按照短期奖金计划向职工发放的奖金属于短期薪酬，按照长期奖金计划向职工发放的奖金属于其他长期职工福利。

（2）职工福利费是指企业为职工提供的除职工工资、奖金、津贴和补贴，职工教育经费，社会保险费及住房公积金等以外的福利待遇支出，包括发放或为职工支付的以下各项现金补贴和非货币性福利：一是为职工卫生保健、生活等发放或支付的现金补贴和非货币性福利，如职工疗养费用、防暑降温费等；二是企业尚未分离的内设福利部门发生的设备、设施及人员费用；三是发放给在职职工的生活困难补助及按照规定发生的其他职工福利支出，如丧葬补助费、抚恤费、职工异地安家费等。

（3）医疗保险费、工伤保险费和生育保险费等社会保险费。社会保险费是指企业按照国家规定的计提基础和计提比例计算，向社会保险经办机构缴纳的医疗保险费、工伤保险费、生育保险费、养老保险费和失业保险费。社会保险费中的养老保险和失业保险归属于离职后福利（设定提存计划）。

（4）住房公积金是指企业按照国家规定的基准和比例计算，向住房公积金管理机构缴存的住房公积金。

（5）工会经费和职工教育经费是指企业为了改善职工文化生活、为职工学习先进技术和提高文化水平和业务素质，用于开展工会活动和职工教育及职业技能培训等相关支出。

（6）短期带薪缺勤是指职工虽然缺勤但企业仍向其支付报酬的安排，包括年休假、病假、婚假、产假、丧假、探亲假等。长期带薪缺勤属于其他长期职工福利。

（7）短期利润分享计划是指因职工提供服务而与职工达成的基于利润或其他经营成果提供薪酬的协议。长期利润分享计划属于其他长期职工福利。

（8）其他短期薪酬是指除上述薪酬以外的其他为获得职工提供的服务而给予的短期薪酬。

3. 离职后福利

离职后福利是指企业为获得职工提供的服务而在职工退休或与企业解除劳动关系后，提供的各种形式的报酬和福利，例如，社会保险费中的养老保险和失业保险，短期薪酬和辞退福利除外。

3. 辞退福利

辞退福利是指企业在职工劳动合同到期之前解除与职工的劳动关系，或者为鼓励职工自愿接受裁减而给予职工的补偿。

4. 其他长期职工福利

其他长期职工福利是指除短期薪酬、离职后福利、辞退福利之外所有的职工薪酬，包括长期带薪缺勤、长期残疾福利、长期利润分享计划等。

二、应付职工薪酬的科目设置

企业应当设置"应付职工薪酬"科目，核算应付职工薪酬的计提、结算、使用等情况。该科目的贷方登记已分配记入有关成本费用项目的职工薪酬的数额，借方登记实际发放职工薪酬的数额，包括扣还的款项等；若期末贷方余额，则反映企业应付未付的职工薪酬。

"应付职工薪酬"科目应当按照"工资、奖金、津贴和补贴""职工福利费""非货币性福利""社会保险费""住房公积金""工会经费和职工教育经费""带薪缺勤""利润分享计划""设定提存计划""设定受益计划""辞退福利"等职工薪酬项目设置明细账进行明细核算。

三、短期薪酬的核算

企业应当在职工为其提供服务的会计期间，将实际发生的短期薪酬确认为负债，并记入当期损益，其他会计准则要求或允许记入资产成本的除外。

（一）货币性职工薪酬

1.工资、奖金、津贴和补贴

对于职工工资、奖金、津贴和补贴等货币性职工薪酬，企业应当在职工为其提供服务的会计期间，将实际发生的职工工资、奖金、津贴和补贴等，根据职工提供服务的受益对象，将应确认的职工薪酬，借记"生产成本""制造费用""劳务成本"等科目，贷记"应付职工薪酬——工资、奖金，津贴和补贴"科目。

2.职工福利费

对于职工福利费，企业应当在实际发生时根据实际发生额记入当期损益或相关资产成本，借记"生产成本""制造费用""管理费用""销售费用"等科目，贷记"应付职工薪酬——职工福利费"科目。企业支付福利费时，借记"应付职工薪酬——职工福利费"科目。贷记"银行存款""库存现金"等科目。

3.工会经费及职工教育经费的核算

对于按规定提取的工会经费和职工教育经费。企业应当在职工为其提供服务的会计期间，根据规定的计提基础和计提比例计算确定相应的职工薪酬金额，并确认相关负债，按照受益对象记入当期损益或相关资产成本，借记"生产成本""制造费用""管理费用"等科目，贷记"应付职工薪酬——工会经费""应付职工薪酬职工教育经费"科目。

企业实际使用工会经费及职工教育经费时，借记"应付职工薪酬——工会经费""应付职工薪酬——职工教育经费"科目，贷记"银行存款""库存现金"等科目。

4.其他国家规定计提标准的短期薪酬的核算

对于医疗保险费、工伤保险费、生育保险费等社会保险费和住房公积金，国家规定医疗保险费及住房公积金分别按照一定比例由企业负担和从职工个人工资总额中扣缴，工伤保险及生育保险全部都由企业按照一定计提基础及比例为职工缴存。

企业应当在职工为其提供服务的会计期间，根据规定的计提基础和计提比例计算确定由企业负担的相应的社会保险费及住房公积金，并确认相关负债，按照受益对象记入当期损益或相关资产成本，借记"生产成本""制造费用""管理费用"等科目，贷记"应付职工薪酬——社会保险费——医疗保险费、工伤保险费、生育保险费""应付职工薪酬——住房公积金"科目。由职工自己负担部分应在发放工资前根据规定的计提基础和计提比例计算确定扣除金额，借记"应付职工薪酬——工资、奖金、津贴和补贴"。贷记"其他应付款——社会保险费""其他应付款——住房公积金"。企业向有关机构缴存社会保险费及住房公积金时，借记"应付职工薪酬——社会保险费——医疗保险费、工伤保险费、生育保险费""应付职工薪酬——住房公积金""其他应付款——社会保险费""其他应付款——住房公积金"科目，贷记"银行存款"科目。

5. 短期带薪缺勤

对于职工带薪缺勤，企业应当根据其性质及职工享有的权利，分为累积带薪缺勤和非累积带薪缺勤两类。企业应当对累积带薪缺勤和非累积带薪缺勤分别进行会计处理。如果带薪缺勤属于长期带薪缺勤的，企业应当作为其他长期职工福利处理。

（1）累积带薪缺勤是指带薪权利可以结转下期的带薪缺勤，本期尚未用完的带缺勤权利可以在未来期间使用。企业应当在职工提供了服务从而增加了其未来享有的带薪缺勤权利时，确认与累积带薪缺勤相关的职工薪酬，并以累积未行使权利而增加的预期支付金额计量。确认累积带薪缺勤时，借记"管理费用"等科目，贷记"应付职工薪酬——带薪缺勤——短期带薪缺勤——累积带薪缺勤"科目。

（2）非累积带薪缺勤是指带薪权利不能结转下期的带薪缺勤，本期尚未用完的带薪缺勤权利将予以取消，并且职工离开企业时也无权获得现金支付。我国企业职工休婚假、产假、丧假、探亲假、病假期间的工资通常属于非累积带薪缺勤。由于职工提供服务本身不能增加其能够享受的福利金额，企业在职工未缺勤时不应当计提相关费用和负债，为此，企业应当在职工实际发生缺勤的会计期间确认与非累积带薪缺勤相关的职工薪酬。

企业确认职工享有的与非累积带薪缺勤权利相关的薪酬，视同职工出勤确认的当期损益或相关资产成本。通常情况下，与非累积带薪缺勤相关的职工薪酬已经包括在企业每期向职工发放的工资等薪酬中。因此，不必额外做相应的账务处理。

（二）非货币性职工薪酬

1. 以自产产品作为福利发放

企业以其自产产品作为非货币性福利发放给职工的，应当根据受益对象，按照该产品的含税公允价值记入相关资产成本或当期损益，同时确认应付职工薪酬，借记"管理费用""生产成本""制造费用"等科目，贷记"应付职工薪酬——非货币性福利"科目。企业以自产产品作为职工薪酬发放给职工时，应确认主营业务收入，借记"应付职工薪酬——非货币性福利"科目，贷记"主营业务收入"科目，涉及增值税销项税额的，还应贷记"应交税费——应交增值税（销项税额）"科目，同时结转相关成本。借记"主营业务成本"科目，贷记"库存商品"科目。

2. 无偿提供资产给职工使用

将企业拥有的房屋等自有资产无偿提供给职工使用的。应当根据受益对象，将该住房每期应计提的折旧记入相关资产成本或当期损益，同时确认应付职工薪酬，借记"管理费用""生产成本""制造费用"等科目，贷记"应付职工薪酬——非货币性福利"科目，并且同时借记"应付职工薪酬——非货币性福利"科目，贷记"累计折旧"科目。

租赁住房等资产供职工无偿使用的，应当根据受益对象，将每期应付的租金记入相关资产成本或当期损益，并确认应付职工薪酬，借记"管理费用""生产成本""制造费用"等科目，贷记"应付职工薪酬——非货币性福利"科目。企业支付租赁住房等资产供职工无偿使用所发生的租金，借记"应付职工薪酬——非货币性福利"科目，贷记"银行存款"等科目。

难以认定受益对象的非货币性福利，直接记入当期损益和应付职工薪酬。

四、离职后福利的核算

离职后福利计划是指企业与职工就离职后福利达成的协议，或者企业为向职工提供离职后福利制订的规章或办法等。企业应当将离职后福利计划分类为设定提存计划和设定受益计划。

1. 设定提存计划的核算

设定提存计划是指企业向单独主体（如基金等）缴存固定费用后，不再承担进一步支付义务的离职后福利计划。

职工正常退休时获得的养老金等离职后福利，是指职工与企业签订的劳动合同到期或职工达到国家规定的退休年龄时，获得的离职后的生活补偿金额。企业给予补偿的事项是职工在职时提供的服务而不是退休本身。因此，企业应当在职工提供服务的会计期间将养老保险费作为离职后福利进行确认和计量。失业保险也同样属于设定提存计划。

对于设定提存计划，企业应当根据在资产负债表日为换取职工在会计期间提供的服务而应向单独主体缴存的提存金，确认为应付职工薪酬，并记入当期损益或相关资产成本，借记"生产成本""制造费用""管理费用""销售费用"等科目，贷记"应付职工薪酬设定提存计划"科目。

2. 设定受益计划的核算

设定受益计划是指除设定提存计划以外的离职后福利计划。与设定提存计划不同，设定受益计划是在企业根据一定标准（职工服务年限、工资水平等）确定每个职工离职后每期的年金收益水平，由此计算出企业每期应为职工缴费的金额，在这种情况下，与基金资产相关的风险全部由企业承担。

企业对设定受益计划的会计处理通常包括下列四个步骤：

（1）根据预期累计福利单位法，采用无偏且相互一致的精算假设对有关人口统计变量和财务变量等作出估计，计量设定受益计划所产生的义务，并确定相关义务的归属期间。在预期累计福利单位法下，每一服务期间会增加一个单位的福利权利，并且需对每一个单位单独计量，以形成最终义务。企业应当将福利归属于提供设定受益计划的义务发生的期间。这一期间是指从职工提供服务以获取企业在未来报告期间预计支付的设定受益计划福利开始，至职工的继续服务不会导致这一福利金额显著增加之日为止。

企业应当按照规定的折现率将设定受益计划所产生的义务予以折现，以确定设定受益计划义务的现值和当期服务成本。

（2）设定受益计划存在资产的，企业应当将设定受益计划义务现值减去设定受益计划资产公允价值所形成的赤字或盈余，确认为一项设定受益计划净负债或净资产。设定受益计划存在盈余的，企业应当以设定受益计划的盈余和资产上限两项的孰低者计量设定受益计划净资产。其中，资产上限是指企业可从设定受益计划退款或减少未来对设定受益计划缴存资金而获得的经济利益的现值。

（3）企业应当根据设定受益计划产生的职工薪酬成本，确定应当记入当期损益的金额。主要包括以下内容：

①服务成本，包括当期服务成本、过去服务成本和结算利得或损失。其中，当期服务成本是指职工当期提供服务所导致的设定受益计划义务现值的增加额；过去服务成本是指设定受益计划修改所导致的与以前期间职工服务相关的设定受益计划义务现值的增加或减少。

②设定受益计划净负债或净资产的利息净额。包括计划资产的利息收益、设定受益计划义务的利息费用及资产上限影响的利息。

③重新计量设定受益计划净负债或净资产所产生的变动。

除非其他会计准则要求或允许职工福利成本记入资产成本，上述第一项和第二项应记入当期损益；第三项应记入其他综合收益，并且在后续会计期间不允许转回至损益，但企业可以在权益范围内转移这些在其他综合收益中确认的金额。

（4）根据设定受益计划产生的职工薪酬成本、重新计量设定受益计划净负债或净资产所产生的变动，确定应记入其他综合收益的金额。

重新计量设定受益计划净负债或净资产所产生的变动包括下列部分：

①精算利得或损失，即由于精算假设和经验调整导致之前所计量的设定受益计划义务现值的增加或减少；

②计划资产回报，扣除包括在设定受益计划净负债或净资产的利息净额中的金额；

③资产上限影响的变动，扣除包括在设定受益计划净负债或净资产的利息净额中的金额。

（5）在设定受益计划下，企业应当在下列日期早日将过去服务成本确认为当期费用：

①修改设定受益计划时；

②企业确认相关重组费用或辞退福利时。

（6）企业应当在设定受益计划结算时，确认一项结算利得或损失。设定受益计划结算是指企业为了消除设定受益计划所产生的部分或所有未来义务进行的交易，而不是根据计划条款和所包含的精算假设向职工支付福利。设定受益计划结算利得或损失是下列两项的差额：

①在结算日确定的设定受益计划义务现值；

②结算价格包括转移的计划资产的公允价值和企业直接发生的与结算相关的支付。

五、辞退福利的核算

1.辞退福利的含义

辞退福利是指企业在职工劳动合同到期之前解除与职工的劳动关系，或者为鼓励职工自愿接受裁减而给予职工的补偿。由于导致义务产生的事项是终止雇佣而不是为获得职工的服务，企业应当将辞退福利作为单独一类职工薪酬进行会计处理。

企业在确定提供的经济补偿是否为辞退福利时。应当区分辞退福利和正常退休养老金。辞退福利是在职职工与企业签订的劳动合同到期前，企业根据法律与职工本人或职工代表（如工会）签订的协议或者基于商业惯例，承诺当其提前终止对职工的雇佣关系时支付的补偿，而引发补偿的事项称为辞退。

企业应当按照辞退计划条款的规定，合理预计并确认辞退福利产生的应付职工薪酬。辞退福利预期在其确认的年度报告期结束后 12 个月内完全支付的，应当适用短期薪酬的相关规定：辞退福利预期在年度报告期结束后 12 个月内不能完全支付的，应当适用于其他长期职工福利的有关规定。

2.辞退福利的会计处理

企业向职工提供辞退福利的，应当在企业不能单方面撤回因解除劳动关系计划或裁减建议所提供的辞退福利时、企业确认涉及支付辞退福利的重组相关的成本或费用时两者孰早日，确认辞退福利产生的职工薪酬负债，并记入当期损益。

对于职工没有选择权的辞退计划，应当根据计划条款规定拟解除劳动关系的职工数量每一职位的辞退补偿等计提应付职工薪酬。对于自愿接受裁减建议，因接受裁减的职工数量不确定，企业应当预计将会接受裁减建议的职工数量，根据预计的职工数量和每一职位的辞退补偿等，确认应付职工薪酬。由于被辞退的职工不再为企业带来未来经济利益，辞退福利应当记入当期费用而不记入资产成本。企业应当根据已确定的解除劳动关系计划或自愿裁减建议，借记"管理费用"科目，贷记"应付职工薪酬——辞退福利"科目。企业实际支付辞退福利时，借记"应付职工薪酬——辞退福利"科目，贷记"银行存款"科目。

六、其他长期福利的核算

企业向职工提供的其他长期职工福利。符合设定提存计划条件的，应当按照设定提存计划的有关规定进行会计处理。企业向职工提供的其他长期职工福利，符合设定受益计划条件的，企业应当按照设定受益计划的有关规定。确认和计量其他长期职工福利净负债或净资产。在报告期末，企业应当将其他长期职工福利产生的职工薪酬成本确认为下列组成部分：

服务成本：其他长期职工福利净负债或净资产的利息净额；重新计量其他长期职工福

利净负债或净资产所产生的变动。

为了简化相关会计处理，上述项目的总净额应记入当期损益或相关资产成本。

长期残疾福利水平取决于职工提供服务期间长短的，企业应在职工提供服务的期间确认应付长期残疾福利义务，计量时应当考虑长期残疾福利支付的可能性和预期支付的期限，与职工提供服务期间长短无关的，企业应当在导致职工长期残疾的事件发生的当期确认应付长期残疾福利义务。

第五节　应交税费

企业根据税法规定应交纳的各种税费包括：增值税、消费税、城市维护建设税、资源税、企业所得税、土地增值税、房产税、车船税、土地使用税、教育费附加、印花税、耕地占用税、契税等。

企业应通过"应交税费"科目，核算各种税费的应交、缴纳等情况。该科目贷方登记应交纳的各种税费等，借方登记实际缴纳的税费。若期末余额一般在贷方，则反映企业尚未缴纳的税费，若期末余额如在借方，则反映企业多交或尚未抵扣的税费。本科目按应交税费项目设置明细科目进行明细核算。

企业代扣代缴的个人所得税，也可以通过"应交税费"科目进行核算，但企业交纳的印花税、耕地占用税等不需要预计应交数的税金，不通过"应交税费"科目核算。

一、应交增值税

（一）增值税概述

增值税是以商品（含应税劳务、应税行为）在流转过程中实现的增值额作为计税依据而征收的一种流转税。按照我国现行增值税制度的规定，在我国境内销售货物、加工修理修配劳务或服务、无形资产和不动产以及进口货物的企业、单位和个人为增值税纳税人。其中，"服务"是指提供交通运输服务、建筑服务、邮政服务、电信服务、金融服务、现代服务、生活服务。

根据经营规模大小及会计核算水平的健全程度。将增值税纳税人分为一般纳税人和小规模纳税人。一般纳税人是指年应税销售额超过财政部、国家税务总局规定标准的增值税纳税人。小规模纳税人是指年应税销售额未超过规定标准，并且会计核算不健全，不能够提供准确税务资料的增值税纳税人。

1.增值税的计税方法

计算增值税的方法分为一般计税方法和简易计税方法。

（1）一般计税方法。增值税的一般计税方法，是先按当期销售额和适用的税率计算出销项税额，然后以该销项税额对当期购进项目支付的税款（进项税额）进行抵扣，从而间接算出当期的应纳税额。应纳税额的计算公式如下：

$$应纳税额 = 当期销项税额 - 当期进项税额$$

公式中的"当期销项税额"是指纳税人当期销售货物、加工修理修配劳务或服务、无形资产和不动产时，按照销售额和增值税税率计算并收取的增值税税额。其中，销售额是指纳税人销售货物、加工修理修配劳务或服务、无形资产和不动产向购买方收取的全部价款和价外费用，但是不包括收取的销项税额。当期项税额的计算公式：

$$销项税额 = 销售额 \times 增值税税额$$

公式中的销售额不包括其应纳税额，如果纳税人采用销售额和应纳税额合并定价方法的，应按照公式"销售额 = 含税销售额 ÷ （1 + 征收率）"还原为不含税销售额计算。

公式中的"当期进项税额"是指纳税人购进货物、加工修理修配劳务或应税服务、无形资产或不动产支付或负担的增值税税额。下列进项税额准予从销项税额中抵扣，从销售方取得的增值税专用发票（含税控机动车销售统一发票，下同），上注明的增值税税额；从海关进口增值税专用缴款书上注明的增值税税额；购进农产品，除取得增值税专用发票或海关进口增值税专用缴款书外，如用于生产税率为 10% 的产品，按照农产品收购发票或销售发票上注明的农产品买价和 10% 的扣除率计算的进项税额，如用于生产税率为 16% 的产品，按照农产品收购发票或销售发票上注明的农产品买价和 12% 的扣除率计算的进项税额；从境外单位或个人购进服务、无形资产或不动产，自税务机关或扣缴义务人取得的解缴税款的完税凭证上注明的增值税税额；一般纳税人支付的道路、桥、闸通行费，凭取得的通行费发票上注明的收费金额和规定的方法计算的可抵扣的增值税进项税额。

当期销项税额小于当期进项税额不足抵扣时，其不足部分可以结转下期继续抵扣。

增值税一般纳税人计算增值税大多采用一般计税方法。

（2）简易计税方法。增值税的简易计税方法是按照销售额与征收率的乘积计算应纳税额，不得抵扣进项税额。应纳税额的计算公式如下：

$$应纳税额 = 销售额 \times 征收率$$

小规模纳税人一般采用简易计税方法；一般纳税人销售服务、无形资产或不动产，符合规定的，可以采用简易计税方法。

2. 增值税税率

一般纳税人采用的税率分为 13%、9%、6% 和零税率。

一般纳税人销售或进口货物、加工修理修配劳务、提供有形动产租赁服务，税率为 13%。

一般纳税人销售或进口粮食、食用植物油、自来水、暖气、冷气、热水、煤气、石油液化气、天然气、沼气、居民用煤炭制品、图书、报纸、杂志、饲料、化肥、农药、农机、农膜及国务院及其有关部门规定的其他货物，税率为 9%；提供交通运输、邮政、基础电信、建筑、不动产租赁服务、销售不动产、转让土地使用权。税率为9%；其他应税行为，税率为6%。

一般纳税人出口货物，税率为零；但是，国务院另有规定的除外。境内单位和个人发生的跨境应税行为税率为零，具体范围由财政部和国家税务总局另行规定。

采用简易计税方法的增值税征收率为3%，财政部和国家税务总局另有规定的除外。

（二）一般纳税人的账务处理

1.增值税核算应设置的会计科目

为了核算企业应交增值税的发生、抵扣、缴纳、退税及转出等情况，增值税一般纳税人应当在"应交税费"科目下设置"应交增值税""未交增值税""预交增值税""待抵扣进项税额""待认证进项税额""待转销项税额""增值税留抵税额""简易计税""转让金融商品应交增值税""代扣代缴增值税"等明细科目。

（1）"应交增值税"明细科目，核算一般纳税人进项税额、销项税额抵减、已交税金、转出未交增值税、减免税款、出口抵减内销产品应纳税额、销项税额、出口退税、进项税额转出、转出多交增值税等情况。该明细账设置以下专栏："进项税额"专栏。记录一般纳税人购进货物、加工修理修配劳务、服务、无形资产或不动产而支付或负担的及准予从当期销项税额中抵扣的增值税税额；"销项税额抵减"专栏，记录一般纳税人按照现行增值税制度规定因扣减销售额而减少的销项税额；"已交税金"专栏，记录一般纳税人当月已交纳的应交增值税税额；"转出未交增值税"和"转出多交增值税"专栏，分别记录一般纳税人月度终了转出当月应交未交或多交的增值税税额；"减免税款"专栏，记录一般纳税人按现行增值税制度规定准予减免的增值税额；"出口抵减内销产品应纳税额"专栏，记录实行"免、抵、退"办法的一般纳税人按规定计算的出口货物的进项税抵减内销产品的应纳税额；"销项税额"专栏，记录一般纳税人销售货物、加工修理修配劳务、服务、无形资产或不动产应收取的增值税税额；"出口退税"专栏，记录一般纳税人出口货物、加工修理修配劳务、服务、无形资产按规定退回的增值税税额；"进项税额转出"专栏，记录一般纳税人购进货物、加工修理修配劳务、服务、无形资产或不动产等发生非正常损失，以及其他原因而不应从销项税额中抵扣、按规定转出的进项税额。

（2）"未交增值税"明细科目，核算一般纳税人月度终了从"应交增值税"或"预交增值税"明细科目转入当月应交未交、多交或预交的增值税额以及当月交纳以前期间未交的增值税税额。

（3）"预交增值税"明细科目，核算一般纳税人转让不动产、提供不动产经营租赁服务、提供建筑服务、采用预收款方式销售自行开发的房地产项目等以及其他按现行增值税制度规定应预交的增值税税额。

（4）"待抵扣进项税额"明细科目，核算一般纳税人已取得增值税扣税凭证并经税务机关认证，按照现行增值税制度规定准予以后期间从销项税额中抵扣的进项税额。

（5）"待认证进项税额"明细科目，核算一般纳税人由于未经税务机关认证而不得从当期销项税额中抵扣的进项税额。包括一般纳税人已取得增值税扣税凭证、按照现行增值税制度规定准予从销项税额中抵扣，但尚未经税务机关认证的进项税额；一般纳税人已申请稽核但尚未取得稽核相符结果的海关缴款书进项税额。

（6）"待转销项税额"明细科目，核算一般纳税人销售货物、加工修理修配劳务、服务、无形资产或不动产，已确认相关收入（或利得）但尚未发生增值税纳税义务而需于以后期间确认为销项税额的增值税税额。

（7）"简易计税"明细科目，核算一般纳税人采用简易计税方法发生的增值税的计提、扣减、预缴、缴纳等业务。

（8）"转让金融商品应交增值税"明细科目，核算增值税纳税人转让金融商品发生的增值税税额。

（9）"代扣代交增值税"明细科目，核算纳税人购进在境内未设经营机构的境外单位或个人在境内的应税行为代扣代缴的增值税税额。

2.取得资产、接受劳务

（1）一般纳税人购进货物、加工修理修配劳务、服务、无形资产或不动产，按应记入相关成本费用或资产的金额，借记"材料采购""在途物资""原材料""库存商品""生产成本""无形资产""固定资产""管理费用"等科目；按当月已认证的可抵扣增值税税额，借记"应交税费——应交增值税（进项税额）"科目，按当月未认证的可抵扣增值税税额，借记"应交税费——待认证进项税额"科目，按应付或实际支付的金额，贷记"应付账款""应付票据""银行存款"等科目。

（2）企业购进农产品。除取得增值税专用发票或海关进口增值税专用缴款书外，如用于生产税率为9%的产品，按照农产品收购发票或销售发票上注明的农产品买价和9%的扣除率计算的进项税额；如用于生产税率为13%的产品，按照农产品收购发票或销售发票上注明的农产品买价和12%的扣除率计算的进项税额，借记"应交税费——应交增值税（进项税额）"科目；按照农产品买价扣除进项税额后的差额，借记"材料采购""在途物资""原材料""库存商品"等科目；按照应付或实际支付的价款，贷记"应付账款""应付票据""银行存款"等科目。

（3）购进不动产或不动产在建工程的进项税额的分年抵扣。企业作为一般纳税人，自2016年5月1日后取得并按固定资产核算的不动产或2016年5月1日后取得的不动产在建工程，取得增值税专用发票并通过税务机关认证时，应按增值税专用发票上注明的价款作为固定资产成本，借记"固定资产""在建工程"科目；其进项税额按现行增值税制度规定自取得之日起分两年从销项税额中抵扣，应按增值税专用发票上注明的增值税进项税额的60%作为当期可抵扣的进项税额，借记"应交税费——应交增值税（进项税额）"科目；按增值税专用发票上注明的增值税进项税额的40%作为自本月起第13个月可抵扣的进项税额，借记"应交税费——待抵扣进项税额"科目；按应付或实际支付的金额，贷记"应付账款""银行存款"等科目。上述待抵扣的进项税额在下年度同月允许抵扣时，按允许抵扣的金额，借记"应交税费——应交增值税（进项税额）"科目，贷记"应交税费——待抵扣进项税额"科目。

（4）货物等已验收入库但尚未取得增值税扣税凭证。企业购进的货物等已到达并验收入库，但尚未收到增值税扣税凭证并未付款的，应在月末按货物清单或相关合同协议上的价格暂估入账，不需要将增值税的进项税额暂估入账。下月初用红字冲销原暂估入账金额，待取得相关增值税扣税凭证并经认证后，按应记入相关成本费用或资产的金额。借记"原材料""库存商品""固定资产""无形资产"等科目；按可抵扣的增值税额，借记"应交税费——应交增值税（进项税额）"科目；按应付或实际支付的金额，贷记"应付账款""应付票据""银行存款"等科目。

（5）进口货物或接受境外单位或个人提供的应税服务。一般纳税人进口货物或接受境外单位或个人提供的应税服务，按应记入采购成本或相关费用的金额，借记"在途物资""材料采购""原材料""管理费用""销售费用""固定资产""库存商品"等科目，根据海关提供的海关进口增值税专用缴款书上面注明的增值税或中华人民共和国税收缴款凭证上注明的增值税税额，借记"应交税费——应交增值税（进项税额）"科目；按应付或实际支付的金额，贷记"银行存款""应付账款"等科目。

（6）接受投资业务。一般纳税人接受投资者投资转入的物资，按确定的物资的价值借记"原材料"等科目；按增值税专用发票上注明的增值税税额。借记"应交税费——应交增值税（进项税额）"科目；按投资者在注册资本中所占的份额，贷记"实收资本"或"股本"科目；材料物资价税合计超过实收资本部分的贷记"资本公积——资本溢价"科目。

（7）进项税额转出。企业已单独确认进项税额的购进货物、加工修理修配劳务或服务、无形资产或不动产但其事后改变用途（如用于简易计税方法计税项目、免征增值税项目、非增值税应税项目等），或发生非正常损失。原已记入进项税额、待抵扣进项税额或待认证进项税额，按照现行增值税制度规定不得从销项税额中抵扣。这里所说的"非正常损失"。根据现行增值税制度规定，是指因管理不善造成货物被盗、丢失、霉烂变质以及因违反法律法规造成货物或不动产被依法没收、销毁、拆除的情形。

进项税额转出的账务处理为，借记"待处理财产损溢""应付职工薪酬""固定资产""无形资产"等科目，贷记"应交税费——应交增值税（进项税额转出）"科目。属于转作待处理财产损失的进项税额，应与非正常损失的购进货物、在产品或库存商品、固定资产和无形资产的成本一并处理。

3.销售等业务的账务处理

（1）企业销售货物、加工修理修配劳务或服务、无形资产或不动产，应当按应收或已收的金额，借记"应收账款""应收票据""银行存款"等科目；按取得的收益金额，贷记"主营业务收入""其他业务收入""固定资产清理""工程结算"等科目；按现行增值税制度规定计算的销项税额，贷记"应交税费——应交增值税（销项税额）"科目。

（2）视同销售。企业有些交易和事项按照现行增值税制度规定，应视同对外销售处理计算应交增值税。视同销售需要缴纳增值税的事项有：企业将自产或委托加工的货物用于集体福利或个人消费，将自产、委托加工或购买的货物作为投资、提供给其他单位或个体工商户、分配给股东或投资者、对外捐赠等。在这些情况下，企业应当根据视同销售的具体内容，按照现行增值税制度规定计算的销项税额，借记"应付职工薪酬""长期股权投资""利润分配""营业外支出"等科目，贷记"应交税费——应交增值税（销项税额）"科目。

4.缴纳增值税

企业缴纳当月应交的增值税，借记"应交税费——应交增值税（已交税金）"科目，贷记"银行存款"科目；企业缴纳以前期间未交的增值税，借记"应交税费——未交增值税"科目，贷记"银行存款"科目。

5.月末转出多交增值税和未交增值税

月度终了，企业应当将当月应交未交或多交的增值税"应交增值税"明细科目转入"未交增值税"明细科目。对于当月应交未交的增值税，借记"应交税费——应交增值税（转出未交增值税）"科目，贷记"应交税费——未交增值税"科目；对于当月多交的增值税，借记"应交税费——未交增值税"科目，贷记"应交税费——应交增值税（转出多交增值税）"科目。

（三）小规模纳税人的账务处理

小规模纳税人核算增值税采用简化的方法，即购进货物、应税劳务或应税行为，取得增值税专用发票上注明的增值税税额，一律不予抵扣，直接记入相关成本费用或资产。小规模纳税人销售货物、应税劳务或应税行为时，按照不含税的销售额和规定的增值税征收率计算应缴纳的增值税（应纳税额），但不得开具增值税专用发票。

一般来说，小规模纳税人采用销售额和应纳税额合并定价的方法并向客户结算款项，销售货物、应税劳务或应税行为后，应进行价税分离，确定不含税的销售额。不含税的销售额计算公式：

$$不含税销售额 = 含税销售额 \div （1 + 征收率）$$

$$应纳税额 = 不含税销售额 \times 征收率$$

小规模纳税人在进行账务处理时，只需在"应交税费"科目下设置"应交增值税"明细科目，该明细科目不再设置增值税专栏。"应交税费——应交增值税"科目贷方登记应交纳的增值税，借方登记已交纳的增值税。若期末贷方余额，则反映小规模纳税人尚未交纳的增值税；若期末借方余额，则反映小规模纳税人多交纳的增值税。

小规模纳税人购进货物、服务、无形资产或不动产，按照应付或实际支付的全部款项

（包括支付的增值税额），借记"材料采购""在途物资""原材料""库存商品"等科目，贷记"应付账款""应付票据""银行存款"等科目。销售货物、服务、无形资产或不动产，应按全部价款（包括应交的增值税额），借记"银行存款"等科目；按不含税的销售额，贷记"主营业务收入"等科目；按应交增值税额，贷记"应交税费——应交增值税"科目。

（四）差额征税的账务处理

根据财政部和国家税务总局营改增试点政策的规定，对于企业发生的某些业务（金融商品转让、经纪代理服务、融资租赁和融资性售后回租业务、一般纳税人提供客运场站服务、试点纳税人提供旅游服务、选择简易计税方法提供建筑服务等）无法通过抵扣机制避免重复征税的应采用差额征税方式计算交纳增值税。

1.企业按规定相关成本费用允许扣减销售额的账务处理

按现行增值税制度规定，企业发生相关成本费用允许扣减销售额的，发生成本费用时按应付或实际支付的金额，借记"主营业务成本""工程施工"等科目，贷记"应付账款""应付票据""银行存款"等科目。待取得合规增值税扣税凭证且纳税义务发生时，按照允许抵扣的税额，借记"应交税费——应交增值税（销项税额抵减）"或"应交税费——简易计税"科目（小规模纳税人应借记"应交税费——应交增值税"科目），贷记"主营业务成本""工程施工"等科目。

2.企业转让金融商品按规定以盈亏相抵后的余额作为销售额

按现行增值税制度规定，企业实际转让金融商品，月末，如产生转让收益，则按应纳税额，借记"投资收益"等科目，贷记"应交税费——转让金融商品应交增值税"科目；如产生转让损失，则按可结转下月抵扣税额，借记"应交税费——转让金融商品应交增值税"科目，贷记"投资收益"等科目。交纳增值税时，应借记"应交税费——转让金融商品应交增值税"科目，贷记"银行存款"科目。年末，"应交税费——转让金融商品应交增值税"科目；如有借方余额，则借记"投资收益"等科目，贷记"应交税费——转让金融商品应交增值税"科目。

除此之外，增值税税控系统专用设备和技术维护费用抵减增值税税额的账务处理也需要着重了解；按现行增值税制度规定，企业初次购买增值税税控系统专用设备支付的费用及缴纳的技术维护费允许在增值税应纳税额中全额抵减。增值税税控系统专用设备，包括增值税防伪税控系统设备（如金税卡、IC卡、读卡器或金税盘和报税盘）、货物运输业增值税专用发票税控系统设备（如税控盘和报税盘）、机动车销售统一发票税控系统和公路、内河货物运输业发票税控系统的设备（如税控盘和传输盘）。

企业初次购入增值税税控系统专用设备，按实际支付或应付的金额，借记"固定资产"科目，贷记"银行存款""应付账款"等科目。按规定抵减的增值税应纳税额，借记"应交税费——应交增值税（减免税款）"科目（小规模纳税人应借记"应交税费——应交增值税"科目），贷记"管理费用"等科目。

企业发生增值税税控系统专用设备技术维护费,应按实际支付或应付的金额,借记"管理费用"科目,贷记"银行存款"等科目。按规定抵减的增值税应纳税额,借记"应交税费——应交增值税（减免税款）"科目（小规模纳税人应借记"应交税费——应交增值税"科目），贷记"管理费用"等科目。

二、应交消费税

（一）消费税概述

消费税是指在我国境内生产、委托加工和进口应税消费品的单位和个人,按其流转额缴纳的一种税。消费税有从价定率、从量定额、从价定率和从量定额复合计税（简称复合计税）三种征收方法。采取从价定率方法征收的消费税,以不含增值税的销售额为税基,按照税法规定的税率计算。企业的销售收入包含增值税的,应将其换算为不含增值税的销售额。采取从量定额计征的消费税,按税法确定的企业应税消费品的数量和单位应税消费品应缴纳的消费税计算确定。采取复合计税计征的消费税,由以不含增值税的销售额为税基,按照税法规定的税率计算的消费税和根据按税法确定的企业应税消费品的数量和单位应税消费品应缴纳的消费税计算的消费税合计确定。

我国现行消费税的征收范围主要包括烟、酒、化妆品、贵重首饰以及珠宝玉石、成品油、小汽车等13个税目。国家在普遍征收增值税的基础上,选择部分消费品再征收消费税,主要是为了调节消费结构、正确引导消费方向、保证国家财政收入。

（二）应交消费税的账务处理

企业应在"应交税费"科目下设置"应交消费税"明细科目,核算应交消费税的发生、缴纳情况。该科目贷方登记应缴纳的消费税,借方登记已交纳的消费税。若期末贷方余额,则反映企业尚未缴纳的消费税;若期末借方余额,则反映企业多缴纳的消费税。

1. 销售应税消费品

企业销售应税消费品应交消费税,应借记"税金及附加"科目,贷记"应交税费——应交消费税"科目。

2. 自产自用应税消费品

企业将生产的应税消费品对外投资或用于在建工程。职工福利等非生产机构时,借记"在建工程""营业外支出""应付职工薪酬""长期股权投资"等科目,贷记"应交税费——应交消费税"科目。

3. 委托加工应税消费品

企业如有应交消费税的委托加工物资,一般应由受托方代收代缴税款。委托加工物资收回后,直接用于销售的,应将受托方代收代缴的消费税记入委托加工物资的成本,借记

"委托加工物资"等科目，贷记"应付账款""银行存款"等科目；委托加工物资收回后用于连续生产应税消费品的，按规定准予抵扣的，应按已由受托方代收代缴的消费税，借记"应交税费——应交消费税"科目，贷记"应付账款""银行存款"等科目，待用委托加工的应税消费品生产出应纳消费税的产品销售时，再缴纳消费税。

4. 进口应税消费品

企业进口应税物资在进口环节应交的消费税额记入该项物资的成本，借记"材料采购""固定资产"等科目，贷记"银行存款"科目。

5. 缴纳消费税

企业缴纳消费税时，借记"应交税费——应交消费税"科目，贷记"银行存款"科目。

三、其他应交税费

其他应交税费是指除上述应交税费以外的其他各种应上交国家的税费，包括应交资源税、应交城市维护建设税、应交土地增值税、应交所得税、应交房产税、应交土地使用税、应交车船税、应交教育费附加、应交个人所得税等。企业应当在"应交税费"科目下设置相应的明细科目进行核算，借方登记已缴纳的有关税费，贷方登记应交纳的有关税费；若期末贷方余额，则反映企业尚未交纳的有关税费。

1. 应交资源税

资源税是对在我国境内开采矿产品或生产盐的单位和个人征收的税。2016 年 7 月 1 日起，我国实施资源税从价计征改革，大多数应税产品实行从价定率办法计算应纳税额。其计算公式为：

$$应纳税额 = 应税产品的销售额 \times 适用的比例税率$$

对经营分散、多为现金交易且难以控管的黏土、砂石，按照便利征管原则，仍实行从量计征。其计算公式为：

$$应纳税额 = 应税产品的销售数量 \times 适用的定额税率$$

未列举名称的其他非金属矿产品，按照从价计征为主、从量计征为辅的原则，由省级人民政府确定计征方式。

资源税主要通过"应交税费——应交资源税"账户进行核算。企业按规定计算出销售应税产品应缴纳的资源税时，借记"税金及附加"科目，贷记"应交税费——应交资源税"科目；自产自用应税产品应缴纳的资源税应记入"生产成本""制造费用"等科目，借记"生产成本""制造费用"等科目，贷记"应交税费——应交资源税"科目。

企业缴纳资源税时，借记"应交税费——应交资源税"科目，贷记"银行存款"科目。

2. 应交城市维护建设税

城市维护建设税是以增值税和消费税为计税依据征收的一种税。其纳税人为交纳增值税和消费税的单位和个人，以纳税人实际缴纳的增值税和消费税税额为计税依据，并分别与两项税金同时缴纳。税率因纳税人所在地不同从 1%~7% 不等。城市维护建设税的计算公式为：

$$应纳税额 = （应交增值税 + 应交消费税）\times 适用税率$$

企业按规定计算出应交纳的城市维护建设税，借记"税金及附加"等科目，贷记"应交税费——应交城市维护建设税"科目。缴纳城市维护建设税，借记"应交税费——应交城市维护建设税"科目，贷记"银行存款"科目。

3. 应交教育费附加

教育费附加是为了发展教育事业而向企业征收的附加费用。企业按应交增值税和消费税的一定比例计算缴纳，并分别与两项税金同时缴纳，税率为 3%。教育费附加的计算公式为：

$$应纳税额 = （应交增值税 - 应交消费税）\times 适用税率$$

企业按规定计算出应缴纳的教育费附加，借记"税金及附加"等科目，贷记"应交税费——应交教育费附加"科目。缴纳教育费附加。借记"应交税费——应交教育费附加"科目，贷记"银行存款"科目。

4. 应交土地增值税

土地增值税是对转让国有土地使用权、地上的建筑物及其附着物（以下简称转让房地产）并取得增值性收入的单位和个人所征收的一种税。

土地增值税按照转让房地产所取得的增值额和规定的税率计算征收。转让房地产的增值额是转让收入减去税法规定扣除项目金额后的余额，其中转让收入包括货币收入，实物收入和其他收入；扣除项目主要包括取得土地使用权所支付的金额，开发土地的成本及费用，新建房及配套设施的成本及费用，与转让房地产有关的税金、旧房及建筑物的评估价格、财政部确定的其他扣除项目等。土地增值税采用四级超率累进税率，其中最低税率为 30%，最高税率为 60%。

根据企业对房地产核算方法不同，企业应交土地增值税的账务处理也有所区别：

（1）企业转让的土地使用权连同地上建筑物及其附着物一并在"固定资产"科目核算的，转让时应交的土地增值税，借记"固定资产清理"科目，贷记"应交税费——应交土地增值税"科目。

（2）土地使用权在"无形资产"科目核算的，借记"银行存款""累计摊销""无形资产减值准备"科目，按应交的土地增值税，贷记"应交税费——应交土地增值税"科目，同时冲销土地使用权的账面价值，贷记"无形资产"科目，按其差额，借记"营业外支出"科目或贷记"营业外收入"科目。

（3）房地产开发经营企业销售房地产应缴纳的土地增值税，借记"税金及附加"科目，贷记"应交税费——应交土地增值税"科目。

企业交纳土地增值税，借记"应交税费——应交土地增值税"科目，贷"银行存款"科目。

5.应交房产税、城镇土地使用税、车船税

房产税是国家对在城市、县城、建制镇和工矿区征收的由产权所有人缴纳的一种税。房产税依照房产原值一次减除 10%~30% 后的余额计算缴纳。没有房产原值作为依据，由房产所在地税务机关参考同类房产核定；房产出租的，以房产租金收入为房产税的计税依据。

城镇土地使用税是以城市、县城、建制镇、工矿区范围内使用土地的单位和个人为纳税人，以其实际占用的土地面积和规定税额计算征收。

车船税是以车辆、船舶（简称车船）为课征对象，向车船的所有人或管理人征收的一种税。

企业应交房产税、城镇土地使用税、车船税，记入"税金及附加"科目，借记"税金及附加"科目，贷记"应交税费——应交房产税（或应交城镇土地使用税、应交车船税）"科目。

6.应交个人所得税

企业职工按规定应缴纳的个人所得税通常由单位代扣代缴，企业按规定计算的代扣代缴的职工个人所得税，借记"应付职工薪酬"科目，贷记"应交税费——应交个人所得税"科目；企业缴纳个人所得税时，借记"应交税费——应交个人所得税"科目，贷记"银行存款"等科目。

第六节　应付股利、应付利息及其他应付款

一、应付股利

应付股利是指企业根据股东大会或类似机构审议批准的利润分配方案确定分配给投资者的现金股利或利润。企业应通过"应付股利"账户，核算企业确定或宣告支付但尚未实际支付的现金股利或利润，并按投资者进行明细核算。

企业根据股东大会或类似机构审议批准的利润分配方案，确认应支付的现金股利或利润时，借记"利润分配——应付现金股利（或利润）"账户，贷记"应付股利"账户；向投资者实际支付现金股利或利润时，借记"应付股利"账户，贷记"银行存款"等账户。

此外，需要说明的是，企业董事会或类似机构通过的利润分配方案中拟分配的现金股利或利润，不作账务处理，但应在报表附注中予以披露。企业分配的股票股利不通过"应付股利"账户进行核算。

二、应付利息

应付利息是指企业按照合同约定应支付的利息，包括短期借款利息、分期付息到期还本的长期借款、企业债券等应支付的利息。应付利息按照债权人或存款人进行明细核算息。

企业采用合同约定的名义利率计算确定利息费用时，应按合同约定的名义利率计算确定的应付利息的金额，借记"财务费用"等账户，贷记"应付利息"账户：实际支付利息时，借记"应付利息"账户，贷记"银行存款"等账户。

三、其他应付款

其他应付款是指企业除应付票据、应付账款、预收账款、应付职工薪酬、应交税费、应付股利、应付利息等经营活动以外的其他各项应付、暂收的款项，如应付租入包装物租金、应付经营租赁固定资产租金、存入保证金等。

为了核算其他应付款的增减变动及其结存情况，企业应设置"其他应付款"账户，并按其他应付款的项目和对方单位（或个人）进行明细核算。该账户贷方登记发生的各种应付、暂收款项，借方登记偿还或者转销的各种应付、暂收款项，期末贷方余额反映企业应付未付的其他应付款项。

企业发生其他各种应付、暂收款项时，借记"管理费用"等账户，贷记"其他应付款"账户；支付或退回其他各种应付、暂收款项时，借记"其他应付款"账户，贷记"银行存款"等账户。

四、利润分配管理

（一）利润分配概述

1.利润分配的概念

利润分配有广义的概念和狭义的概念，其中，狭义的概念是指企业对一定会计期间（通常是一年）实现的税后净利润进行分配的过程；广义的概念是指企业对一定会计期间（通常是一年）实现的息税前利润总额在国家、企业相关利益者和企业之间进行分配的过程。利润分配是一项复杂的工作，它关系着国家、企业、职工、债权人等各方面的利益；利润分配是一项政策性很强的工作，国家有相关的法律法规规定，企业必须严格按照国家的相关法律法规和制度进行利润分配活动。经过一系列的利润分配活动，形成债权人的利息收入、政府的税收收入、投资者的投资收益和企业的留存收益等，其中，利息在所得税前支付，所得税计算和缴纳之后，企业可以向所有者分配股利，最后留存在企业的就是留存收益。企业的留存收益包括盈余公积金和未分配利润两大部分。

因为税收具有强制性、无偿性和固定性，所以财务管理中的利润分配实际上是对税后利润（净利润）实施分配，实质上就是确定给投资者分配股利与企业留存收益的比例关系。

在利润分配的过程中，企业应当考虑以下几个因素：

（1）利润分配应当处理好企业投资者、债权人和员工的利益

投资者是企业的老板和最终剩余净资产的所有者。投资者冒着一定风险将权益资金投入企业，按照谁出资谁受益的原则，企业实现利润后，应当按照出资比例进行分配，使投资者获取投资收益。在实际工作中，投资者获得多少投资收益取决于企业实现利润的多少以及利润分配政策。如果投资者能够实现期望的收益，有利于提高企业的信誉，有利于增强企业未来融资的能力。

企业债权人是企业的债主，对企业的净资产有优先求偿权。债权人冒着一定的风险将资金借给企业，应当获得相应的报酬。企业在利润分配中应当关注对债权人利益的保护，按照合同或协议约定，按时支付本金和利息。企业在对投资者分配利润之前，应当考虑债权人尚未收回的本金的保障力度，保障企业的偿债能力，确保债权人的权益得到充分的保障。

员工是企业的劳动者，通过贡献劳动力、智力创造价值，是企业实现利润的源泉。企业在利润分配中，应当充分保障员工的合法权益，按时发工资、福利、津贴、补贴等，安排职工再学习，给予员工职位晋升的空间，充分调动员工工作的热情和创造力，为企业创造更多价值。因此，企业在利润分配中应当正确处理好企业相关利益者的利益诉求，协调好相关利益者之间的关系。

（2）利润分配应当考虑资本结构优化

企业筹集到的资金，通过供、产、销环节，一方面随着生产经营过程不断地消耗和转移，归集为成本费用；另一方面形成产品的价值，通过销售取得收入，补偿企业发生的成本费用，为企业简单再生产的正常进行创造了条件。通过实现利润以及利润分配，为企业积累资本、调整资本结构、优化资本配置提供了必要的条件。留存收益是企业重要的权益资本来源，利润分配多少，直接影响企业权益资本与债务资本的比例，即资本结构。企业价值最大化的目标是要求企业的资本结构最优化，因而，利润分配便成了优化资本结构、降低资本成本的重要措施。

（3）利润分配应当考虑社会贡献

企业在正常的生产经营过程中，员工通过劳动不仅实现了自己的价值，还为社会创造了一定的价值，即剩余价值，体现为企业的利润。企业实现的利润，除了满足企业自身的生产经营性积累外，还通过利润分配，使国家按照法律法规规定也可以获取企业利润的一部分（如税收）。国家参与企业利润分配是为了实现国家的政治职能和经济职能，有计划、有目标地用于国防建设、基础建设、教育建设、民生建设等，为社会经济的发展创造稳定的条件。

2.利润分配的原则

利润是企业在一定会计期间实现的经营成果，是企业从事生产经营活动所取得的成果。企业实现利润之后，必然要对利润在各方面利益相关者之间进行分配；利润分配涉及各方面利益相关者利益的动态平衡和企业长期发展的需要。因此，企业在利润分配中应当遵循一定的原则，主要包括遵纪守法分配原则、积累与分配并重原则、兼顾员工报酬原则、投资与收益对等原则。

（1）遵纪守法分配原则

企业的利润分配涉及各方面利益相关者利益的动态平衡和企业长期发展的需要，应当按照国家制定和颁布的法律法规进行有序分配。国家制定的法律法规规定了企业利润分配的基本要求、一般程序和重大比例等。如企业实现的息税前利润，应当先偿还债务的利息，剩余的税前利润首先弥补以前年度亏损，再按照弥补亏损后余额的一定比例计算和缴纳企业所得税，对税后净利润，企业按照相关规定计提公积金和向投资者分配利润。因此，企业的利润分配必须遵纪守法，在国家法律法规的范围内进行分配，这是正确处理企业各项财务关系的关键所在。

（2）积累与分配并重原则

企业是一个持续发展的经济组织，在利润分配中，应当正确处理长期利益和近期利益这两者的关系，坚持积累与分配并重的原则。按照《公司法》的规定，企业应当按照实现净利润弥补以前年度亏损后余额的 10% 计提法定盈余公积金，除按规定提取法定盈余公积金外，还可以根据股东会的决议提取任意盈余公积金和留存一部分利润作为积累，用于企业的后续发展。企业留存的利润不仅可以为企业扩大生产筹措资金，增强企业的发展能力和抵抗风险的能力，同时，还可以供未来年度进行分配，起到以盈补亏、调整利润分配数额波动、稳定投资报酬率等作用。当然，企业可以根据自身的实际情况确定留存多少利润，分配多少利润给投资者，只要能正确处理积累和分配的关系，考虑企业长远发展即可。

（3）兼顾员工报酬原则

企业实现的息税前利润，扣除债务利息和上缴所得税后的净利润属于投资者所有，这是国家法律规定的。然而，企业的利润除了投资者投资实现的资本利得以外，更多的是企业员工贡献劳动力、智力所取得的成果。大部分员工不是企业的投资者，对净利润不享受所有权。因此，在利润分配的过程中，应当以适当的方式给予员工一部分净利润，激发员工工作的热情和开拓创新的动力，增强员工对企业的归属感，提高企业的凝聚力。如在净利润中提取员工利润分享储备金，用于企业职工的集体福利、设施支出；让员工参与企业净利润一定比例的分配等。

（4）投资与收益对等原则

企业是投资者冒着风险创立的，企业的净利润属于投资者，因此，企业在利润分配过程中应当体现"谁投资谁收益""投资大收益大、投资小收益小"的原则，即投资与收益对等原则，这是正确处理企业与投资者利益关系的立足点。在利润分配过程中，投资者应当以出资额为依据，享有利润分配的额度，企业在向投资者分配利润时，要遵守公开、公平、公正的原则，不搞幕后交易，不损害小股东利益，一视同仁地对待所有投资者，任何人不得以权谋私，保护每一位投资者的合法利益。

3. 利润分配的一般程序

利润分配程序，是指公司制企业根据适用的法律法规或制度规定，对企业在一定期间内实现的净利润进行分配应当经过的步骤和先后顺序。利润分配程序是规范企业利润分配，确定分配顺序的依据，是确保利润分配合法合理的有效保障。

（1）非股份制企业的利润分配程序

根据我国《公司法》等法律法规规定，非股份制企业当年实现的税前利润，应当按照国家税法的规定计算和缴纳企业所得税。税后的净利润按以下顺序进行分配：

①弥补以前年度的亏损

根据我国《公司法》等法律法规的规定，非股份制企业在某一会计年度发生的亏损，可以用下一会计年度的税前利润进行弥补，下一会计年度的税前利润不足弥补亏损的，可以用以后会计年度的利润继续弥补，一直到亏损弥补完为止，但是，用税前利润弥补以前年度亏损的连续期限不得超过五年。五年内不足弥补的部分，可以用本会计年度税后利润弥补。本年实现的净利润加上年初未分配利润或减去年初为弥补亏损后的余额为非股份制企业可供分配的利润，只有可供分配的利润大于零时，企业才能进行后续分配。

②计提盈余公积金

只有企业可供分配的利润大于零时，企业才能计提盈余公积金。盈余公积金包括法定盈余公积金和任意盈余公积金。其中，法定盈余公积金按本会计年度净利润扣除以前年度亏损后余额的 10% 计提。即年初有未弥补亏损的情况，应当用本会计年度实现的净利润减去弥补亏损后余额的 10% 计提；年初没有未弥补亏损的情况，应当用本会计年度实现的净利润的 10% 计提。当企业计提的法定盈余公积金达到注册资本的 50% 时，以后会计期间可以不再计提。根据《公司法》的规定，法定盈余公积金主要用于弥补企业亏损和按规定转增资本金，但转增资本金后的法定盈余公积金一般不低于注册资本的 25%。任意盈余公积金是指计提法定盈余公积金之后，根据企业董事会的决议提取的公积金，任意盈余公积金可以计提，也可以不计提，计提的数额多少，由董事会表决通过。

③向投资者分配利润

企业本年净利润扣除弥补以前年度亏损、提取法定盈余公积金和任意盈余公积金后的余额，加上年初留存的利润，即为企业本会计年度可供投资者分配的利润，按照分配与积累并重原则，确定应向投资者分配的利润数额。

企业分配给投资者的利润，是投资者从企业获得的投资报酬。向投资者分配利润应遵循纳税在先、偿债在先、积累在先、弹性分配的原则，向投资者分配利润是在利润分配的最后阶段，可见投资者的求偿权、利益分配权都在最后，风险较大。

（2）股份制企业的利润分配程序

①弥补以前年度的亏损

根据我国《公司法》等法律法规的规定，股份制企业在某一会计年度发生的亏损，可以用下一会计年度的税前利润进行弥补，下一会计年度的税前利润不足弥补亏损的，可以用以后会计年度的利润继续弥补，一直到亏损弥补完为止，但是，用税前利润弥补以前年度亏损的连续期限不得超过五年。五年内不足弥补的部分，可以用本会计年度税后利润弥补。本年实现的净利润加上年初未分配利润或减去年初为弥补亏损后的余额为股份制企业可供分配的利润，只有可供分配的利润大于零时，企业才能进行后续分配。

②计提法定盈余公积金

只有股份制企业可供分配的利润大于零时，才能计提盈余公积金。盈余公积金包括法定盈余公积金和任意盈余公积金。其中，法定盈余公积金按本会计年度净利润扣除以前年度亏损后余额的 10% 计提。即年初有未弥补亏损的情况，应当用本会计年度实现的净利润减去弥补亏损后余额的 10% 计提；年初没有未弥补亏损的情况，应当用本会计年度实现的净利润的 10% 计提。当企业计提的法定盈余公积金达到注册资本的 50% 时，以后会计期间可以不再计提。根据《公司法》的规定，法定盈余公积金主要用于弥补企业亏损和按规定转增资本金，但转增资本金后的法定盈余公积金一般不低于注册资本的 25%。

③支付优先股股息

优先股股息是发行优先股的公司按照投资合同或协议的约定，给优先股股东发放的金额固定股息。优先股股息具有固定性，不管企业是否盈利，都应当给优先股股东支付股息。

④计提任意盈余公积金

任意盈余公积金是指计提法定盈余公积金之后，根据公司股东会会议的决议提取的公积金，任意盈余公积金可以计提，也可以不计提，计提的数额多少，由股东会表决通过。

⑤支付普通股股利

公司的利润分配经过弥补亏损、计提法定盈余公积金、支付优先股股息、计提任意盈余公积金之后，在剩下的可供分配利润中根据股东会的决议向普通股股东支付股利。从利润分配的顺序看，支付普通股股利是排在最后面的，普通股股东冒着风险投资，但利润分配的权利在最后才能实现，这也是普通股股东高风险的体现。如股份制企业在某一会计年度没有利润或者严重亏损，一般是不发放普通股股利的。但在特殊情况下，经股东会特别决议，可按股票面值较低的比率用盈余公积金支付普通股股利，支付股利后留存的法定盈余公积金不得低于注册资本的 25%。

（二）股利分配理论概述

企业在某一会计年度的利润分配会受到很多因素的影响，如企业面临的外部环境、企业的发展战略、发展规划、资金链状况等。一套股利分配方案的确定，既要考虑企业的股利政策，又要考虑董事会对股利分配理论的理解。

所谓股利分配理论，是指人们对股利分配的客观规律的科学认识与总结，其核心问题是股利政策与公司价值的关系问题。在市场经济条件下，股利分配要符合财务管理目标。目前，学术界对股利分配与财务管理的目标之间关系的认识存在不同的流派与观念，主要包括股利无关理论和股利相关理论两种观点。

1. 股利无关理论

股利无关理论，是指认为公司的价值和股票价格的变动与股利的分配与否、股利的分配多少没有关系的理论。支持股利无关理论的专家学者认为，在一定的条件下，股利政策不会对公司的价值或股票的价格产生任何影响，潜在的投资者不关心公司股利的分配与否、不关心股利分配的多少，投资者是否投资，与公司的股利分配政策没有关系。股利无关理论认为，公司的市场价值，取决于公司所选择的投资方向、筹资能力、获利能力和抵御风险的能力等，与公司的利润分配方案没有必然的关系。

由于公司对投资者的股利分配只是利润减去投资之后的差额，因此，公司的投资方向、投资额度一经确定，股利政策的改变仅仅意味着投资者的收益在现金股利与资本利得之间的变化。假设投资者是理性的，股利分配政策的改变不会影响公司的市场价值以及投资者的未来收益。

股利无关理论是建立在完全资本市场的理论下的，包括以下四个方面的假设：

（1）市场具有强式效率

在市场经济条件下，市场是资源配置的主要力量，政府干预是辅助力量。在市场主导的资源配置下存在盲目性、滞后性等弱点，这是市场无法自己克服的缺陷。因此，在市场主导的资源配置下，容易出现弱式效率，甚至无效市场等情况，需要政府干预，而政府的干预也是在市场配置出现问题的时候展开的，整个市场很难实现强式效率。

（2）不存在个人所得税

税收是普遍存在的，不管是企业还是个人，在取得收益的过程中，按照税法的规定需要支付各项税费。投资者将资本投入企业，在企业实现利润之后，通过利润分配获取收益，按照现行的税法规定，投资者获取的现金股利需要缴纳个人所得税。因此，在现金股利分配中，投资者获利涉及个人所得税。

（3）不存在筹资费用

筹资是企业发展不可缺少的活动，筹资关系着企业的生存与发展。筹资包括权益资本筹资和债务资本筹资。在权益资本筹资中，采用留存收益的方式筹资是不存在筹资费用的，但是，留存收益筹资数额有限。采用权益资本筹资的其他方式和债务资本筹资，均存在筹资费用，有些筹资方式下的筹资费用还比较高。因此，在现实条件下，很难实现企业筹资不存在筹资费用。

（4）投资决策与股利决策无关

公司所执行的投资决策是为了实现其战略目标，获取利润，实现投资者财富的增加。

投资者的投资活动是为了获利，只有有利可图的投资，投资者才会投资。股利决策是指公司实现利润之后，根据投资者的意愿分配利润的行为。不同的股利政策，导致投资者到手的收益会发生大幅度变动，会直接或间接地影响投资者后续的投资方向和投资额度，会影响到资本的流向，资本的流向又反过来影响着公司的投资决策。因此，在现实的市场条件下，公司的投资决策与股利决策是相关的。

综上所述，股利无关理论在完全资本市场的条件下，在不存在个人所得税、不存在筹资费用、投资决策与股利决策无关的情况下才有效，而这些严格的限制条件与现实条件不吻合，因此，股利无关理论不适合现实的市场环境。

2.股利相关理论

股利相关理论，是指认为公司的价值和股票价格的变动与股利的分配与否、股利的分配多少有密切关系的观点。支持股利相关理论的学者认为，企业的股利政策会影响公司价值和股票价格。股利相关理论主要有以下几种观点：

（1）"手中鸟"理论

支持"手中鸟"理论的专家学者认为，企业实现的净利润，应该更多地分给投资者，利润留存作为再投资的本钱会给投资者带来预期收益的不确定性，随着时间的推移，再投资的风险会不断加大，会导致投资者的既得利益受到损失。因此，厌恶风险的投资者更倾向于定期获得稳定的股利回报，不愿将既得股利留存在公司作为再投资的本钱，避免未来不确定性因素带来的风险。"手中鸟"理论的核心内容是公司的股利政策与公司的股票价格是密切相关的，即当公司支付较高的股利时，公司的股票价格会随之上升，公司价值将得到提高；当公司支付较低的股利时，公司的股票价格会随之下降，公司价值也会下降。

（2）信号传递理论

支持信号传递理论的学者认为，在市场经济条件下会存在信息不对称的情况，公司可以通过股利政策向市场传递有关公司未来盈利能力、发展能力的信息，从而影响公司的股价和市场价值。通常情况下，预期未来盈利能力强、发展能力强的公司，往往愿意支付较高的股利来吸引更多的投资者。另外，市场上的投资者因为信息不对称，把公司股利政策的差异作为反映公司预期盈利能力、发展能力的信号。如果某公司连续保持比较稳定的股利支付水平，投资者就会对该公司未来的盈利能力与发展能力持乐观的态度，更愿意把资本投放到该公司，促进公司价值和股价的上升，如果公司的股利支付水平突然发生变动，投资者就会对该公司未来的盈利能力与发展能力持悲观的态度，投资者更倾向于把资本撤走，引发该公司价值和股价的下跌。信号传递理论的核心内容是公司的股利政策直接影响着公司的价值和股价。

（3）所得税差异理论

支持所得税差异理论的学者认为，不同的股利政策涉及的所得税税率以及纳税时间是存在差异的。就目前的税收政策来看，获得资本利得收益涉及的所得税税率较低，甚至是免税的，而获得股利收入的所得税税率较高，因此，支付股利较低的政策更有助于实现投资者收益最大化目标。另外，资本利得收入缴纳的所得税比股利收入缴纳的所得税更具有弹性空间，投资者可以通过控制获得资本利得收入的时间来享受延迟纳税带来的收益差异。所得税差异理论的核心内容是由于所得税的政策差异，使用低股利政策更有利于实现投资者价值最大化。

（4）代理理论

支持代理理论的学者认为，股利政策有助于缓冲管理者与股东之间的代理冲突，即股利政策是协调股东与管理者之间代理关系的一种约束机制。通过支付股利，能够有效地降低代理成本，主要体现在以下两个方面：一是股利的支付减少了企业的现金流量，从而减少了管理者对自由现金流量的控制程度。一般来说，现金股利的支付，导致企业资金减少，管理者基于资金不充足就会减少投资和消费，这在一定程度上抑制了管理者，可实现保护外部投资者的利益。二是较多的现金股利发放减少了内部融资力度，增加了外部融资需求量。较多的现金股利支付，增加了公司外部融资的需求量，让公司接受资本市场上严格的监督，借助外部的监督力量减少内部监督、协调的成本，有利于降低代理成本。一般来说，高水平的股利政策可以降低企业的代理成本，同时也增加了外部融资成本，理想的股利政策应当使代理成本和外部融资成本之和最小化。代理理论的核心内容是高水平的股利支付政策，引入外部融资和外部监管，有利于降低代理成本，但应当考虑代理成本降低与外部融资成本增加的幅度。

综上所述，公司的股利政策与公司的价值和股价有密切的关系，股利政策会直接或间接地影响公司的价值和股价。至于执行何种股利政策，公司应当结合自身的发展战略、所处的内外环境、股东的意愿等综合考虑，制订适合公司长远发展的股利政策。

（三）股利分配政策

1.股利分配政策概述

股利分配政策，是指企业遵循法律法规的规定，明确是否发放股利、发放多少股利以及何时发放股利的方针和对策。企业所处的环境不同，管理要求不同，其股利分配政策也不相同。

企业制定股利分配政策是为了满足投资者实现投资收益，实现企业短期、长期发展战略的需求，其最终目标是实现企业价值最大化。企业发放股利传递着许多信息，股利发放的多少、是否稳定、是否增长等是投资者推测目标企业经营状况、发展前景优劣的主要依据。因此，股利分配政策关系到企业在市场上的形象，成功的股利分配政策有利于提高企业的市场价值和企业的股价。

股利分配在公司制企业的经营管理中占有重要地位，股利的发放，既关系到投资者的经济利益，又关系到企业的长远发展。通常较高的股利，一方面可使投资者获取预期的投资收益，实现投资者投资的目的；另一方面还会促进公司股价上涨和公司价值的上升，从而使投资者除了获得股利收入外，还可以获得一定数额的资本利得。然而，过高的股利使大量的资金流出公司，使留存收益数额大幅度减少，导致公司在一定范围内的资金链紧张，在公司需要投资的情况下，需要数额较大的融资，增加了公司的融资成本，过高的债务融资，还会增加公司资本成本的负担，降低公司的未来收益，进而降低投资者的预期收益。过低的股利可以给公司留存很多的资金，降低未来的融资成本，但是，过低的股利与投资者的愿望相背离，投资者没有实现预期的股利收入，很可能会将资本撤离公司，导致公司股价下降，损害公司形象，不利于公司发展。因而对公司管理层而言，如何均衡股利发放与企业未来发展的关系，并使公司股票价格稳中有升是企业管理层奋斗的目标。

2. 股利分配政策的类型

股利分配政策的关键是确定支付股利与留用利润的比例，即股利支付比率。在企业财务管理中，常用的股利政策包括以下几种类型：

（1）剩余股利政策

剩余股利政策，是指当企业未来有良好的投资机会时，根据企业设定的最佳资本结构，确定未来投资所需的权益资金，先最大限度地使用留用利润来满足投资方案所需的权益资本，然后将剩余部分作为股利发放给投资者的政策。在剩余股利政策下，企业优先满足投资的需要，投资后有剩余的利润，就发放给投资者，如果没有剩余的利润，就不发放给投资者。

剩余股利政策成立的基础是，大多数投资者认为，如果企业再投资的收益率高于投资者在同样风险下其他投资的收益率，他们宁愿把利润保留下来用于企业再投资，而不是用于支付股利。如企业有投资收益率达 12% 的再投资机会，而股东取得股息后再投资的收益率只有 10%，则股东愿意选择把利润保留于企业。股东取得股息再投资后 10% 的收益率，就是企业利润留存的成本。如果投资者能够找到其他投资机会，使投资收益大于企业利用保留利润再投资的收益，则投资者更喜欢发放现金股利。这意味着投资者对于盈利的留存或发放股利毫无偏好，关键是企业投资项目的净现值必须大于零。

剩余股利政策的优点是，可以最大限度地满足企业对再投资权益资金的需要，保持理想的资本结构，并能使综合资本成本最低；它的缺点是忽略了不同股东对资本利得与股利的偏好，损害了那些偏好现金股利的股东利益，从而有可能影响股东对企业的信心。此外，企业采用剩余股利政策是以投资的未来收益为前提的，由于企业管理层与股东之间存在信息不对称的情况，股东不一定了解企业投资的未来收益水平，也会影响股东对企业的信心。

（2）固定股利政策

固定股利政策表现为每股股利支付额固定的形式。其基本特征是：不论经济情况如何，也不论企业经营好坏，不降低股利的发放额，将企业每年的每股股利支付额，稳定在某一特定水平上保持不变，只有企业管理者认为企业的盈利确已增加，而且未来的盈利足以支付更多的股利时，企业才会提高每股股利支付额。

固定股利政策的实行比较广泛。如果企业的盈利下降，而股利并未减少，那么，投资者会认为企业未来的经济情况会有好转。因此，一般的投资者都比较喜欢投资于固定股利政策的企业。而固定股利政策则有助于消除投资者心中的不确定感，对于那些期望每期有固定数额收入的投资者，则更喜欢比较稳定的股利政策。因此，许多企业都在努力促使其股利的稳定性。固定股利政策的缺点主要在于，股利的支付与盈利相脱节，当盈利较低时，仍要支付固定股利，这可能会出现资金短缺、财务状况恶化的情况，影响企业的长远发展。这种股利政策适用于盈利稳定或处于成长期的企业。

（3）固定股利支付率政策

固定股利支付率政策，是指将每年盈利的某一固定百分比作为股利分配给股东。实行这一政策的企业认为，只有维持固定股利支付率，才能使股利与公司盈利紧密结合，体现多盈多分、少盈少分、不盈不分的原则，这样才算真正做到公平地对待每一位股东。这一政策的问题在于，如果企业的盈利各年间波动不定，则其股利也随之波动。由于股利随盈利而波动，会影响股东对企业未来经营的信心，不利于企业股票市场价格的稳定与上涨，因此，大多数企业并不采用这一股利政策。

（4）正常股利加额外股利政策

正常股利加额外股利政策是介于固定股利与固定股利支付率之间的一种股利政策。其特征是企业一般每年都支付较低的固定股利，当盈利增长较多时，再根据实际情况加付额外股利。即当企业盈余较低或现金投资较多时，可维护较低的固定股利，而当企业盈利有较大幅度增加时，则加付额外股利。这种政策既能保证股利的稳定性，使依靠股利度日的股东有比较稳定的收入，从而吸引住这部分股东，又能做到股利和盈利有较好的配合，使企业具有较大的灵活性。这种股利政策适用于盈利与现金流量波动不够稳定的企业，因而也被大多数企业所采用。

3. 影响股利分配的因素

在理论上，对股利是否影响企业价值存在相当大的分歧，在现实经济生活中，企业仍然是要进行股利分配的。当然，企业分配股利并不是无所限制的，总是要受到一些因素的影响，一般认为，影响股利分配的因素主要有法律因素、企业因素、股东意愿及其他因素：

（1）法律因素

为了保护债权人、投资者和国家的利益，有关法规对企业的股利分配有如下限制：

①资本保全限制

资本保全限制规定，企业不能用资本发放股利。如我国法律规定：各种资本公积金准备不能转增股本，已实现的资本公积金只能转增股本，不能分派现金股利；盈余公积金主要用于弥补亏损和转增股本，一般情况下不得用于向投资者分配利润或现金股利。

②资本积累限制

企业积累限制规定，企业必须按税后利润的一定比例和基数，提取法定盈余公积金和任意盈余公积金。企业当年出现亏损时，一般不得给投资者分配利润。

③偿债能力限制

偿债能力限制是指企业按时足额偿付各种到期债务的能力。如果企业已经无力偿付到期债务或因支付股利将使其失去偿还能力，则企业不能支付现金股利。

（2）企业因素

企业资金的灵活周转是企业生产经营得以正常进行的必要条件。因此，企业的长期发展和短期经营活动对现金的需求，便成为对股利最重要的限制因素，其相关因素主要有以下几种：

①资产的流动性

企业现金股利的分配，应以一定的资产流动性为前提。企业的资产流动性越好，说明其变现能力越强，股利支付能力也就越强。高速成长的盈利性企业，其资产可能缺乏流动性，因为他们的大部分资金投资在固定资产和永久性流动资产上了，这类企业的当期利润虽然多，但资产变现能力差，企业的股利支付能力就会削弱。

②投资机会

有着良好投资机会的企业需要有强大的资金支持，因而往往少发放现金股利，将大部分利润留存下来进行再投资；缺乏良好投资机会的企业，保留大量利润的结果必然是大量资金闲置，于是倾向于支付较高的现金股利。所以，处于成长中的企业，因一般具有较多的良好投资机会而多采取低股利政策，许多处于经营收缩期的企业，则因缺少良好的投资机会而多采取高股利政策。

③筹资能力

如果企业规模大、经营好、利润丰厚，其筹资能力一般很强，那么在决定股利支付数额时，有较大选择余地。但对那些规模小、新创办、风险大的企业，其筹资能力有限，这类企业应尽量减少现金股利支付，而将利润更多地留存在企业，作为内部筹资。

④盈利的稳定性

企业的现金股利来源于税后利润。盈利相对稳定的企业，有可能支付较高股利，而盈利不稳定的企业，一般采用低股利政策。这是因为，对于盈利不稳定的企业，低股利政策可以减少因盈利下降而造成的股利无法支付、企业形象受损、股价急剧下降的风险，还可以将更多的盈利用于再投资，以提高企业的权益资本比重，以减少财务风险。

⑤资本成本

留用利润（留存收益）是企业内部筹资的一种重要方式，同发行新股或举借债务相比，不但筹资成本较低，而且具有很强的隐蔽性。企业如果一方面大量发放股利；而另一方面又以支付高额资本成本为代价筹集其他资本，那么，这种舍近求远的做法无论如何都是不恰当的，甚至有损于股东利益。因而从资本成本考虑，如果企业扩大规模，需要增加权益资本时，不妨采取低股利政策。

（3）股东意愿

股东在避税、规避风险、稳定收入和股权稀释等方面的意愿，也会对企业的股利政策产生影响。毫无疑问，企业的股利政策不可能使每个股东的财富都最大化，企业制订股利政策的目的在于，对绝大多数股东的财富产生有利影响。

①避税考虑

企业的股利政策不得不受到股东的所得税税负影响。在我国，由于现金股利收入的税率是 20%，而股票交易尚未征收资本利得税，因此，低股利支付政策，可以给股东带来更多的资本利得收入，达到避税目的。

②规避风险

"双鸟在林，不如一鸟在手。"在一部分投资者看来，股利的风险小于资本利得的风险，当期股利的支付解除了投资者心中的不确定性。因此，他们往往会要求企业支付较多的股利，从而减少股东投资的风险。

③稳定收入

如果一个企业拥有很大比例的富有股东，这些股东多半不会依赖企业发放的现金股利维持生活，他们对定期支付现金股利的要求不会显得十分迫切；相反，如果一个企业的绝大部分股东属于低收入人群以及养老基金等机构的投资者，他们需要企业发放的现金股利来维持生活或用于发放养老金等，因此，这部分股东特别关注现金股利，尤其是稳定的现金股利。

④股权稀释

企业必须认识到高股利支付率会导致现有股东股权和盈利的稀释，如果企业支付大量的现金股利，然后再发行新的普通股以融通所需资金，现有股东的控制权就有可能被稀释。另外，随着新普通股的发行，流通在外的普通股股数将增加，最终将导致普通股的每股盈利和每股市价的下降，对现有股东产生不利影响。

（4）其他因素

影响股利政策的其他因素主要包括不属于法规规范的债务合同约束、政府对机构投资者的投资限制以及因通货膨胀带来的企业对重置实物资产的特殊考虑等。

①债务合同约束

企业的债务合同特别是长期债务合同，往往有限制企业现金股利支付的条款，这使得企业只能采用低股利政策。

②政府对机构投资者的投资限制

机构投资者包括养老基金、储蓄银行、信托基金、保险企业和其他一些机构。机构投资者对投资股票种类的选择，往往与股利特别是稳定股利的支付有关。如果某种股票连续几年不支付股利或所支付的股利金额起伏较大，则该股票一般不能成为机构投资者的投资对象。因此，如果某一企业想更多地吸引机构投资者，则应采用较高而且稳定的股利政策。

③通货膨胀的影响

在通货膨胀的情况下，企业固定资产折旧的购买水平会下降，会导致没有足够的资金来重置固定资产。这时较多的留存收益就会被当作弥补固定资产折旧购买力水平下降的资金来源，因此，在通货膨胀时期，企业股利政策往往偏紧。

4.股利种类

企业通常以多种形式发放股利，股利支付形式一般有现金股利、股票股利、财产股利和负债股利，其中最为常见的是现金股利和股票股利。在现实生活中，我国上市公司的股利分配广泛采用一部分现金股利和一部分股票股利的做法。

（1）现金股利

现金股利，是指企业以现金的方式向股东支付股利，也称为红利。现金股利是企业最常见的、也是最易被投资者接受的股利支付方式。企业支付现金股利，除了要有累计的未分配利润外，还要有足够的现金。因此，企业在支付现金前，必须做好财务上的安排，以便有充足的现金支付股利。因为，企业一旦向股东宣告发放股利，就对股东承担了支付的责任，必须如期履约；否则，不仅会丧失企业信誉，而且会带来麻烦。

（2）股票股利

股票股利，是指把应分给股东的股利以额外增发股票的形式来发放。以股票作为股利，一般都是按在册股东持有股份的一定比例来发放，对于不满一股的股利仍采用现金发放。股票股利最大的优点就是节约现金支出，因而常被现金短缺的企业所采用。

发放股票股利时，在企业账面上，只需在减少未分配利润项目金额的同时，增加股本和资本公积金等项目金额。显然，发放股票股利是一种增资行为，需经股东大会同意，并按法定程序办理增资手续。但发放股票股利与其他增资行为不同的是，它不增加股东财富，企业的财产价值和股东的股权结构也不会改变，改变的只是股东权益内部各项目的金额。

5.股利支付程序

企业通常在年度末计算出当期盈利之后，才决定向股东发放股利。但是，在资本市场中，股票可以自由交换，公司的股东也经常变换。那么，哪些人应该领取股利、在什么时间领取，对此，公司必须事先确定与股利支付相关的时间界限。这个时间界限包括以下几种：

（1）股利宣告日

股利一般是按每年度或每半年进行分配。一般来说，分配股利首先要由公司董事会向公众发布分红预案，在发布分红预案的同时或之后，公司董事会将公告召开公司股东大会的日期。股利宣告日是指董事会将股东大会决议通过的分红方案（或发放股利情况）予以公告的日期。在公告中将宣布每股股利、股权登记日、除息日和股利发放日等事项。

（2）股权登记日

股权登记日是指有权领取股利的股东资格登记截止日期。只有在股权登记日前在公司股东名册上有名的股东才有权分享当期股利，在股权登记日以后列入名单的股东无权领取股利。

（3）除息日

除息日是指领取股利的权利与股票相互分离的日期。在除息日前，股利权从属于股票，持有股票者即享有领取股利的权利；从除息日开始，股利权与股票相分离，新购入股票的人不能享有股利。除息的确定是按证券市场交割方式决定的。因为股票买卖的交接、过户需要一定的时间。在美国，当股票交割方式采用例行日交割时，股票在成交后的第五个营业日才办理交割，即在股票登记日的四个营业日以前购入股票的新股东，才有资格领取股利。在我国，由于采用次日交割方式，则除息日与登记日差一个工作日。

（4）股利发放日

股利发放日（股利支付日）是企业根据股东会的决议方案，在约定的日期给股东发放股利。因此，股利发放日就是向股东发放股利的日期。

（四）股票分割与股票回购

1. 股票分割

股票分割也称拆股，是指将一股股票拆分成多股股票的行为。股票分割只会增加发行在外的股票总数，但不会对公司的资本结构产生任何影响。股票分割与股票股利相似，都是在股东权益总额不变的情况下增加股份的数量。

股票分割有以下几个方面的作用：

（1）降低股票价格

股票分割就是将一股股票分割成若干股股票的行为，股票分割会增加普通股的总体数量，而公司的股东权益总额却没有变化，从而导致普通股每股市价降低。因此，通过股票分割，可以达到降低股价的作用。

（2）防止恶意并购

股票分割使公司普通股数量增加，流通在外的普通股分散在很多小股东手中，由于信息不对称以及中小股东持股的目的不统一，增加了恶意并购的难度，在一定程度上可以防止对本公司股票的恶意并购。因此，股票分割可以达到防止恶意并购的作用。

（3）吸引中小投资者

股票分割后，股价降低了，在其他条件不变的情况下，交易同等数量的该股票所需资金量会减少，引入更多中小资金规模的参与者，促进股票的流通和交易。因此，股票分割可以达到吸引投资者的作用。

2. 股票回购

股票回购，是指上市公司出资将其发行在外的普通股购买回来予以注销或作为库存股的一种资本运作方式。公司不得随意回购本公司的股份，只有满足相关法律规定的情形才允许股票回购。

股票回购的方式主要包括公开市场回购、要约回购和协议回购三种。其中，公开市场回购，是指公司在公开交易市场上以当前市价回购股票；要约回购是指公司在特定时间向股东发出通知，以高出当前市价回购股票，协议回购则是指公司以协议价格直接向一个或几个主要股东回购股票。

（1）股票回购的动机

股票回购的动机主要有以下几个方面：

①现金股利的替代品

现金股利政策会对公司产生未来的派现压力，而股票回购不会。当公司有富余资金时，通过回购股东所持股票将现金分配给股东，这样，股东就可以根据自己的需要选择继续持有股票或出售获得现金。

②改变公司的资本结构

无论是现金回购还是举债回购股票，都会提高公司的财务杠杆水平，改变公司的资本结构。公司认为，权益资本在资本结构中所占比例较大时，为了调整资本结构而进行股票回购，可以在一定程度上降低整体资本成本。

③传递公司信息

由于信息不对称和预期差异，证券市场上的公司股票价格可能被低估，而过低的股价将会对公司产生负面影响。一般情况下，投资者会认为，股票回购是公司认为其股票价值被低估而采取的应对措施。

④基于控制权的考虑

控股股东为了保证其控制权，往往采取直接或间接的方式回购股票，从而巩固既有的控制权。另外，股票回购使流通在外的股票数变少，股价上升，从而可以有效地防止敌意并购。

（2）股票回购的影响

股票回购对，上市公司的影响主要表现在以下几个方面：

①影响后续发展

股票回购需要大量资金支付回购成本，容易造成资金紧张，降低资产流动性，影响公司的后续发展。

②损害公司长期利益

股票回购无异于股东退股和公司资本的减少，也可能会使公司的发起人股东更注重创业利润的实现，从而不仅在一定程度上削弱了对债权人利益的保护，而且忽视了公司的长远发展，损害公司的根本利益。

③股票回购容易导致公司操纵股价

公司回顾股票使发行在外的股票数量减少，股权集中在少数人手中，导致股权过度集中，损害小股东利益。另外，公司回购股票容易导致大股东利用内幕进行炒作，人为地操纵股价，加剧公司行为的非规范化，甚至游离在法律边缘，给公司造成严重的损失。

第六章 非流动负债

第一节 非流动负债概述

一、非流动负债的概念与内容

非流动负债是指偿还期在一年或超过一年的一个营业周期的债务。它是企业向债权人筹集的、可供长期使用的资金。非流动负债主要包括长期借款、应付债券和长期应付款等。

一般来说，企业为了满足生产经营的需要，特别是为了拓展企业的经营规模，有必要购建大型机械设备、地产，增建或扩建厂房等，这些都需要企业投入大量的、长期占用的资金，而企业所拥有的生产经营资金是无法满足这些需要，因此需要筹集长期资金。筹集长期资金的方式有以下两种：

（1）由投资者投入新的资本（或由股东追加投资，增发新股）；

（2）举借非流动负债，即通常所说的"举债经营"，主要有签发长期应付票据、发行企业债券及向银行或其他金融机构举借长期借款。当企业预期的投资利润率高于非流动负债的利率时，企业常常选择这一筹资方式。

二、非流动、流动负债的特征

非流动负债与流动负债相比，具有数额大、偿还期限长、具有附加条件、利息负担重等特征。举借长期负债主要用于购建长期资产，由于投资回收期长，因而具有数额大、期限长的特征。举借长期负债往往附有一定的约束条件，如需要企业提供担保品，或要求企业指定担保人，或设置偿债基金等。长期借款利息是企业根据合同必须承担的固定支出，如果企业经营不善，这笔固定的利息支出则会成为企业财务上的沉重负担，甚至影响企业的持续经营。

从投资者的角度看，与增加投入资本相比。举借非流动负债有以下优点：

（1）举借非流动负债不影响企业原来的资本结构，有利于保持投资者控制企业的权力。

（2）举借非流动负债可以增加投资者所得的盈余。因此，如果企业经营所获得的投资利润率高于非流动负债的固定利率，剩余利益将全部归投资者所有。

（3）在交纳所得税时，非流动负债的利息支出除资本化以外的，可以作为正常的经营费用从利润总额中扣减。但股利则只能从税后利润中支付，不能作为纳税扣减项目。

当然，举借非流动负债也有其不足之处，主要表现在以下几方面：

（1）举借非流动负债可能会带来减少投资者利益的风险。当举债经营的投资利润率低于非流动负债的利率时，就会减少投资者的利益。

（2）举借非流动负债的利息费用可能会成为企业财务上的沉重负担。

（3）举借非流动负债会给企业带来较大的财务风险。非流动负债一般都有明确的到期日，如果企业无法及时支付利息或按期偿还本金，债权人可能会要求企业变卖资产，甚至会迫使企业进行破产清算。

考虑到举债经营的优点与不足，企业应进行合理的财务决策，适度举债。一方面，要保证举债经营的投资利润率高于非流动负债的利率；另一方面，举债经营的程度应与企业的资本结构和偿债能力相适应。

三、非流动负债的分类

非流动负债按筹措方式可分为长期借款、应付债券、长期应付款、专项应付款、预计负债和其他非流动负债等。非流动负债按偿还和付息方式可分为定期偿还的非流动负债和分期偿还的非流动负债。

四、非流动负债的借款费用

借款费用是指企业因借入资金而发生的利息及其他相关成本，包括因借入资金而发生的利息、因发行债券而发生的折价或溢价的摊销、辅助费用和外币借款发生的汇兑差额。

符合资本化条件的资产一般包括固定资产、经过相当长时间才能达到可使用或可撤销状态存货、投资性房地产等。除了固定资产外，公司为开发房地产而借入的资金所发生的利息等借款费用，在开发产品完工之前，也可计入开发成本或开发产品成本。另外，通常情况下，由于大型船舶、飞机等也是需要经过相当长时间才能达到可使用状态的资产，所以也应将这类资产包括在借款费用可予资本化的资产范围内。

第二节　长期借款

一、长期借款概述

（一）长期借款的内容

长期借款是指企业向银行或其他金融机构借入的期限在1年以上（不含1年）的各种借款，一般用于固定资产的购建、改扩建工程、大修理工程、对外投资及为了保持长期经营能力等方面。长期借款是企业长期负债的重要组成部分，必须加强管理与核算。

由于长期借款的使用关系到企业的生产经营规模和效益，企业除了要遵守有关的贷款规定、编制借款计划并要有不同形式的担保外，还应监督借款的使用、按期支付长期借款的利息及按规定的期限归还借款本金等。因此，长期借款会计处理的基本要求是反映和监督企业长期借款的借入、借款利息的结算和借款本息的归还情况，促使企业遵守信贷纪律、提高信用等级，同时也要确保长期借款发挥效益。

（二）"营改增"后借款业务概述

根据财税〔2016〕36号文，即《财政部国家税务总局关于全面推开营业税改征增值税试点的通知》规定，纳税人接受贷款服务是不得抵扣进项税额的，同时，纳税人接受贷款服务向贷款方支付的与该笔贷款直接相关的投融资顾问费、手续费、咨询费等费用，其进项税额不得从销项税额中抵扣。这意味着企业所支付的利息费用及直接相关的其他费用在"营改增"之后需要缴纳6%的增值税且这部分的税额无法进行进项抵扣。

二、长期借款的核算

为了核算长期借款的借入、归还等情况，企业应设置"长期借款"账户。其贷方登记长期借款本息的增加额，借方登记本息的减少额，期末贷方余额表示企业尚未偿还的长期借款。该账户可按照贷款单位和贷款种类设置明细账，分别就"本金""利息调整""应计利息"进行明细核算。

（一）取得长期借款

企业借入长期借款时，应按实际收到的金额，借记"银行存款"账户，贷记"长期借款——本金"账户，如存在差额，还应借记"长期借款——利息调整"账户。

（二）期末计提利息或支付利息

长期借款利息费用应当在资产负债表日按照实际利率法计算确定，实际利率与合同利率差异较小的，也可以采用合同利率计算确定利息费用。长期借款按合同利率计算确定的应付未付利息，如果属于分期付息的，记入"应付利息"账户，如果属于到期一次还本付息的，记入"长期借款——应计利息"账户。

长期借款计算确定的利息费用，应当按以下原则计入有关成本、费用，属于筹建期间的，计入管理费用。属于生产经营期间的，如果长期借款用于购建固定资产的，在固定资产达到预定可使用状态前，所发生的应当资本化的利息支出数，计入在建工程成本，固定资产达到预定可使用状态后发生的利息支出以及按规定不予资本化的利息支出，计入财务费用。长期借款按合同利率计算确定的应付未付利息，借记"在建工程""制造费用""财务费用""研发支出"等账户，贷记"长期借款——应计利息"或"应付利息"等账户。

（三）到期归还本金或本息

企业归还长期借款的本金时，应按归还的金额，借记"长期借款——本金"账户，贷记"银行存款"账户；按归还的利息，借记"长期借款——应计利息"或"应付利息"账户，贷记"银行存款"账户。

第三节　应付债券

一、应付债券概述

应付债券是指企业为筹集（长期）资金而发行的债券。债券是企业为筹集长期使用资金而发行的一种书面凭证。企业通过发行债券取得资金是以将来履行归还购买债券者的本金和利息的义务作为保证的。企业应当设置"企业债券备查簿"，详细登记每一企业债券的票面金额、债券票面利率、还本付息期限与方式、发行总额、发行日期和编号、委托代销单位、转换股份等资料。企业债券到期清算时，应当在备查簿内逐笔注销。

企业发行的一年期以上的债券，构成了企业的长期负债公司债券的发行方式有三种，即面值发行、溢价发行、折价发行。假设不考虑其他条件，债券的票面利率高于市场利率时，可按超过债券票面价值的价格发行，称为溢价发行，溢价是企业以后各期多付利息而事先得到的补偿；如果债券的票面利率低于市场利率，可按低于债券票面价值的价格发行，称为折价发行，折价是企业以后各期少付利息而预先给投资者的补偿；如果债券的票面利率与市场利率相同，可按票面价值的价格发行，称为面值发行。溢价或折价实质上是发行债券企业在债券存续期内对利息费用的一种调整。

二、应付债券的核算

为了核算应付债券发行、计提利息、还本付息等情况，企业应当设置"应付债券"账户，并在该账户下设置"面值""利息调整""应计利息"等明细账户。该账户贷方登记应付债券的本金和利息，借方登记归还的债券本金和利息，期末贷方余额表示企业尚未偿还的长期债券。

无论是按面值发行，还是溢价发行或折价发行，企业均应按债券面值记入"应付债券—面值"账户，实际收到的款项与面值的差额记入"应付债券利息调整"账户。

企业发行债券时，按实际收到的款项，借记"银行存款"等账户，按债券票面价值，贷记"应付债券——面值"账户，按实际收到的款项与票面价值之间的差额，贷记或借记"应付债券——利息调整"账户。

发行长期债券的企业，应按期计利息。对于按面值发行的债券，在每期采用票面利率计提利息时，应当按照与长期借款相一致的原则计入有关成本费用，借记"在建工程""制造费用""财务费用""研发支出"等账户；其中，对于分期付息、到期一次还本的债券，其按票面利率计算确定的应付未付利息，记入"应付利息"账户；对于一次还本付息的债券，其按票面利率计算确定的应付未付利息，记入"应付债券——应计利息"账户。

长期债券到期，企业支付债券本息时，借记"应付债券——面值"和"应付债券——应计利息""应付利息"等账户，贷记"银行存款"等账户。

第四节　长期应付款

长期应付款是指企业除长期借款和应付债券以外的其他各种长期应付款项，包括应付融资租入固定资产的租赁费、以分期付款方式购入固定资产发生的应付款项等。长期应付款除具有长期负债的一般特点外，还具有款项主要形成固定资产并分期付款的特点。

为了核算企业融资租入固定资产和以分期付款方式购入固定资产应有的款项及偿还情况，企业应当设置"长期应付款"账户。该账户贷方反映应付的长期应付款项，借方反映偿还的长期应付款项，期末贷方余额，反映企业应付未付的长期应付款项。该账户可按长期应付款的种类和债权人设置明细账户进行明细核算。

一、应付融资租赁费

通过融资租赁方式租入固定资产是企业取得固定资产的重要途径。因融资租入固定资产而发生的应付融资租赁费，形成企业的一笔长期负债。对于该项长期负债，企业应设置"长期应付款——融资租入固定资产应付款"明细账户进行核算，贷方反映融资租入固定资产应支付的融资租赁费，借方按租赁合同支付的融资租赁费。

融资租入固定资产，在租赁期开始日，应按租赁准则确定的应计入固定资产成本的金额（租赁开始日租赁资产公允价值与最低租赁付款额现值两者中较低者，加上初始直接费用），借记"在建工程"或"固定资产"账户，按最低租赁付款额，贷记"长期应付款——融资租入固定资产应付款"账户，按发生的初始直接费用，贷记"银行存款"等账户，按其差额，借记"未确认融资费用"账户。按期支付租金时，借记"长期应付款——融资租入固定资产应付款"，贷记"银行存款"等账户。

二、具有融资性质的延期付款

企业购买资产有可能延期支付有关价款。如果延期支付的购买价款超过正常信用条件，实质上具有融资性质的，所购资产的成本应当以延期支付购买价款的现值为基础确定。实际支付的价款与购买价款的现值之间的差额，应当在信用期间内采用实际利率法进行摊销，计入相关资产成本或当期损益。

在会计实务中，企业购入资产超过正常信用条件延期付款实质上具有融资性质时，应按购买价款的现值，借记"固定资产""在建工程"等账户，按应支付的价款总额，贷记"长期应付款"账户，按其差额，借记"未确认融资费用"账户。企业在信用期间内采用实际利率法摊销未确认融资费用的，应按摊销额，借记"在建工程""财务费用"等账户，贷记"未确认融资费用"账户。

第七章　所有者权益

第一节　概述

一、所有者权益的概念与特征

（一）所有者权益的概念

所有者权益是指企业资产扣除负债后，由所有者享有的剩余权益。公司的所有者权益又称股东权益。所有者权益是所有者对企业资产的剩余索取权，它是企业资产中扣除债权人权益后应由所有者享有的部分，既可反映投资人投入资本的保值增值部分，又可以体现保护债权人权益的理念。

（二）所有者权益的特征

（1）所有者权益可以永久使用。除发生减资、清算或分派现金股利外，所有者权益在企业经营期内可以供企业长期、持续使用，企业不必向投资者返还资本金。

（2）所有者权益的清偿在负债之后。所有者对企业的经营活动承担着最终的风险，与此同时，也享有最终的权益。在企业破产清算时，只有在清偿所有的负债后，所有者权益才返还给所有者。

（3）所有者凭借所有者权益能参与企业利润的分配。

二、所有者权益与负债的区别

所有者权益和负债虽然都是权益，共同构成企业的资金来源，都对企业的资产具有要求权，但所有者权益和负债是有区别的，具体表现为以下几方面：

（1）所有者权益是投资者享有的对投入资本及其运用所产生的盈余或亏损的权利；而负债是企业在经营中或其他活动中所发生的债务，是债权人要求企业清偿的权利。

（2）所有者享有参与收益分配、经营管理等多项权利，但对企业资产的要求权在顺序上置于债权人之后，即只享有对剩余资产的要求权；而债权人享有到期收回本金和利息的权利，其对资产的要求权以债务的本金和利息为限，在企业破产清算时，有优先获取资产赔偿的要求权，但没有经营决策的参与权和收益分配权。

（3）在企业持续经营的情况下，所有者权益是一项可以长期使用的资金，只有在企业清算时才予以退还，而负债必须到期归还。

（4）债权人对企业资产的要求权优于投资者，投资者具有对剩余财产的要求权，故又称剩余收益。所有者能够获得多少收益，需视企业盈利水平及经营政策而定，如果企业在经营中获利，所有者权益将随之增长；反之，所有者权益随之缩减，风险较大：债权人获得的利息一般按一定利息率计算，而且是预先可以确定的数额，无论企业盈亏，企业都要按期归还本息，风险相对较小。

三、所有者权益的内容

我国《企业会计准则》规定，所有者权益包括所有者投入的资本、直接计入所有者权益的利得和损失、留存收益等，通常由实收资本（或股本）、资本公积、其他综合收益、盈余公积和未分配利润构成。

（1）实收资本是所有者投入企业的注册资本。注册资本是指企业在工商行政管理部门登记的，由投资者缴纳的出资额，对于股份有限公司，实收资本为股本。

（2）资本公积是投资者或他人（或单位）投入企业，所有权归属于投资者共同所有，但不构成实收资本（或股本）的资本或资产。在我国，资本公积主要包括资本溢价（或股本溢价）和其他资本公积等。

（3）其他综合收益是指企业根据会计准则的规定，未在当期损益中确认的各项利得和损失，在以后的会计期内满足规定条件将计入损益。

（4）盈余公积是企业按税后利润的一定比例提取的积累基金。

（5）未分配利润是企业未确定用途，留待以后年度分配的利润。

盈余公积和未分配利润都是历年实现的净利润留存于企业，因此也称留存收益。

第二节 实收资本

一、实收资本的概念

实收资本是指投资者按照企业章程或协议的约定，实际投入企业的资本。实收资本是企业创建时所有者投入企业的"本钱"，是注册登记的法定资本总额的来源，是企业进行生产经营活动必需的经济基础。它表明所有者对企业的基本产权关系。

二、实收资本的管理规定

（1）在我国实行的注册资本制度下，除国家另有规定外，企业的实收资本等于注册资本。

（2）企业实收资本比原注册资本数额增减超过 20% 时，应持资金使用证明或验资证明，向原主管机关申请变更登记。

（3）《公司法》规定，投资者可以用货币方式（包括人民币和人民币以外货币）出资，也可以用实物、知识产权、土地使用权等用货币估价并依法转让的非货币财产出资。

全体股东的货币出资金额不得低于有限责任公司注册资本的 30%。

出资是取得股东资格的对价是股东的最主要义务，股东必须完全履行出资义务。《公司法》规定，以实物出资的股东，除了交付实物外，还应当及时将实物的产权过户到公司名下。凡因股东出资不到位，给其他债权人造成损害的，均应承担损害赔偿责任。

企业收到所有者投入企业的资本后，应根据有关原始凭证（如投资清单、银行通知单等），分别以不同的出资方式进行会计处理。

三、实收资本（或股本）与其他权益工具的账务处理

（一）接受货币投资

1. 一般企业接受货币投资

一般企业，是指除股份有限公司以外的企业。企业接受投资者投入的资本，应通过"实收资本"账户进行核算。除股份有限公司以外，其他各类企业（如有限责任公司、合伙企业等）"实收资本"账户应按股东设置明细账，反映各股东实缴注册资本的数额。股东和国家投入的资本，从其形态上看，可以分为接受货币投资和非货币投资（如原材料投资、固定资产投资、无形资产投资和股权投资等）。

当企业收到投资者以货币资产方式投入的资本金时，由于不存在投资的计价问题，账务处理比较简单，应以实际收到金额，借记"银行存款"等账户，贷记"实收资本"账户。

2. 股份有限公司发行股票

股份有限公司股东持有的股票，按其享有的权利，可以分为普通股和优先股。

股份有限公司发行普通股。股份有限公司发行普通股，应设置"股本"账户进行核算。该账户贷方登记已发行的普通股面值，借方登记经批准核销的普通股面值，贷方余额反映发行在外的普通股面值。

股份有限公司发行普通股，可以按面值发行股票也可以溢价发行（我国目前不允许折价发行）。股份有限公司在核定的股本总额及核定的股份总额的范围内发行股票时，应在实际收到现金资产时进行会计处理。股份有限公司发行股票收到现金资产时，借记"银行

存款"等账户；按每股股票面值和发行股份总额的乘积计算的金额，贷记"股本"账户实际收到的金额与该股本之间的差额，贷记"资本公积——股本溢价"。

公司在股票发行之前或发行过程中，可能会发生各项发行费支出，如手续费和佣金等。在公司溢价发行股票的情况下，各项发行费支出减去发行股票冻结期间所产生的利息收入的差额应先抵减溢价收入。溢价收入扣除发行费净支出后的余额，应作为股本溢价记入资本公积。

（二）接受非货币资产投资

当企业收到投资者以原材料、固定资产等实物投资时，应对接收的实物进行评估，并采用投资合同或协议约定非货币资产的价值作为实收资本入账。

1.接受原材料投资

企业接受的原材料投资，其投资额为投资合同或协议约定的价值（一般包含运杂费，如投资协议规定运杂费由受资企业负担，则运杂费应记入原材料价值，但不记入投资额）。企业应根据原材料不含增值税的评估价值，借记"原材料"等账户；根据增值税额，借记"应交税费——应交增值税（进项税额）"账户：根据原材料全部评估价值，贷记"实收资本"账户。

2.接受固定资产投资

企业接收的机器设备等投资，其投资额为投资合同或协议约定的价值（一般包含运杂费，如投资协议规定运杂费由受资企业负担，则运杂费应记入固定资产价值，但不记入投资额）。投入的机器设备如为不需安装的机器设备，入账价值即为不含增值税的评估价值，应借记"固定资产"账户；根据增值税额，借记"应交税费——应交增值税（进项税额）"账户；根据机器设备的全部评估价值贷记"实收资本"账户。投入的机器设备如为需要安装的机器设备，入账价值即为不含增值税的评估价值与安装费之和，应根据不含增值税的评估价值与安装费借记"在建工程"账户；根据增值税额，借记"应交税费——应交增值税（进项税额）"账户；根据机器设备全部评估价值，贷记"实收资本"账户，根据安装费贷记"银行存款"等账户。安装工程完工后，借记"固定资产"账户，贷记"在建工程"账户。

企业接受的不动产投资，其入账价值和投资额均为不动产的评估价值。

3.接受无形资产投资

当企业接受股东或国家的无形资产投资时，其投资额为投资合同或协议约定的价值。企业接受无形资产投资时，应借记"无形资产""应交税费——应交增值税（进项税额）"账户，贷记"实收资本"账户。

4.接受股权投资

当企业接受股东或国家的股权投资时，其投资额为股权的评估价值。企业接受股权投资时，应借记相关账户，贷记"实收资本"账户。

（三）实收资本（或股本）的增减变动

一般情况下，企业的实收资本应相对固定不变，但在某些特定情况下，实收资本也可能发生增减变化。我国《企业法人登记管理条例施行细则》规定，企业的注册资金应当与实收资本相一致，当实收资本比原注册资金增加或减少超过 20% 时，应持资金使用证明或验资证明向原登记主管机关申请变更登记。如擅自改变注册资本或抽逃资金，则会要受到工商行政管理部门的处罚。

1.实收资本（或股本）的增加

一般企业增加资本主要有三个途径：接受投资者追加投资、资本公积转增资本和盈余公积转增资本。

企业按规定接受投资者追加投资时，核算原则与投资者初次投入时相同。

企业采用资本公积或盈余公积转增资本时,应按转增的资本金额确认实收资本或股本。用资本公积转增资本时，借记"资本公积——资本溢价（或股本溢价）"账户，贷记"实收资本"（或"股本"）账户。用盈余公积转增资本时，借记"盈余公积"账户，贷记"实收资本"（或"股本"）账户。用资本公积或盈余公积转增资本时，应按原投资者各自出资比例计算确定各投资者相应增加的出资额。

需要注意的是，由于资本公积和盈余公积均属于所有者权益，用其转增资本时，如果是独资企业比较简单，直接结转即可。如果是股份有限公司或有限责任公司应该按照原投资者各自出资比例相应增加各投资者的出资额。

2.实收资本（或股本）的减少

企业按法定程序报经批准减少注册资本的，按减少的注册资本金额减少实收资本。

股份有限公司采用收购本公司股票方式减资的，通过"库存股账户"核算回购股份的金额。减资时，按股票面值和注销股数计算的股票面值总额，借记"股本"账户；按注销库存股的账面余额，贷记"库存股"账户，按其差额，借记"资本公积——股本溢价"账户。股本溢价不足冲减的，应依次冲减"盈余公积""利润分配——未分配利润"账户。如果购回股票支付的价款低于面值总额的，应按股票面值总额，借记"股本"账户；按所注销的库存股账面余额，贷记"库存股"账户；按其差额，贷记"资本公积——股本溢价"账户。

四、账户的分类

（一）账户分类概述

1.账户分类的概念

账户的分类就是根据账户的本质特性，按照一定的原则，对所有账户进行科学地概括和归类。为了全面反映各会计要素之间的增减变化情况，同时为企业的经济管理提供必需的会计信息，一定要设置并运用一系列的账户。各个账户之间既彼此独立又相互联系。由多个彼此相互独立、作用互补的具有内在联系的账户所组成的完整的账户系列，称为账户体系。

2.账户分类的意义

企业的经济业务是复杂的、多种多样的，不同的经济业务包括不同的经济内容。在实际工作中，为了加强企业的经营管理，就需要会计提供不同的会计资料。通过对账户的分类可以对不同的经济信息进行分类整理，提供经济管理所需要的各方面的资料；通过对账户的分类建立一套完整的账户体系，因为单个的账户只能提供某一个方面的会计信息，各账户之间的会计信息具有关联性，而一套完整的账户体系能够提供系统的会计信息资料。所以，了解每个账户的特点，研究账户的使用规律，对于具体运用各个账户是相当重要的。

（1）账户的分类有助于从理论上加深对账户的全面认识，掌握账户体系的设置和运用在会计核算体系中的地位和作用，有利于正确运用设置账户这种会计核算的方法，建立更加完善的会计核算体系。

（2）账户的分类有利于进一步地了解账户体系中各类账户的共性和特性，了解各个账户间的联系与区别，从使用账户的技术方法这一角度来研究账户的不同用途和结构，揭示账户使用中的规律，不断提高运用技能，从而做到更加准确、熟练地使用账户。

（3）账户的分类可以让我们正确认识各会计要素的经济内容，通过将数据按照报表信息的要求进行分类，形成报表所要揭示的财务信息和其他信息，为经济管理者提供系统的、分门别类的会计信息资料。

（4）账户的分类，可以揭示出全部账户在反映会计内容上存在的分工又协作的关系，当会计制度确定的会计账户随着各个时期经济管理的不同要求发生变动时，能够尽快地适应并在统一会计制度许可的范围内，根据企业的实际情况增设或是合并会计账户。

3.与账户有关的要素

（1）会计要素

会计工作的对象是资金运动，而资金运动所牵涉的具体内容不但十分广泛，而且性质与作用相差也很大。为了有条理地对会计的对象进行核算与监督，就必须按经济内容的特点对会计对象进行分类，以便在会计工作中根据不同的类别进行确认、计量、记录和报告。会计要素就是会计对象的最基本分类，也是会计对象的具体化。会计要素是设定会计科目的基本依据，也是会计报表的根本要素。我国《企业会计制度》将会计要素分为六类：资产、负债、所有者权益收入、费用和利润。在这六类会计要素中，根据各会计要素的变动与否，又可把会计要素分为动态会计要素和静态会计要素。其中，收入、费用和利润属于动态会计要素，而资产、负债和所有者权益属于静态会计要素。

将会计的对象分解成若干个会计要素是对会计内容的第一步分类。其作用有如下三个方面：

一是会计要素分类能够分类提供会计数据和会计信息，这就使得利用会计信息进行投资和经营决策、加强经济管理变得切实可行；

二是会计要素分类使会计确认和计量有了具体的对象，为分类核算提供基础；

三是会计要素为会计报表搭建了基本框架，根据会计要素组成的会计报表可以很好地反映各个会计要素的基本数据，并科学地反映各会计要素间的关系，从而为相关方面提供更有价值的经济信息。

会计要素的内容：

①资产

资产，是指过去的交易、事项形成的并且由企业拥有或者控制的资源，该资源预期能给企业带来经济利益。

一家企业要从事生产经营活动，必须具备一定数量的物质条件。在市场经济条件下，这些物质条件可以表现为货币资金、房屋场地、原材料、机器设备等，也可以是不具有实物形态的各种款项，比如以债权形态出现的各种应收款项，还可以是以特殊权利形态出现的专利权、商标权等无形资产，以上这些物质条件统称为资产。资产是企业从事生产经营活动的物质基础。根据资产的定义，不难发现资产具有以下特点。

a.资产是由企业过去的交易、事项所形成的。也就是说，资产一定是现时的资产，而不能是预期的资产。只有过去发生的交易或事项的结果才能增加或减少企业的资产，未来的、还未发生的或尚处于计划中的事项的可能后果不能确认为资产。比如某企业在某年的一月份与另一企业签订了一项购买设备的合同，实际购入设备的时间在三月份，则该企业不能在一月份将该设备确认为自己的资产，因为交易并没有完成。

b.资产应为企业拥有或控制的资源，拥有或控制的企业享有某项资源的所有权或者虽然不享有某项资源的所有权，但该资源却能被企业所控制。享有某项资源的所有权是指企业有权占有此项资源，完全可以按照自己的意愿使用或处置该资源并享有使用或处置该资源所带来的经济利益，其他单位或个人未经企业许可不得擅自使用。被企业所控制：是指企业对某些资产虽不拥有所有权，但能够按照自己的意愿使用该资源并享有使用该资源所带来的经济利益。按照实质重于形式的原则，假如企业能够控制某项资源，则该资源也应确认为企业的资产，比如融资租入固定资产。

c.资产预期会给企业带来经济利益，是指资产直接或间接地导致现金或现金等价物流入企业的潜力。这种潜力可能来自企业日常的生产经营活动，也可能是非日常的生产经营活动；带来的经济利益可以是现金或现金等价物的形式，也可以是转化为现金或现金等价物的形式，还可以是减少现金或现金等价物流出的形式。

资产预期是否会为企业带来经济利益是资产的重要特征。比如企业采购的原材料可以用于生产经营过程，制造商品提供劳务，对外出售产品后收回货款，货款就是企业所获得的经济利益。假如某一项目预期不能给企业带来经济利益，那么这一预期就不能确认为企业的资产。前期已经确认为资产的项目，假如不能再为企业带来经济利益，那么也不能再确认为企业的资产。

会计人员在具体核算和反映资产时是分类进行的，会计信息的使用者在分析企业资产及其他财务状况时也需要按照一定的标准对资产进行分类。总体来说，资产分类的目的如下：便于管理当局对企业进行有效的管理；便于财务报表使用者更好地了解企业及其经营状况；向财务报表使用者提供有关变现能力的信息；完整地描述企业的经营活动；有助于更好地理解财务报表信息。

按照不同的标准，资产有不同的分类，这里主要根据资产的流动性对其进行分类。资产按其流动性可分为流动资产、长期投资、固定资产、无形资产和其他资产。

a. 流动资产。流动资产是指可以在一年或者超过一年的一个营业周期内变现或者耗用的资产，主要包括现金及各种存款、短期投资、应收及预付款项、存货等。现金及各种存款，包括库存现金以及在银行和其他金融机构的存款。现金和各种存款处于货币形态，所以又被称为货币资产。短期投资是指各种能够随时变现并且持有时间不准备超过一年的投资。应收及预付款项包括应收票据、应收账款、其他应收款、预付账款等。存货是指企业在日常活动中持有以备出售的产成品或商品、处在生产过程中的在产品、在生产过程或提供劳务过程中耗用的材料和物料等。

b. 长期投资。长期投资是指除短期投资以外的投资，包括持有时间准备超过一年（不含一年）的各种股权性质的投资、不能变现的或不准备随时变现的债券投资及其他股权投资。如股票、债券以及其他企业联营的投资，它们只有在收回投资时才可以变为现金。

c. 固定资产。固定资产是指使用期限超过一年的房屋、建筑物、机器、机械、运输工具，以及其他与生产、经营有关的设备、器具、工具等。

d. 无形资产。无形资产是指企业为生产商品或者提供劳务、出租给他人或为管理目的而持有的，没有实物形态的非货币性长期资产，如专利权非专利技术、商标权、著作权、土地使用权、商誉等。

e. 其他资产。其他资产是指除流动资产长期投资、固定资产、无形资产以外的其他资产，如长期待摊费用。

②负债

负债，是指过去的交易、事项形成的现时义务，履行该义务预期会导致经济利益流出企业。负债表示企业的债权人对企业资产的部分权益，即债权人权益。它具有以下特征：

a. 负债是指由于过去的交易或事项而使企业现时承担的对其他经济实体的经济责任和义务，只有企业承担经济义务或事项确实发生时才给予确认。比如，企业从银行借入资金，就具有还本付息的义务；从供应商赊购材料或商品的同时，应对其负有偿还货款的义务。对于还没有履行的合同或者是在将来才发生的交易意向，则并不构成企业当前的负债。比如企业与供应商签订的购货合同（或订单），约定在三个月后进行交易，这仅仅是未来交易的意向，并不能作为企业的负债。

b. 负债是预期会导致经济利益流出企业的现时义务。负债不能够无条件地取消。不管是哪种原因产生的负债，企业在偿还负债时都将使企业经济利益流出企业。在履行现时，义务清偿负债时，导致经济利益流出企业的形式有很多种，可以是用现金偿还或用实物资产形式清偿，还可以是举借新债偿还旧债；可以用提供劳务的形式偿还，还可以将债务转为资本等。

总之，负债是企业的一项现时义务，必须在未来某一特定时日以牺牲自己的经济利益作为代价偿还，而偿还的对象和金额是可以确认的，也是可以合理估计的。因此某一项目是否作为企业的一笔负债，基本的判断标准就是看负债的含义及特征。企业的负债按其流动性分为流动负债和长期负债。

流动负债。流动负债是指将在一年（含一年）或者超过一年的一个营业周期内偿还的债务，包括短期借款、应付票据、应付账款、应付职工薪酬、应交税费、应付利润、其他应付款等。

短期借款是指企业从银行等金融机构和其他单位借入的期限在一年以内的各种借款。

应付票据是指票据出票人承诺在一年内的某一指定日期，支付一定款项给持票人的一种书面凭证，包括银行承兑汇票和商业承兑汇票。

应付账款是指企业在生产经营过程中因购买商品或接受劳务而发生的债务。

应付职工薪酬是指企业为获得职工提供的服务而给予的各种形式的报酬以及其他相关支出。

应交税费是指企业应当上缴给国家财政的各种税费。

应付利润是指企业应付而尚未支付给投资者的利润或股利。

长期负债是指偿还期限在一年以上或者超过一年的一个营业周期的债务，包括长期借款、应付债券、长期应付款等。

长期借款是指企业从银行或其他金融机构借入的期限在一年以上（不含一年）的各项借款。

应付债券是指企业通过发行债券，从社会上筹集资金而发生的债务。

长期应付款是指企业除长期借款和应付债券以外的其他各种长期负债，包括应付融资租入固定资产的租赁费、以分期付款方式购入固定资产等发生的应付款项等。

③所有者权益

所有者权益，是指所有者在企业资产中享有的经济利益，其金额为资产减去负债后的余额。

所有者权益在股份制公司中被称为股东权益，在独资企业中被称为业主权益。它具有以下特征：

a.所有者权益是企业的投资人对企业净资产的要求权，这种要求权是受企业资产总额和负债总额变动的影响而增减变动的；

b.投资者的原始投资行为采取的无论是货币形式还是实物形式，所有者权益与企业的具体资产项目并没有直接的对应关系，所有者权益只是在整体上、抽象意义上与企业资产

保持数量上的关系;

c.权益的所有者凭借所有者权益能够参与企业的生产经营管理,并参加利润的分配,同时承担企业的经营风险。

所有者权益包括实收资本(或者股本)、资本公积、盈余公积和未分配利润等。实收资本是指投资者按照企业的章程或合同、协议的约定,实际投入企业的资本,包括国家投入资本、法人投入资本、个人投入资本和外商投入资本等。

资本公积是指由所有者共有的非收益转化而形成的资本,包括资本溢价或股本溢价、资产评估增值接受捐赠的资产价值等。

盈余公积是指按照国家有关规定从税后利润中提取的积累资金,包括法定盈余公积金、任意盈余公积金和法定公益金。

未分配利润是指企业留于以后年度分配的利润或待分配利润。

④收入

收入,是指企业在销售商品、提供劳务及让渡资产使用权等日常活动中所形成的经济利益的总流入,包括主营业务收入和其他业务收入。收入不包括为第三方或者客户代收的款项。此处的收入主要是指企业在连续不断的生产经营活动过程中通过交易而产生的收入,所有不对外的销售商品、提供劳务服务等非交易活动不产生收入。换而言之,企业只有在对外发生交易的过程中,才能使经济利益流入企业,也才能产生收入。

由收入的定义可知收入具有以下特征:

a.收入是企业在日常交易活动中形成的经济利益流入

日常交易活动,是指企业为完成其经营目标而从事的所有活动以及与其相关的其他活动,比如企业销售商品提供服务或劳务等活动。日常交易活动取得的收入,是指企业在销售商品、提供劳务等主营业务活动中获得的收入以及因他人使用本单位资产而取得的让渡资产使用权的收入。

b.收入会导致企业所有者权益的增加

与收入相关的经济利益的流入会导致所有者权益的增加,不会导致所有者权益增加的经济利益流入不符合收入的定义,不能确认为收入。比如企业向银行借入款项,虽然导致企业经济利益的流入,然而该流入并不导致所有者权益的增加,反而使企业承担了一项现时义务,因此,企业对于因借入款项所导致的经济利益的增加,不应当确认为收入,而应当确认为一项负债。

c.收入只包括本企业经济利益的流入

收入只包括本企业经济利益的流入,不包括为客户或第三者代收的款项和从偶发的交易或事项中产生的经济利益的流入。代收的款项一方面增加了企业的资产,另一方面也增加了企业的负债,因此,不属于本企业的经济利益,不能作为企业的收入。偶发的交易或事项产生的经济利益的流入属于非日常活动所形成的利润,不符合收入的定义,也不能确认为企业的收入。

　　企业收入按照性质的不同可分为商品销售收入、劳务收入和让渡资产使用权等取得的收入；按照日常经营活动在企业所处的地位，收入可分为主营业务收入和其他业务收入。

　　⑤费用

　　费用，是指企业为销售商品、提供劳务等日常活动所发生的经济利益的流出。成本，是指企业为生产产品、提供劳务而发生的各种耗费。企业应合理划分期间费用和成本的界限：期间费用应当直接计入当期的损益；成本应当计入所生产的产品、提供劳务的成本。

　　按照费用的定义，经分析可知费用具有以下特征。

　　a. 费用是企业在日常经营活动中发生的经济利益流出

　　在日常活动中发生的经济利益流出，是指企业为取得收入而发生的所有活动以及与之相关的其他活动产生的经济利益流出，比如在物资采购过程中发生的采购费用，为生产商品所消耗的直接材料费、直接人工费和制造费用，商品销售过程中发生的销售成本以及销售费用，为管理和组织生产发生的管理费用，因使用其他单位资产而支付的租赁费、财务费用等。有些交易或事项虽然也能使经济利益流出企业，比如对外捐赠存货盘亏、固定资产报废损失等，但因其不属于企业的日常经营活动中发生的，故不属于费用而属于支出或者损失。

　　b. 费用会引起所有者权益的减少

　　按照费用与收入的关系，费用可以分为营业成本和期间费用。

　　营业成本是指销售商品、提供劳务或销售材料等业务的成本。营业成本按照其与主营业务收入和其他业务收入的关系，可以分为主营业务成本和其他业务支出（也称为其他业务成本）。主营业务成本是企业在销售商品和提供劳务等日常活动中发生的成本。其他业务支出是除主营业务成本以外的其他销售或其他业务所发生的支出和相关费用等。根据配比性原则，发生的营业成本必须与其对应的收入项目在同一会计期间确认。

　　期间费用包括销售费用管理费用和财务费用。销售费用是指企业在销售商品过程中发生的费用；管理费用是指企业为组织和管理企业生产经营所发生的管理费用；财务费用是指企业为筹集生产经营所需资金等而发生的费用。

　　⑥利润

　　利润，是指企业在一定会计期间内实现的全部收入和利得减去全部费用和损失后的差额。利润是企业在一定会计期间的经营成果，包括利润总额、营业利润和净利润。影响企业利润的因素有营业活动和非营业活动，其中营业活动是主要因素。利润不仅是企业经营的目的和动力，也是考核和比较企业经济效益高低的一个重要经济指标。

　　利润总额，是指营业利润加上补贴收入、营业外收入，减去营业外支出后的金额。营业利润，是指主营业务收入减去主营业务成本和主营业务税金及附加，加上其他业务利润，减去销售费用、管理费用和财务费用后的金额。

　　净利润，是指利润总额减去所得税后的金额。

（2）会计等式

会计要素中所包括的资产、负债、所有者权益、收入、费用和利润是相互联系、相互依存的。这种关系在数量上可以用数学等式加以描述。这种用来解释会计要素之间增减变化及其结果，并保持相互平衡关系的数学表达式称为会计平衡等式，也称为会计等式。

会计等式是我们从事会计核算的基础和提供会计信息的出发点，所以，会计等式又是进行复式记账、试算平衡以及编制财务报表的理论依据，是复式记账的前提和基础。

①资产、负债、所有者权益之间的数量关系

对于一家企业而言，要进行生产经营活动并且获取利润，就一定要拥有相当数额可供支配的资产，而企业的资产最初进入企业的来源渠道主要有两种：一种由债权人提供另一种由所有者提供。既然企业的债权人和所有者为企业提供了全部资产，就必定对企业的资产享有要求权，在会计上这种对企业资产的要求权被总称为权益。其中属于债权人的部分，叫债权人权益，通称为负债；属于所有者的部分，叫所有者权益。由此可见，资产表示企业拥有经济资源的种类和拥有经济资源的数量；权益则表示是谁提供了这些经济资源，并对这些经济资源拥有要求权。资产与权益相辅相成，二者是不可分割的。从数量上看，有一定数额的资产，就一定有对该资产的权益；反之，有一定权益，就一定有体现其权益的资产。世界上不存在无资产的权益，也没有无权益的资产，一家企业的资产总额与权益（负债和所有者权益）总额一定是彼此相等的。这种关系可以用如下等式表示：

$$资产 = 权益$$

$$资产 = 债权人权益 + 所有者权益$$

$$资产 = 负债 + 所有者权益$$

会计等式说明了企业在某一时点上的财务状况，反映了资金运动中有关会计要素之间的数量平衡关系，同时也体现了资金在运动过程中存在分布形态和资金形成渠道两方面之间的相互依存及相互制约的关系。会计等式贯穿于财务会计的始终。

②收入、费用和利润之间的数量关系

收入、费用和利润三个会计要素，在上面的三个要素的数量关系描述中没有被明确地表示出来，然而实际上已体现在该会计等式之中。所有者权益不但会因企业所有者向企业投资或抽资而变动，更主要的是还会随着企业的经营成果（利润或亏损）的变化而变动。企业发生费用标志着资产的减少；企业获得收入则标志着企业资产的增加。若收入大于费用，就会产生利润；若收入小于费用，就会产生亏损。所以，费用的发生，收入的取得，利润的形成，使收入、费用、利润这三个会计要素之间产生了如下相互关系：

$$利润 = 收入 - 费用$$

企业的利润由企业所有者所有，企业的亏损也归所有者承担。企业一定时期得到的收入、支出的费用、形成的利润，是在一段时间内一天天积累起来的，在会计期间的起点与终点之间慢慢形成了一个时间跨度。所以，"利润 = 收入 - 费用"这一会计等式是企业资金运动状态的动态表现形式，因此，这一等式又被称为动态会计等式。这一等式说明，企业在经营过程中取得的利润或发生的亏损，对静态会计等式中的所有者权益数额一定会有部分增加或冲抵。

③会计等式的不同表达形式

上述两个会计等式从不同的角度反映了企业资金运动的方式及结果。从资金运动的动态角度来看，随着企业生产经营活动开展过程中，不断地取得收入和发生支出，经过一定时间后，资金表现为"收入－费用＝利润"的数量关系。它表明资金在企业生产经营过程中发生的耗费、取得的收入和形成的利润，反映了企业在一定时期实现的经营成果。

从资金运动的静态角度来看，在特定时点上表现为"资产＝负债＋所有者权益"的平衡关系。它反映了资金在企业生产经营活动过程中所拥有和控制的经济资源及其来源渠道，同时也反映了企业在一定时点上的财务状况。这两个会计等式只是分别反映了企业资金运动的动态和静态，不具备全面性和综合性。因为企业的资金运动实际上是连续不断的，是动态运动与静态运动相互交替的统一体，这两个会计等式必然存在有机的内在联系。

把上述两个基本会计等式中的会计要素结合起来，就可以得到会计要素间的综合关系等式：

$$资产 ＝ 负债 ＋ 所有者权益 ＋（收入 － 费用）$$

或是

$$资产 ＝ 负债 ＋ 所有者权益 ＋ 利润$$

将等式右边的费用移到与它具有相同性质的资产一侧，就得到了会计要素间的综合关系等式：

$$资产 ＋ 费用 ＝ 负债 ＋ 所有者权益 ＋ 收入$$

上面等式中的费用是资产的使用与耗费所造成的资产的减少；收入是使利润增加的要素，在性质上等于企业资金来源。这一会计等式体现了企业在某个会计期间内净资产的变动状况，是将企业的静态财务状况和动态的经营成果联系在一起的综合成果，它描述了各会计要素之间的内在关系。

企业在每个会计期末结算时，收入与支出项目构成计算利润的项目，利润经过分配后，上述综合等式又回复到起始形式，即

$$资产 ＝ 负债 ＋ 所有者权益$$

④经济业务发生对会计等式的影响

所谓经济业务，就是企业在生产经营过程中从事的各种经营管理活动，这些经营管理活动能够用货币加以表现，因而也被称为会计事项。企业的经济活动种类多样，而且彼此之间差别较大，但总体来说，可以归纳为以下两类：

一是应该办理会计手续，并且可以用货币表示的经济活动，即经济事项，比如企业采购原材料、缴纳税金等；（本节主要介绍的就是这类经济活动）

二是不需要办理会计手续，或是不能用货币表示的经济活动，即非会计事项，比如签订购销经济合同等。

尽管企业的经济活动种类多样，而且彼此之间差别较大，但经济业务发生后都会引起会计要素的增减变化。然而，不管怎样变化，都不会使会计等式的平衡关系发生变化。按照各项经济活动对资产、负债与所有者权益的影响不同，可将其归纳为九种基本情况。

只要发生只涉及资产类或负债和所有者权益类内部项目之间增减变动的经济业务，就不会影响会计等式两边总额的平衡，而且原来的总额也不会发生变化；只要发生涉及资产与负债、所有者权益项目同增或同减的经济业务，就会使等式两边的总额发生同增同减变动，但变动的最终，等式两边的总额仍然相等。可以说，任何一项经济业务的发生，不管引起资产、负债、所有者权益怎样发生增减变动，都不会破坏资产总额与负债和所有者权益总额的平衡关系。

（3）会计科目

①设置会计科目的意义

经济业务的发生必定会引起会计要素发生增减变动。为了系统、全面、分门别类地反映各项经济业务的发生情况及其引起各项会计要素的增减变动及变动结果，从而便于更好地为会计信息使用者和管理当局提供所需要的会计信息，因此要设置会计科目。

所谓会计科目，是指对会计要素的具体内容按其特征和管理上的要求进行分类核算的项目。比如工业企业的各种厂房、机器设备及其他建筑物等的共性就是劳动资料，我们将之归为一类，根据其特点取名为"固定资产"。为了体现和监督负债和所有者权益的增减变化，设置了短期借款、应付账款、长期借款和实收资本、资本公积、盈余公积等科目。为了反映和监督收入、费用和利润的增减变动而设置了主营业务收入、生产成本、本年利润和利润分配等科目。科学地设置会计科目是会计方法体系中非常重要的内容，对会计核算具有重要意义。

通过设置这些会计科目，不仅可以对会计要素具体项目进行分类，更为重要的是它规范了相同类别业务的核算范围、核算内容、核算方法和核算要求。设置会计科目是进行会计核算的一个必需环节，也是设置账户、处理账务所必须遵守的依据和规则，是正确组织会计核算的一个重要条件。

显而易见，假如不对经济业务进行科学分类，并确定其归属，会计核算将会无法进行。设置会计科目，为全面、系统、分类地体现和监督各项经济业务的发生情况，由此引起的各项资产、负债和所有者权益的增减变动情况以及经营收入、经营支出和经营成果创造了条件。

②会计科目的设置原则

要科学地设置会计科目，就必须要按照以下的原则进行。

a.必须全面客观地反映会计对象的内容。设置会计科目时，一定要结合会计对象的特点，全面反映会计对象的内容。会计科目作为对会计工作对象具体内容进行分类核算的项目，其设置一定要结合会计对象的特点，以便分类反映经济业务的发生情况，及其引起的某一会计要素的增减变动和产生的结果，从而更好地为会计信息使用者和管理者提供所需要的会计信息。同时，会计科目的设置要系统、全面地反映会计对象的全部内容，不能有一点儿遗漏。除了设置各行业的共性会计科目以外，还要根据各单位业务特点和会计对象的具体内容设置相应的会计科目。例如，工业企业的经营活动主要是制造工业产品，因此必须设置反映生产耗费、成本计算和生产成果的"生产成本""制造费用""库存商品"等会计科目；零售商业企业采用售价金额核算，因此一定要设置反映商品进价与售价之间差额的"商品进销差价"会计科目；而行政、事业单位则应设置反映经费收支情况的会计科目。

b. 既要保持相对的稳定性，又要有适度的灵活性。会计科目的相对稳定，能使核算资料上下衔接，指标前后可比，便于对比分析和会计检查。但是，相对稳定并非一成不变，而要有适当的灵活性。这里所说的灵活性有以下两方面的含义：

要根据客观经济发展的需要，适时调整会计科目；

要根据企业经济业务繁简的实际，适度增设或合并某些会计科目。比如用实际成本进行材料日常核算的企业，可以不设"材料采购"这一科目，而另外设置"在途物资"科目；低值易耗品，包装物较少的企业，可以将其并入"原材料"科目，以便于简化核算。对于灵活性的这个"度"，要以不影响报表的编报、汇总，也不会影响企业内部管理的需求为前提。

c. 既要符合企业内部经济管理的需要，又要符合对外报告、满足宏观经济管理的要求。会计科目的设置，要满足企业内部财务管理的要求，既要提供资金运动的全部资料，又要根据不同行业或不同环节的特殊性提供对应的资料。如工业企业要设置反映、监督生产过程的一些会计科目，比如"生产成本""制造费用"等。利润的实现和分配，牵扯到国家相关政策的执行和投资者的经济利益，所以，在设置"本年利润"科目以反映利润实现情况时，还要设置"利润分配""应交税费"和其他相关科目，从而反映利润的分配、抵交、提留和及时缴款的情况。

设置会计科目除了要满足企业财务管理的要求外，还必须符合国家宏观管理的要求，以保持统一性，要与财务计划、统计等相关报表指标进行衔接。企业会计核算汇总的数据是企业进行经营预测和作出决策的重要根据，是编制有关报表的基础和前提，应该能从中直接取得数据和有关资料，从而保证提高工作效率和保证报表质量。只有统一的会计科目和报表，才能满足管理层汇总的方便和决策的要求。

d. 既要适应经济业务发展的需要，又要保持相对稳定。会计科目的设置要适应社会主义经济的发展变化和本单位业务发展的需要。比如，随着《知识产权法》的实施，为核算企业拥有的专有技术、专利权、商标权等无形资产的价值及其变动情况，就有必要专门设置"无形资产"科目。再比如，随着社会主义市场经济体制的不断发展和完善，商品交易中因为商业信用而形成债权债务关系的现象越来越普遍，与此相适应，就应该设置反映该类经济业务的会计科目。

为了在不同时期对比分析会计核算所提供的核算指标和在一定范围内综合汇总，会计科目的设置要保持相对稳定，同时还要使核算指标具有可行性。

e.既要保持会计科目总体上的完整性，又要保持会计科目之间的互斥性。会计科目的完整性是指设置的一套会计科目，应该能反映企业所有的经济业务，所有的经济业务都有相应的会计科目来反映，不能有遗漏。会计科目的互斥性是指每个科目核算的内容相互排斥，不同的会计科目不能有相同的核算内容，不然，就会造成会计核算上的不统一。保持会计科目的互斥性是保证会计核算的准确性、统一性以及会计信息可比性的重要前提。

③会计科目分类

各单位设置的会计科目并不是彼此独立的，而应相互联系、相互补充，从而组成一个完整的会计科目体系，用来系统、全面、分门别类地核算和监督会计要素，为经济管理提供一系列的核算指标。为了正确地掌握和使用会计科目，就要对会计科目进行分类。会计科目的分类方法主要有两种：按经济内容分类和按会计科目提供指标的详细程度分类。

a.会计科目按其反映的经济内容分类

根据其反映的经济内容的不同，会计科目可分为资产类、所有者权益类、负债类、成本类和损益类。

（a）资产类科目又分为流动资产、长期投资、固定资产、无形资产及其他资产五种。其中，流动资产包括"现金""银行存款""其他货币资金""短期投资""应收账款""原材料"等会计科目。

（b）所有者权益类科目包括"实收资本""资本公积""盈余公积""本年利润""利润分配"等会计科目。

（c）负债类科目又分为流动负债、长期负债两类。其中，流动负债包括"短期借款""应付票据""应付账款""应交税费"等会计科目。

（d）成本类科目包括"生产成本""制造费用""劳务成本"等会计科目。

（e）损益类科目包括"主营业务收入""主营业务成本""投资收益""销售费用""管理费用"等会计科目。

②会计科目按其提供指标的详细程度分类

按照会计科目提供指标的详细程度，可分为总分类科目和明细分类科目。总分类科目又称为总账科目或一级科目，主要是对会计对象的具体经济内容进行总括分类核算的科目。"固定资产""原材料""实收资本""应付账款"等就是总分类科目。

明细分类科目是对总分类科目核算内容作的进一步分类，它反映着核算指标详细、具体的科目。比如"应付账款"总分类科目下按照具体单位分设明细科目，具体体现应付某个单位的款项。

在实际工作中，总分类科目一般由《企业会计准则指南》和国家统一会计制度规定，明细分类科目则由各单位根据经济管理的实际需要自行规定。假如某一总分类科目所统驭的明细分类科目较多，可以增设二级科目（也称为子目），再在每个二级科目下设置多个明细科目（细目）。二级科目是介于总分类科目和明细分类科目之间的科目。比如，在原材料总分类科目下面按材料的类别设置的"原料及主要材料""燃料""辅助材料"等科目，就是二级科目。

（4）会计账户

①会计账户的概念

会计科目只是对会计要素具体项目进行分类的项目，在进行会计核算的时候，不能用来直接记录经济业务的内容。假如要把企业发生的经济业务全面、系统、连续地反映并记录下来，提供各种会计信息，就必须要有一个记录的载体。这个载体就是按照会计科目所规范的内容而设置的会计账户。通过会计账户中所记录的各种分类数据，就能够生成各种有用的财务信息。

设置并登记会计账户是对会计对象的具体内容进行科学分类、反映、监督的一种方法。企业的每一项经济业务发生都会引起会计要素数量上的增减变化，为了分别反映经济业务引起的会计要素的增减变化，便于为日常管理提供核算资料，就一定要设置账户。比如"原材料"账户，就是用来核算企业材料的收入、发出和结存的数量和金额。通过这个账户，就可以很方便地了解企业原材料购入、发出和结存的情况。

设置会计账户的基本原则与设置会计科目的基本原则是完全相同的。通过设置账户，有助于科学合理地组织会计核算，从而提供管理所必需的会计信息资料，设置账户可以把实物核算与金额核算有机地结合起来，从而有效地控制财产资源。设置科学的账户体系可以全面、系统、综合地核算、反映企业生产经营的全貌。另外，科学地设置账户还便于会计检查和会计分析。

②会计账户的基本结构

要想记录好会计要素的变化情况就一定要设置好账户的结构。经济业务多种多样，但是它引起会计要素数量的变化只有增加和减少两种情况，所以，账户应设置增加栏减少栏，还要设置体现增减变化结果的余额栏。为了全面地反映经济业务的时间、内容、记录依据等情况，还一定要相应地设置日期、摘要、凭证号数等栏次。

综合起来看，账户的基本结构通常应包括下列内容：

a. 账户的名称（即会计科目）；

b. 日期（记录经济业务的时间）；

c. 凭证号数（登记账户的依据）；

d. 摘要（简单说明经济业务的主要内容）；

e. 增加金额；

f. 减少金额；

g. 余额（增减变化后的结果）。

在借贷记账法下，账户的借方和贷方记录经济业务的增减金额。假如贷方记录增加金额，借方就记录减少金额；假如借方记录增加金额，贷方就记录减少金额。具体哪方记录增加，哪方记录减少就要看账户的性质。有关借贷记账法的详细内容，此处不再赘述。

在教学及工作实践中，为了便于说明问题，可以将账户结构简化成"T"字型，只保留记录金额的两栏，其他栏都省略掉，将增减相抵后的余额写在下面。这种简化后的账户称为"T字账"或"丁字账"。

借贷记账法下的账户，其左方称为"借方"，右方称为"贷方"。至于到底是哪一方登记增加数、哪一方登记减少数，则需要依据经济业务的内容和会计账户的性质而定。

因为会计期间的划分，我们把每个账户在某个时期内（月、季、年）因经济活动引起的增减金额称为本期发生额，其中，把因经济活动引起的减少金额称为本期减少发生额（又称为本期减少额）；反之，把因经济活动引起的增加金额称为本期增加发生额（又称为本期增加额）。本期减少发生额与本期增加发生额两者相抵后的差额加上期初余额称为期末余额。另外，因为企业的经营活动是一期接一期连续不断进行的，所以，这一会计期间的期末必定是下一会计期间的期初。因此，本期期末余额也就是下一会计期间的期初余额。

期初余额、本期减少发生额、本期增加发生额和期末余额这四项金额之间的相互关系可以用如下公式表述：

期初余额－本期减少发生额＋本期增加发生额＝期末余额

比如，某企业 5 月份"原材料"账户期初余额为 40 万元，本月购进 60 万元，本月领用 70 万元，那么该企业 5 月末"原材料"账户的期末余额为：

期末余额＝期初余额 40 万元－本期减少额 70 万元＋本期增加额 60 万元 =30 万元

这 30 万元既是 5 月份的期末余额，也是 6 月份的期初余额。

③会计科目与会计账户的关系

会计科目与会计账户是两个不同的概念，不能加以混淆。这两者之间既有联系又有区别。

a. 会计科目与会计账户的联系

会计科目和会计账户用于分门别类地反映企业资金变化的经济内容，会计账户是根据会计科目来设置的，会计科目的名称就是会计账户名称，会计科目规定的核算内容就是会计账户应记录反映的内容。在实际工作过程中，会计科目和会计账户往往是互相通用的。

b. 会计科目与会计账户的区别

会计科目是对会计核算对象的具体内容进行分类核算的项目，只有分类的名称，没有一定的格式，不能把发生的经济业务全面、连续、系统地记录下来；而会计账户不仅有名称，而且有一定的结构（格式），能把发生的经济业务系统地记录下来，具有反映和监督资金增减变化的独特作用。

（二）账户按经济内容分类

所谓账户的经济内容，就是指账户反映会计对象的具体内容。账户按照经济内容分类，就是按照账户所表现的会计对象的具体内容进行分类。在这种分类方法下，账户之间最本质的区别在于其反映经济内容的不同。按照经济内容分类是对账户最基本的分类。企业会计对象的具体内容分为资产、负债、所有者权益收入、费用、利润六大要素。与之相对应，企业的账户按照经济内容可分为资产类账户、负债类账户、所有者权益类账户、收入类账户、费用类账户和利润类账户六大类。

要注意的是，企业在一定期间内的利润经过分配之后，除了分配给投资者的利润要退出企业外，企业按照规定提取的盈余公积和未分配利润仍然留在企业，最终要归属于企业所有者权益。所以，账户按照经济内容分类，要把"本年利润""盈余公积""利润分配"账户划归到所有者权益类账户。

另外，很多企业特别是加工、制造企业，为了进行产品成本计算，还需要专门设置用于核算成本的账户。企业在一定时期内所获得的收入和发生的费用，最终都要体现在当期损益中，因此也可以把核算内容与损益计算相关的收入、费用类账户划归为一类，也就是损益类账户。

1. 资产类账户

资产类账户是用来揭示企业资产的增减变动及结果的账户。根据资产流动性的不同，资产类账户又可以分为两类，即反映流动资产的账户、反映非流动资产的账户。反映流动资产的账户，主要包括"库存现金""银行存款""应收票据""应收账款""其他应收款""库存商品""原材料"等账户。

反映非流动资产的账户，主要有"固定资产""累计折旧""在建工程""长期股权投资""长期应收款""无形资产"账户。固定资产反映固定资产的原始价值，累计折旧则反映固定资产的累计损耗价值。

2. 负债类账户

负债类账户是用来揭示企业负债增减变动及结存情况的账户。负债账户根据偿还期限的长短及其流动性的不同分为两类，即反映流动负债的账户、反映非流动负债的账户。

反映流动负债的账户，主要包括"短期借款""应付账款""应付职工薪酬""应交税费""预收账款""应付股利""应付利息""其他应付款"等账户。反映非流动负债的账户，比如"长期借款""应付债券""长期应付款"等账户。

3. 所有者权益类账户

所有者权益类账户是用来反映所有者权益增减变动情况及其结果的账户。所有者权益账户按照其来源的不同，也可以分为两类，即所有者投入的资本和经营积累。

反映所有者投入资本的账户，如"实收资本"账户。

反映经营积累的账户，主要包括"盈余公积""资本公积"等账户。

4. 成本类账户

成本类账户是用来揭示和监督企业在生产经营过程中某一阶段发生的费用，并且计算该阶段成本的账户。按照成本发生在经营过程中阶段的不同可以分为两类，即购买过程成本的成本计算账户和生产过程成本的成本计算账户等。

购买过程成本的成本计算账户，是用来归集材料购买过程中的费用，并计算材料采购成本的账户，比如"材料采购"账户。

生产过程成本的成本计算账户，是用来归集产品生产过程中发生的全部费用，并计算产品生产成本的账户，比如"生产成本""制造费用"账户。

5.损益类账户

损益类账户是与损益计算直接相关的账户，其核算对象主要是企业的收入和费用，这些账户按照其与损益组成的关系可分为三类，即揭示营业损益的账户、揭示营业外收支的账户、揭示所得税费用的账户。

揭示营业损益的账户，比如"主营业务收入""主营业务成本""其他业务收入""其他业务成本""销售费用""管理费用""财务费用"等账户。

揭示营业外收支的账户，有"营业外收入""营业外支出"账户。

揭示所得税费用的账户，有"所得税费用"账户。

上面列举的工业企业的账户，按照其经济内容的分类，可用表7-1表示。

表7-1 账户按照经济内容的分类

账户按照经济内容分类	资产类账户	揭示流动资产的账户	库存现金、银行存款应收票据，应收账款、其他应收款、原材料、库存商品等
		揭示非流动资产的账户	固定资产、累计折旧、在建工程、长期股权投资、长期应收款、无形资产等
	负债类账户	揭示流动负债的账户	短期借款、应付账款、应付职工薪酬、应交税费、预收账款、应付股利、应付利息、其他应付款等
		揭示非流动负债的账户	长期借款、应付债券、长期应付款等
	所有者权益类账户	揭示所有者投资的账户	实收资本等
		揭示经营积累的账户	盈余公积、资本公积等
	成本类账户	揭示材料采购成本的账户	材料采购等
		揭示产品生产成本的账户	生产成本、制造费用等
	损益类账户	揭示营业损益的账户	主营业务收入、主营业务成本、其他业务收入、其他业务成本、销售费用、管理费用、财务费用等
		揭示营业外收支的账户	营业外收入、营业外支出等
		揭示所得税费用的账户	所得税费用等

（三）账户按用途和结构分类

1.账户的用途和结构的含义

账户按照会计要素分类，可为账户的设置与运用奠定基础。然而，账户按照会计要素分类，并不能确定在何种情况下使用何种账户，即不能明确账户的用途是什么；与此同时，也没有明确怎样使用各类账户，怎样提供经营管理所需要的各项指标及各类账户的基本结构、内容，即不能明确账户的结构是怎样的。所以，为了正确地运用账户来记录经济业务，掌握账户在提供核算指标方面的规律性，必须在账户按照会计要素分类的基础上，再进一步对账户按照用途和结构进行分类。

账户的用途即设置和运用账户的目的，是指通过账户的记录能够提供哪些会计核算指标。

账户的结构是指在账户中如何记录经济业务，怎样取得所需的会计核算资料，即账户的借方登记什么，贷方登记什么，期末账户有无余额，在通常情况下余额在哪一方，描述怎样的经济内容。

账户的用途和结构是否相同，往往取决于账户的性质。

2.账户按用途和结构分类

现在以工业企业常用的账户为例来说明各类账户的用途、结构及其基本特点。

（1）盘存类账户

盘存类账户是指用来核算那些能够盘点其数量，从而确定其金额的物资、财产和货币资产增减变动及其结存的账户。

盘存类账户的用途，是可以提供与物资、财产、货币资产的实存数额相互核对的期末账面结存额；可通过财产清查或对账的办法，来检查账面结存数是否与实存数相符，检查物资财产在经营管理上可能存在的问题。

盘存类账户的借方登记各项货币资金和物资财产的增加数，贷方登记各项货币资金和实物资产的减少数，期末余额都是在借方，表明期末各项货币资金和实物资产的结存数额。盘存类账户的结构如表7-2所示。

表7-2　盘存类账户

借方＿＿＿＿＿＿＿＿＿＿＿　　盘算账户＿＿＿＿＿＿＿＿＿＿　　贷方＿＿＿＿＿＿＿＿＿＿

期初余额：物资财产或货币资金的期初结存数 发生额：物资财产或货币资金的增加数	发生额：物资财产或货币资金的减少数
期末余额：物资财产或货币资金的期末结存数	

盘存类账户有如下特点：

①所有账户都可以通过定期或不定期的实物盘点和核对账目来检查账户记录是否准确，账实是否相符。

②在各项物资财产和货币资产有结存的情况下，揭示各项物资财产和货币资产的账户期末就应该在借方。不但总分类账户余额在借方，而且明细分类账户的余额也在借方。假如出现贷方余额，就表明物资财产或货币资产在收发保管或是账务处理上存在着问题。

③该类账户中揭示物资财产的账户在进行明细分类核算的时候，除了"库存现金""银行存款"等账户外，其他盘存类账户比如"固定资产""原材料""库存商品"等账户，

不但要用货币计量，还需兼用实物计量。

　　属于盘存类账户的主要有"银行存款""库存现金""固定资产""原材料""库存商品"等账户。

　　（2）资本类账户

　　资本类账户，又称为投资权益类账户或是所有者权益账户，主要用来核算企业资本金的增减变动及其实有数额。这类账户揭示的内容通常是投资者的权益，不仅包括投资者的原始投入，还包括在经营过程中形成的归投资者享有的权益。

　　此类账户的贷方登记企业投资者投入的资本金以及形成的盈余积累资本的增加数，借方登记其减少数，期末余额总在贷方，表明投资者投入的资本金及盈余积累资本的实有数额。资本类账户的结构如表 7-3 所示。

表 7-3　资本类账户

借方＿＿＿＿＿＿＿＿　　投资权益账户＿＿＿＿＿＿＿　　贷方＿＿＿＿＿＿＿

发生额：本期资本金的减少数	期初余额：原始资本金实有数 发生额：本期资本金的增加数
	期末余额：资本金的期末实有数

　　资本类账户的特点如下：

　　①由于资本类账户揭示了企业投资人对企业净资产的所有权，所以，该类账户不论是总分类核算还是明细分类核算，都只需用（而且一定要运用统一的）货币计量，以说明资本规模及其增减变化。

　　②由于该类账户揭示企业从外部取得的投资或内部形成的积累，所以，在生产经营期间，揭示外部投资的账户一定有贷方余额，揭示企业内部形成的资本积累的账户有时可能出现贷方无余额的情况。但无论是揭示外部投资还是内部积累的账户，都不会出现借方余额；否则就说明所有者权益受到侵犯或者账务处理上有错误。

　　属于资本类账户的主要有"实收资本""资本公积""盈余公积"等账户。

　　（3）结算类账户

　　结算类账户是用来揭示和监督企业同其他单位或个人之间债务、债权结算情况的账户。结算业务性质的不同，决定了不同结算类账户具有不同的作用和结构。

　　结算类账户的共同作用，是核算应收、应付款项的增减变动情况，促使企业及时催收应收款项，及时偿付应付款项，准确确定企业债务、债权数额。根据账户的具体作用和结构，结算类账户可分为负债结算类账户、资产结算类账户和资产负债结算类账户三类。

　　①负债结算类账户，又称为债务结算类账户。它是用来核算企业同各个债权单位或个人之间的结算业务的账户，即核算各种应付或预收款项的账户。负债结算类账户的贷方登记本期借入款项、应付款项或预收款项的增加数，借方登记本期借入款项、应付款项或预收款项的减少数。负债结算类账户假如有余额，在贷方，表示结欠的借入款项、应付款项

或尚未结算的预收款项的实有数。负债结算类账户的结构如表 7-4 所示。

表 7-4　负债结算类账户

借方　　　　　　　　　负债结算类账户　　　　　　　　贷方	
发生额：借入款项、应付账款或预收账款的减少数	期初余额：期初借入款项、应付账款或预收账款的结存数 发生额：借入款项、应付账款或预收账款的增加数
	期末余额：借入款项、应付账款或预收账款的结存数

属于负债结算类账户的主要有"应付账款""预收账款""短期借款""长期借款""应付职工薪酬""应交税费""应付利润""其他应付款"等账户。

②资产结算类账户，又称为债权结算类账户，与负债结算账户正相反，是用来揭示和监督企业同各债务单位或个人之间的债权结算业务的账户，即核算各种应收或预付款项的账户。这类账户的借方登记各种应收款项或预付款项的增加数额，贷方登记其减少数额，余额一般在借方，表示还没有收回的应收款项或还没有结算的预付款项等债权的实有数额。资产结算类账户的结构如表 7-5 所示。

表 7-5　资产结算类账户

借方　　　　　　　　　资产结算类账户　　　　　　　　贷方	
期初余额：尚未结算的应收账款期初结存数 发生额：本期应收账款及预付账款增加数	发生额：本期应收账款或预付账款的减少数
期末余额：尚未收回的应收款或预付款的期末结存数	

属于资产结算账户的主要有"应收账款""应收票据""预付账款""其他应收款"等账户。

③资产负债结算类账户，又称为债权债务结算类账户，这类账户不仅揭示了债权结算业务，而且揭示了债务结算业务，是双重性质的结算账户，主要用来揭示企业同其他单位或个人之间的往来结算款项。此类账户的借方既登记债权的增加，又登记债务的减少；贷方既登记债务的增加，又登记债权的减少；余额在借方，表示还没有收回的应收款项；余额在贷方，表示还没有偿付的应付款项。资产负债结算类账户的结构如表 7-6 所示。

表 7-6　资产负债结算类账户

借方　　　　　　　　资产负债结算类账户　　　　　　贷方	
期初余额：期初应收款项大于应付款项的差额 发生额：（1）本期应收款项的增加数（2）本期应付账款的减少数	期初余额：期初应收款项小于应付款项的差额 发生额：（1）本期应收款项的减少数（2）本期应付账款的增加数
期末余额：应收款项大于应付款项的总额	期末余额：应收款项小于应付款项的总额

在经济活动中，企业经常会与某些单位有业务往来。这些单位和个人有时是企业的债权人，有时又是企业的债务人。换句话说，企业与该单位相互发生债权、债务关系，因而会导致双方债权人债务人的地位经常转换。为集中揭示企业与这类单位或个人之间发生的

债权与债务结算情况，在会计实务活动中，可设置一个账户核算某一单位或个人款项增减变动及其余额的情况，从而简化核算手续。在会计实务中，假如企业不单独设置"预收账款"账户，而用"应收账款"账户同时核算监督企业应收账款和预收账款的增减变动情况和结果，那么此时的"应收账款"账户就是一个债权债务类账户；假如企业不单独设置"预付账款"账户，而是用"应付账款"账户同时核算监督企业应付账款和预付账款的增减变动情况及结果，那么此时的"应付账款"账户就是一个债权债务类账户。

（4）集合分配类账户

集合分配类账户主要用来归集和分配企业生产经营过程中某个阶段所发生的各种费用，揭示和监督相关费用计划的执行情况和费用分配情况。企业在生产经营过程中发生的一些应该由各个成本计算对象共同负担的间接费用，不能直接计入某个成本计算对象，而要首先通过集合分配账户进行归集，然后再按照一定的标准进行分配，计入各个成本计算对象。企业可通过集合分配类账户来核算和监督有关费用计划的执行情况和分配情况，加强间接费用的管理，正确确定产品的生产成本。

集合分配类账户的基本结构是：借方登记各种费用的发生数，贷方登记按照一定标准分配到各个成本计算对象的费用分配数。除了季节性生产的企业之外，这类账户借方归集的费用通常在当期的期末都全部分配到各个成本计算对象中，因此集合分配类账户往往在期末没有余额。集合分配类账户的基本结构如表 7-7 所示。

表 7-7　集合分配类账户

借方＿＿＿＿＿＿＿　　集合分配类账户＿＿＿＿＿＿　　贷方＿＿＿＿＿＿

发生额：汇总归集某项成本或费用的本期发生额	发生额：期终按照一定标准分配给受益产品的数额

集合分配类账户的特点如下：

①由于该类账户归集的成本费用通常要在期末时全部分配到各个受益对象中，所以，费用经过分配结转后，该账户通常没有余额；

②为了考核费用的发生情况，该账户通常要分项目进行明细分类核算；

③集合分配类账户所归集和分配的费用是揭示经营过程耗费的综合性信息，因此这类账户只需要提供货币信息。

属于集合分配类账户的主要有"制造费用"账户等。

（5）跨期摊提类账户

跨期摊提类账户是指根据权责发生制的要求，核算应该由各个会计期间共同摊提的费用，并把这些费用在各会计期间摊配或预提的账户。该账户设置的目的在于根据配比原则和权责发生制原则，合理地划清费用的收益期限，将应该由几个会计期间共同负担的产品生产成本或期间费用，合理分配到各个受益期中，以便于正确地计算各期产品成本和期间费用。该类账户有"长期待摊费用"账户等。"长期待摊费用"账户属于资产类账户。在结构上，其借方登记费用的支出额或发生数额，贷方登记应该由各会计期间产品成本或期间费用负担的费用摊配数额，借方余额反映出已经支付或已经发生但还没有摊配的数额。跨期摊提类账户结构如表 7-8 所示。

表 7-8　跨期摊提类账户

借方＿＿＿＿＿＿＿＿＿　跨期摊提类账户＿＿＿＿＿＿＿＿　贷方＿＿＿＿＿＿

期初余额：以前支付但应由本期或以后各期产品成本负担的费用数额 发生额：本期支付但应由本期或以后各期产品成本负担的费用数额	发生额：按照一定标准分配应由本期成本负担的费用数额
期末余额：在本期和以前各期支付但应计入以后各期产品成本的费用数额	

跨期摊提类账户的特点如下：

①费用由相连的许多会计期间共同负担，借方登记的是费用的实际支出数，贷方登记的是分摊或提取数；

②当实际支出的费用摊配完毕后，这类账户应该没有余额。

（6）成本计算类账户

成本计算类账户用来揭示和监督企业生产经营过程中某一阶段所发生的应该计入成本的全部费用，并确定各成本计算对象的实际成本。

成本计算类账户的借方登记应该计入成本的所有费用，包括直接计入各个成本计算对象的费用和按照一定标准分配计入各个成本计算对象的费用；贷方登记转出的已经完成某一过程的成本计算对象的实际成本。成本计算类账户期末余额在借方，表示还没有完成某一过程的成本计算对象的实际成本。

成本计算类账户的结构如表 7-9 所示。

表 7-9　成本计算类账户

借方＿＿＿＿＿＿＿＿＿　成本计算类账户＿＿＿＿＿＿＿＿　贷方＿＿＿＿＿＿

期初余额：尚未完成生产经营过程的成本计算对象的实际成本 发生额：汇集生产经营过程发生的全部费用数额	发生额：分配转出已完成生产过程的成本计算对象的实际生产成本
期初余额：尚未完工的在产品的实际生产成本	

成本计算类账户的特点如下：

①根据成本计算对象设置明细分类账；

②假如成本计算对象本期全部完工，则期末没有余额，假如成本计算对象只部分完工，期末就有余额。

属于成本计算类账户的主要有"生产成本""材料采购""在建工程"等账户。

（7）财务成果类账户

财务成果类账户主要用来核算企业在一定时期（月份、季度年度）内全部生产经营活动的最终财务成果，即利润或亏损情况。财务成果类账户可以分为财务成果形成过程类账户和财务成果计算类账户。

①财务成果形成过程类账户

财务成果形成过程类账户是主要用来核算企业一定时期内财务成果形成的账户。这类账户的作用是全面揭示和监督企业在一定时期内所获得的各种收入、发生的各种费用、支出的增减变动情况和结转"本年利润"账户的数额。这类账户主要包括收入类账户和费用类账户。这些账户尽管性质不同，但从平常所登记的内容看其结构都有相同之处，即贷方登记引起财务成果增加的数额，借方登记引起其财务成果减少的数额，期末应把账户的借贷方差额转入"本年利润"账户，结转后没有余额。

a. 收入类账户主要用来揭示和监督企业在一定会计期间内所获得的各种收入，借方登记本期收入的减少额和期末转入"本年利润"账户贷方的数额，贷方登记本期收入的增加额，期末结转后收入类账户没有余额。收入类账户基本结构如表 7-10 所示。

表 7-10　收入类账户

借方＿＿＿＿＿＿＿＿　　收入类账户＿＿＿＿＿＿＿＿　　贷方＿＿＿＿＿＿＿＿

发生额：期末转入"本年利润"账户的合计	发生额：本期发生并确认的收入合计

常见的收入类账户主要有"主营业务收入"账户、"其他业务收入"账户等。

b. 费用类账户是用来揭示和监督企业在一定会计期间内所发生的应计入当期损益的各种费用的账户。该类账户的借方登记本期费用支出的增加数额，贷方登记本期费用支出的减少数额和期末转入本年利润账户借方的费用数额，期末结转后费用账户无余额。费用类账户基本结构如表 7-11 所示。

表 7-11　费用类账户

借方＿＿＿＿＿＿＿＿　　费用类账户＿＿＿＿＿＿＿＿　　贷方＿＿＿＿＿＿＿＿

发生额：本期发生并确认的费用合计	发生额：期末转入"本年利润"账户的合计

常见的费用类账户主要有"主营业务成本""财务费用""管理费用""营业税金及附加""销售费用""营业外支出""所得税费用"账户等。

②财务成果计算类账户

财务成果计算类账户是用来计算并确定企业在一定时期（月份、季度、年度）内全部生产经营活动最终财务成果的账户。

该类账户的基本结构是：借方登记在一定时期内发生的、从费用账户转入的各种费用数额；贷方登记在一定时期内发生的、从收入账户转入的各种收入数额；期末时借贷双方相抵的计算结果，假如是贷方余额就表明收入大于费用的差额，也就是企业实现的利润数额，如为借方余额就表明收入小于费用的差额，也就是企业发生的亏损数额。年末，本年实现的利润或发生的亏损都要结转记入利润分配账户，结转以后财务成果账户没有余额。可见，此类账户在年度中间，账户的余额不管是实现的利润还是发生的亏损都不转账，而要一直保留在这个账户内，其目的是提供本期累计实现的利润或累计发生的亏损。所以，年度中间，该账户有余额且既可能在贷方也可能在借方。年终结转时，要把本年实现的利润或发生的亏损，从本年利润账户转入利润分配账户，所以年末结转以后，该账户无余额。财务成果计算类账户的基本结构如表 7-12 所示。

表 7-12 财务成果类账户

借方　　　　　　　财务成果类账户　　　　　　　贷方	
发生额：从各费用账户转入数额	发生额：从各收入账户转入数额
期末余额：本年发生的亏损数	期末余额：本年实现的利润总额

财务成果计算类账户的特点如下：

a.年度内各期期末都有余额，借方余额为累计亏损，贷方余额为累计净利润。年度终了，因为企业要把本年实现的净利润或亏损总额全部转入"利润分配"账户中，所以，年末本账户无余额。

b.无论总分类账或明细分类账，都只提供货币信息。

"本年利润"账户属于财务成果计算类账户。

（8）计价对比类账户

计价对比类账户是对某项经济业务根据两种不同的计价标准进行对比，从而确定其业务成果的账户。

该类账户的基本结构是，借方按照一种计价标准登记其数额，贷方按照另一种计价标准登记其数额，然后把借贷双方的发生额进行对比就可以确定其业务成果。计价对比类账户的基本结构如表 7-13 所示。

表 7-13 计价对比类账户

借方　　　　　　　计价对比类账户　　　　　　　贷方	
发生额：（1）某项经济业务按照一种计价标准核算标准（2）该账户贷方大于借方的差额数	发生额：（1）某项经济业务按照另一种计价核算的金额（2）该账户贷方小于借方的差额数

计价对比类账户的特点如下：

①此类账户的借方按照一种价格标准计价，其贷方按照另一种价格标准计价；

②此类账户具有明显的过渡性质。

计价对比类账户主要有"固定资产清理""材料采购"（按照计划成本核算）"生产成本"账户等。

（9）调整类账户

在会计核算过程中，由于管理上的需要或其他原因，对于某些会计要素，要求用两种数字从不同的方面进行揭示。在此情况下，就必须设置两个账户，一个用来反映原始数字，另一个用来揭示对原始数字进行调整后的数字。把原始数字与调整数字相加或相减，就可以得出调整后的实际数字。

调整类账户是用来调整相关账户的账面余额，以反映相关账户实际余额的账户。调整类账户依赖于被调整类账户而存在，两者核算的内容相同，但是用途和结构不同：调整类账户反映调整数额，被调整类账户反映原始数据。调整类账户与被调整类账户结合起来，才能确定某项资产、负债或所有者权益的实有数额。不但有资产性质的调整类账户，也有权益性质的调整类账户，还有共同性质的调整类账户。调整类账户根据调整方式又可分为附加类账户、抵减类账户和抵减附加类账户三种。

①附加类账户

附加类账户是用来增加被调整类账户的余额，以求得被调整类账户实际余额的账户。调整类账户与被调整类账户之间的计算公式为：

被调整类账户的余额 + 调整类账户的余额 = 被调整类账户的实际数额

常用的附加类账户有"材料采购"等。

②抵减类账户

抵减类账户，也称备抵类账户，是用来抵减被调整类账户的余额，以求得被调整类账户的实际余额的账户。抵减类账户的余额与被调整类账户的余额一定要方向相反。调整类账户与被调整类账户之间的计算公式为：

被调整类账户的余额 − 调整类账户的余额 = 被调整类账户的实际数额

根据被调整类账户的性质，抵减类账户又可分资产性质的抵减类账户和权益性质的抵减类账户两种。

a. 资产性质的抵减类账户是用来抵减某一资产类账户（被调整类账户）的余额，以求得该资产的实际数额的账户。

常用的资产性质的抵减类账户主要有："坏账准备"账户，是"应收账款"账户的调整账户；"累计折旧""固定资产减值准备"账户，是"固定资产"账户的调整账户；"累计摊销"账户，是"无形资产"账户的调整账户；"存货跌价准备"，是存货类账户的调整账户；"长期股权投资减值准备"账户，是"长期股权投资"账户的调整账户。

b. 权益性质的抵减类账户是用来抵减某一权益类账户（被调整类账户）的余额，以求得该权益类账户的实际余额的账户。

常见的权益性质的抵减类账户有"利润分配"账户，是"本年利润"账户的抵减账户。

③抵减附加类账户

抵减附加类账户是既用来抵减又用来增加被调整类账户的余额，以求得被调整类账户的实际余额的账户。抵减附加类账户具有抵减类账户和附加类账户的双重作用。当其余额与被调整类账户余额在相同方向的时候，它所起的是附加类账户的作用，其调整方式与附加类账户相同；当其余额与被调整类账户的余额在相反方向的时候，它所起的是抵减类账户的作用，其调整的方式与抵减类账户相同。调整类账户与被调整类账户之间的计算公式为：

被调整类账户的余额 ± 调整类账户的余额 = 被调整类账户的实际数额

在实际工作中常用的抵减附加类账户主要有"材料成本差异""商品进销差价"。

账户按照用途和结构分类，如表 7-14 所示。

表 7-14　账户按照用途和结构的分类

账户按照用途和结构分类	盘存类账户		库存现金银行存款、原材料、库存商品，固定资产等
	结算类账户	资产结算类账户	应收账款、预付账款、其他应收款等
		负债结算类账户	应付利息、应付账款、短期借款、应付职工薪酬、应交税费、其他应付款
		资产负债结算类账户	其他往来、衍生工具、套期工具、被套期项目等
	资本类账户		实收资本等
	集合分配类账户		制造费用等
	成本计算账户		材料采购、生产成本，在建工程等
	跨期摊提账户		长期待摊费用等
	财务成果类账户	财务成果形成过程类账户 · 收入类账户	主营业务收入、其他业务收入、营业外收入等
		财务成果形成过程类账户 · 费用类账户	主营业务成本、营业税金及附加、管理费用、财务费用、销售费用、其他业务成本等
		财务成果计算类账户	本年利润等
	计价对比类账户		材料采购、生产成本、固定资产清理
	调整类账户	抵减类账户 · 资产性质抵减类账户	坏账准备、存货跌价准备、固定资产减值、累计折旧、累计摊销、长期股权、投资减值准备等
		抵减类账户 · 权益抵减账户	利润分配等
		附加类账户	材料采购等
		抵减附加类账户	材料成本差异、商品进销差价等

（四）账户的其他分类方法

账户除了按照上述标准进行分类之外，还可以按照列入会计报表分类、按照提供指标的详细程度分类、按照有无期末余额分类，等等。

1.账户按照列入会计报表分类

账户按照列入会计报表分类，可分为资产负债表账户和利润表账户。

（1）资产负债表账户

资产负债表账户是指所提供的资料是编制资产负债表依据的账户。资产负债表账户包括资产类、负债类和所有者权益三类，分别与资产负债表中"资产""负债""所有者权益"这三类项目相对应。比如"生产成本"账户期末有借方余额表示在产品，也应列入资产负债表。

（2）利润表账户

利润表账户是指所提供的资料是编制利润表依据的账户。利润表账户包括收入类和费用类两类，这些账户是根据利润表的项目设置的。研究账户按照列入会计报表的分类，目的在于通过这些账户的具体核算，提供期末编制会计报表所需要的数据资料。

2.账户按照提供指标的详细程度分类

账户按照提供指标的详细程度分类，分为总分类账户和明细分类账户。

（1）总分类账户

总分类账户是对企业经济活动的具体内容进行总括核算，提供总括核算指标的账户。本章前述账户均为总分类账户，也称总账账户、一级账户。在我国，为了保证会计核算指标口径一致，并具有可比性，保证会计核算资料能够进行综合汇总，对总分类账户的名称、核算内容及具体使用方法目前是由《企业会计准则应用指南》或国家统一会计制度规定。

（2）明细分类账户

明细分类账户是对企业某一类经济业务进行明细核算提供详细核算指标的账户，明细分类账户对其总分类账户起着补充和辅助说明的作用。

在会计核算过程中，并非所有的总分类账户都需要开设明细分类账户。明细分类账户是依据企业经济业务的具体内容设置的，它所提供的明细核算资料是为了满足企业内部经营管理的需要。

研究账户按照提供指标的详细程度分类，目的在于掌握各级账户提供核算指标的规律性，以便于正确地运用各级账户，提供全面的核算指标，以满足经营管理的不同需要。

3.账户按照期末余额分类

账户按照期末余额分类，可分为虚账户和实账户。

（1）虚账户

通常把期末无余额的账户称为虚账户，虚账户的发生额反映了企业的损益情况，它是编制利润表的依据。期末无余额账户是指期末结账时，把本期汇集的借（贷）方发生额分别从相反的方向贷（借）方转出，结转后期末没有余额的账户。收入类和费用类账户均为期末没有余额的账户。

研究账户按照期末余额分类，目的在于掌握账户期末余额代表的内容及期末余额结转的规律性，以便正确地组织会计核算。

（2）实账户

通常把期末有余额的账户称为实账户。实账户的期末余额代表着企业的资产、负债或所有者权益。它是编制资产负债表的依据。

实账户按照期末余额的方向分类，又可分为借方余额账户和贷方余额账户。借方余额账户是指账户的借方发生额反映增加数，贷方发生额反映减少数，期末余额一定在借方的账户。资产类账户一般都是借方余额。贷方余额账户是指账户的贷方发生额反映增加数，借方发生额反映减少数，期末余额一定在贷方的账户。负债类和所有者权益类账户的期末余额一般都在贷方。

研究账户的分类，揭示账户的特征，可以加深对账户的认识，探明设置和运用账户的规律性。账户分类的标准是依据账户具有的一些特征来确定的，每个账户都具有多个特征，所以，每一个账户都可以按照不同的标准进行分类。比如"原材料"账户，从经济内容上来看，它属于资产类账户，体现企业在生产经营过程中必不可少的流动资产；从用途和结构上来看，它属于盘存类账户，其借方登记材料的增加数，贷方登记材料的减少数，余额在借方，反映实际库存材料；从提供指标的详细程度上来看，它属于总分类账户，总括地反映企业材料的增减变动及库存情况；从列入会计报表上来看，它属于资产负债表账户，账户的期末余额作为企业资产的一部分列入资产负债表中；从期末余额来看，它属于实账户，属于借方余额账户，反映企业库存材料的实际价值。

第三节　资本公积和其他综合收益

一、资本公积

资本公积是指企业收到的投资者出资金额超出其在注册资本（或股本）中所占份额的部分以及其他资本公积。资本公积是所有者权益的组成部分，它虽然不构成实收资本，但就其实质来看，可以视为一种准资本，是资本的一种储备形式。其主要用途就是根据企业经营、发展的需要，通过履行一定的法定程序后转增资本。资本公积包括资本（或股本）溢价和其他资本公积等。

为了核算和监督资本公积的增减变动情况，企业应设置"资本公积"账户。该账户属于所有者权益类，贷方登记因投资者资本溢价（或股本溢价）、其他原因而增加的资本，借方登记资本公积的减少数；若期末贷方余额，则反映资本公积的结余数。该账户应当分别设置"资本公积——资本溢价/股本溢价""资本公积——其他资本公积"进行明细核算。

1.资本公积的形成

（1）资本溢价

资本溢价是指一般企业的投资者的实际出资额超出其在企业注册资本中所占份额的金额，其形成资本溢价的原因是新投资者超额缴入资本。

（2）股本溢价

股本溢价是指股份有限公司溢价发行股票时实际收到的股票款超出股票面值的金额。股份有限公司是以发行股票的方式筹集股本的，与一般企业不同，股份有限公司在新设立时可能溢价发行股票，因而在成立之初，就可能会产生股本溢价。股本溢价的金额等于股份有限公司发行股票时实际收到的款项与股票面值总额的部分。

股份有限公司在采用溢价发行股票的情况下，按实际收到投资者投入货币的金额，借记"银行存款"等账户；按股票面值和核定的股份总额的乘积计算的金额，贷记"股本"账户；超出面值的作为股本溢价，贷记"资本公积——股本溢价"账户。

在按面值发行股票的情况下，企业发行股票取得的收入，应全部作为（股本）处理；在溢价发行股票的情况下，企业发行股票取得的收入等于股票面值部分作为股本处理，超出股票面值的溢价收入应作为（股本溢价）处理。

注意：发行股票相关的手续费、佣金等交易费用，如果是溢价发行股票的，应从溢价中抵扣，冲减资本公积（股本溢价）；无溢价发行股票或溢价金额不足以抵扣的，应将不足抵扣的部分冲减盈余公积和未分配利润。

（3）其他资本公积

其他资本公积是指除资本溢价（或股本溢价）、净损益、其他综合收益和利润分配以外所有者权益的其他变动。比如，企业的长期股权投资采用权益法核算时，因被投资单位除净损益、其他综合收益以及利润分配以外的所有者权益的其他变动（主要包括被投资单位接受其他股东的资本性投入、被投资单位发行可分离交易的可转债中包含的权益成分、以权益结算的股份支付、其他股东对被投资单位增资导致投资方持股比例变动等），投资企业按应享有份额而增加或减少的资本公积，直接记入投资方所有者权益（资本公积——其他资本公积）。

企业根据国家有关规定实行股权激励的，如果在等待期内取消了授予的权益工具，企业应在进行权益工具加速行权处理时，将剩余等待期内应确认的金额立即记入当期损益，并同时确认资本公积（其他资本公积）。企业集团（由母公司和其全部子公司构成）内发生的股份支付交易，如结算企业是接受服务企业的投资者，应当按照授予日权益工具的公允价值或应承担负债的公允价值确认为对接受服务企业的长期股权投资，同时确认资本公积（其他资本公积）或负债。

企业对被投资单位的长期股权投资采用权益法核算的，在持股比例不变的情况下，对因被投资单位除净损益、其他综合收益和利润分配以外的所有者权益的其他变动，应按持股比例计算其应享有或应分担被投资单位所有者权益的增减数额，调整长期股权投资的账面价值和所有者权益（资本公积—其他资本公积）。在处置长期股权投资时，应转销与该笔投资相关的其他资本公积。

2.资本公积转增资本

经股东大会或类似机构决议，用资本公积转增资本时，应冲减资本公积，同时按照转增资本之前的实收资本（或股本）的结构或比例将转增的金额记入"实收资本（或股本）"账户下各所有者的明细分类账。

二、其他综合收益

其他综合收益是指企业根据具体会计准则的规定未在当期损益中确认的各项利得与损失。其他综合收益分为两类：一是以后会计期间不能重分类进损益的其他综合收益；二是以后会计期间满足条件时将重分类进损益的其他综合收益。

以后会计期间不能重分类进损益的其他综合收益的项目主要包括：重新计量设定受益计划净负债或净资产导致的变动；因被投资单位重新计量设定受益计划净负债或净资产变动导致的公益变动，投资企业按持股比例计算确认的该部分其他综合收益。

1.属于其他综合收益的情况

一是以公允价值计量且其变动计入其他综合收益的金融资产，也包括将持有至到期投资重分类为可供出售金融资产时，重分类日公允价值与账面余额的差额计入"其他综合收益"的部分以及将可供出售金融资产重分类为采用成本或摊余成本计量的金融资产的，对于原记入资本公积的相关金额进行摊销或于处置时转出导致的其他资本公积的减少。

二是确认按照权益法核算的在被投资单位其他综合收益中所享有的份额导致的其他资本公积的增加或减少。这里需区分以下两种情况：

（1）对合营联营企业投资，采用权益法核算确认的被投资单位除净损益以外所有者权益的其他变动，导致的其他综合收益的增加，不是资本交易，是持有利得。因此，不论是在投资单位的个别报表还是合并报表，均应归属于其他综合收益。

（2）对子公司投资，在编制合并报表时，只有因子公司的其他综合收益而在合并报表中按权益法确认的其他资本公积和少数股东权益的变动才是其他综合收益，子公司因权益性交易导致的资本公积或留存收益的变动使得合并报表按权益法相应确认的其他资本公积和少数股东权益的变动不是其他综合收益。

三是计入其他资本公积的现金流量套期工具利得或损失中属于有效套期的部分以及其后续的转出。

四是境外经营外币报表折算差额的增加或减少。

五是与计入其他综合收益项目相关的所得税影响。针对不确认为当期损益而直接计入所有者权益的所得税影响。如：

（1）自用房地产或存货转换为采用公允价值模式计量的投资性房地产，转换当日的公允价值大于原账面价值，其差额计入所有者权益导致的其他资本公积的增加，及处置时的转出；

（2）计入其他资本公积的，满足运用套期会计方法条件的境外经营净投资套期产生的利得或损失中有效套期的部分以及其后续的转出。

2. 不属于其他综合收益的情况

一是所有者资本投入导致的实收资本（或股本）与资本公积（资本溢价）的增加。包括控股股东捐赠视为资本投入而确认的资本公积（资本溢价）增加。

二是当期实现净利润导致的所有者权益的增加，以及利润分配导致的所有者权益相关项目的减少。

三是同一控制下企业合并，合并方在企业合并中取得的净资产账面价值与支付的合并对价账面价值（或发行股份面值总额）的差额，调整资本公积或留存收益而导致的所有者权益的增减变动。

四是在编制合并报表时按照权益法核算的子公司除净损益和其他综合收益以外所有者权益的其他变动导致投资单位相应确认的"其他资本公积"的增减变动。如对子公司投资，在编制合并报表时，采用权益法核算，对于子公司因权益性交易产生的资本公积或留存收益的变动而相应确认的"其他资本公积"的变动。

五是以权益结算的股份支付，在确认成本费用时相应增加"其他资本公积"以及在行权日减少"其他资本公积"和确认的"资本溢价"导致的资本公积的变动。

六是减资导致的所有者权益的减少。包括：收购本公司股份、库存股的转让和注销而导致的所有者权益项目的增减变动。

七是高危行业企业按照国家规定提取和使用安全生产费，导致所有者权益项目"专项储备"的增加或减少。

八是其他权益性交易导致的所有者权益的增减变动。如：

（1）购买子公司少数股东拥有的对子公司的股权，母公司在编制合并财务报表时，因购买少数股权新取得的长期股权投资与按照新增持股比例计算应享有子公司自购买日（或合并日）开始持续计算的净资产份额之间的差额，调整资本公积（资本溢价），资本公积不足冲减的，调整留存收益，此处理导致的合并财务报表所有者权益的增减变动不属于其他综合收益；

（2）母公司在不丧失控制权的情况下部分处置对子公司的长期股权投资，在合并财务报表中处置价款与处置长期股权投资相对应享有子公司净资产的差额计入所有者权益的部分；

（3）接受控股股东或控股股东的子公司直接或间接的捐赠（包括直接捐赠现金或实物资产、直接豁免或代为清偿债务等），导致资本公积（资本溢价）的增加；

（4）上市公司收到的由其控股股东或其他原非流通股股东根据股改承诺为补足当期利润而支付的现金，按权益性交易原则处理导致的资本公积（资本溢价）的增加；

（5）企业购买上市公司，被购买的上市公司不构成业务的，购买企业按照权益性交易的原则进行处理导致的合并报表资本公积（资本溢价）的增减变动；

（6）上市公司大股东将其持有的其他公司的股份按照合同约定价格（低于市价）转让给上市公司的高级管理人员（该项行为的实质是股权激励），上市公司按照股份支付的相关要求进行会计处理。

按照授予日权益工具的公允价值记入成本费用和资本公积，而导致的资本公积的增加。或者上市公司的股东将其持有的上市公司的股份赠予（或低价转让给）激励对象。根据要求应视为股东先将股份赠予（或转让）上市公司，上市公司以零价格（或特定价格）向这部分股东定向回购股份。然后，按照经证监会备案无异议的股权激励计划，由上市公司将股份授予激励对象。上市公司接受股份赠予参照接受大股东捐赠的处理原则，即按权益性交易原则确认资本公积（资本溢价）的增加。

第四节　留存收益

留存收益是指企业从历年实现的利润中提取或形成的留存于企业的内部积累，包括盈余公积和未分配利润两类。

盈余公积是指企业按照有关规定从净利润中提取的积累资金。公司制企业的盈余公积包括法定盈余公积和任意盈余公积。法定盈余公积是指企业按照规定的比例从净利润中提取的盈余公积。任意盈余公积是指企业按照股东会或股东大会决议提取的盈余公积。企业提取的盈余公积经批准可用于弥补亏损、转增资本或发放现金股利或利润等。

未分配利润是指企业实现的净利润经过弥补亏损、提取盈余公积和向投资者分配利润后留存在企业的、历年结存的利润。相对于所有者权益的其他部分来说，企业对于未分配利润的使用有较大的自主权。

一、利润分配

1.利润分配概述

利润分配是指企业根据国家有关规定和企业章程、投资者协议等，对企业当年可供分配的利润进行的分配。可供分配的利润计算方法如下：

可供分配的利润＝当年实现的净利润（或净亏损）＋年初未分配利润（或一年初未弥补亏损）＋其他转入

根据《公司法》等有关法规规定，利润分配的顺序依次是：弥补公司以前年度亏损；提取法定盈余公积；提取任意盈余公积；向投资者分配利润或支付股利。

经过上述利润分配程序，企业剩余的利润就形成了企业未分配利润滚存至下一年度。

形成企业不规定用途的留存收益。

2.利润分配业务的账务处理

为了核算与监督企业利润的分配（或亏损的弥补）和历年分配（或弥补）后的未分配利润（或未弥补亏损），企业应通过"利润分配"账户。该账户属于所有者权益类，是"本年利润"的调整账户。该账户应分别对"利润分配——提取法定盈余公积""利润分配——提取任意盈余公积""利润分配——应付现金股利或利润""利润分配——盈余公积补亏""利润分配——未分配利润"等进行明细核算。

企业未分配利润通过"利润分配——未分配利润"明细科目进行核算，该账户反映企业历年累积的结存利润或亏损情况。年度终了，企业应将全年实现的净利润或发生的净亏损，自"本年利润"账户转入"利润分配——未分配利润"账户，并将"利润分配"科目所属其他明细科目的余额转入"利润分配——未分配利润"账户。结转后，"利润分配未分配利润"出现贷方余额，表示累计未分配的利润数；如果出现借方余额，则表示累积未弥补的亏损数额。

采用股票股利发放形式应具备的条件：公司必须有待分配的盈利，必须经股东大会作出决定，必须符合新股发行的有关规定。由于股票交易价格通常在面值以上，所以，对于股东来说，派发股票股利，可能得到比现金股利更多的投资收益；但股票股利派发过多，将增大股份总额，影响公司日后的每股股利水平和股票市价，不利于公司的市场形象的提高和增加营运资金。

另外，需要注意的是：企业分配的股票股利不通过"应付股利"账户核算，企业宣告分配股票股利时，企业会计上不做分录，只做备查登记。

二、盈余公积

（一）盈余公积概述

盈余公积是指企业按规定从净利润中提取的企业积累资金。企业的盈利首先必须按规定提取盈余公积，然后才能在投资者之间进行分配。

公司制企业的盈余公积包括法定盈余公积和任意盈余公积。

法定盈余公积是指企业按规定比例从净利润中提取的公积金。按照《公司法》有关规定。公司制企业应按照净利润（减弥补以前年度亏损，下同）的10%提取法定盈余公积。非公司制企业法定盈余公积的提取比例可超过净利润的10%。法定盈余公积累计额已达注册资本的50%时可以不再提取。值得注意的是，如果以前年度未分配利润有盈余（年初未分配利润余额为正数），在计算提取法定盈余公积的基数时，不应包括企业年初未分配利润；如果以前年度有亏损（年初未分配利润余额为负数），应先弥补以前年度亏损再提取盈余公积。

任意盈余公积是指企业经股东大会或类似机构批准，按照规定比例从净利润中提取的公积金。公司制企业可根据股东会或股东大会的决议提取任意盈余公积。非公司制企业经类似权力机构批准，也可提取任意盈余公积。

法定盈余公积和任意盈余公积的区别在于其各自计提的依据不同，前者以国家的法律法规为依据后者由企业的权力机构自行决定。

企业提取的盈余公积，经批准可用于弥补亏损、转增资本、发放现金股利或利润等方面。

（二）盈余公积的核算

为了核算和监督盈余公积的形成及使用业务，企业应设置"盈余公积"账户。该账户属于所有者权益类，贷方登记按一定标准提取的盈余公积数额，借方登记按规定用途使用的盈余公积数额，若期末贷方余额。则反映盈余公积的结余数额。该账户应当分别对"盈余公积——法定盈余公积""盈余公积——任意盈余公积"进行明细核算。

1. 提取盈余公积的账务处理

企业按规定提取法定盈余公积时，应借记"利润分配——提取法定盈余公积"账户，贷记"盈余公积——法定盈余公积"账户。

企业提取任意盈余公积时，应借记"利润分配——提取任意盈余公积"账户，贷记"盈余公积——任意盈余公积"账户。

2. 使用盈余公积的账务处理

（1）盈余公积弥补亏损。根据税法、公司法等有关法规规定，企业弥补亏损的方法有三种：一是企业可用发生亏损后连续五年内实现的税前利润递延弥补；二是当企业发生的亏损在连续五年内仍不足弥补的，需用以后年度的税后利润来弥补；三是经投资者审议后用盈余公积弥补亏损。

企业发生亏损经过股东大会或相应的权力机构批准后，可以用提取的法定盈余公积弥补亏损，但补亏后法定盈余公积不得低于注册资本的25%。企业在用盈余公积补亏时，借记"盈余公积——法定盈余公积"账户，贷记"利润分配——盈余公积补亏"账户。

（2）盈余公积转增资本。企业盈余公积在转增资本时，对任意盈余公积转增资本的法律没有限制，但用法定盈余公积转增资本时，转增后企业法定盈余公积的比例不得低于转增前注册资本的25%。用盈余公积转增资本时，应按投资者持有的比例进行转增资本，借记"盈余公积——法定盈余公积"账户，贷记"实收资本（或股本）"账户。

（3）用盈余公积发放现金股利或利润。一般情况下，盈余公积不得用于向投资者分配股利或利润。在特殊情况下，当企业累积的盈余公积比较多，而未分配利润比较少时，为维护企业形象，给投资者以合理回报，对于符合规定的企业。经股东大会和类似机构特别决议，可用盈余公积分配现金股利或利润，但分配后企业法定盈余公积的比例不得低于分配前注册资本的25%。分配现金股利时，借记"盈余公积——法定盈余公积或任意盈余公积"等账户，贷记"应付股利"账户；发放现金股利时，借记"应付股利"账户，贷记"银行存款"账户。

第八章 会计调整和披露

第一节 会计政策及其变更

一、会计政策概述

会计政策，是指企业在会计确认、计量和报告中所采用的原则、基础和会计处理方法。

作为会计政策的原则，是指按照企业会计准则规定的、适合于企业会计核算（初始确认）的具体会计原则。如预计负债的确认条件、收入的确认条件等。

作为会计政策的基础，是指为了将会计原则应用于交易或者事项而采用的会计基础，主要是计量基础。例如，交易性金融资产等用公允价值计量，投资性房地产用成本计量还是公允价值计量，资产减值中的公允价值或未来现金流量现值计量等。

会计处理方法，是指企业在会计核算中按照法律、行政法规或者国家统一的会计制度等规定采用或者选择的、适合于本企业的具体会计处理方法，如发出存货的计价方法、长期股权投资核算的成本法和权益法、研发支出的处理方法、借款费用的处理方法等。

企业所采用的会计政策通常应当在报表附注中披露，常见的有以下几种：

（1）财务报表的编制基础、计量基础和会计政策的确定依据等。

（2）存货的计价，是指企业存货的计价方法。例如，企业发出存货成本的计量是采用先进先出法还是采用其他计量方法。

（3）固定资产的初始计量，是指对取得的固定资产初始成本的计量。例如，企业取得的固定资产初始成本是以购买价款，还是以购买价款的现值为基础进行计量。

（4）无形资产的确认，是指对无形项目的支出是否确认为无形资产。例如，企业内部研究开发项目开发阶段的支出是确认为无形资产，还是在发生时计入当期损益。

（5）投资性房地产的后续计量，是指企业在资产负债表日对投资性房地产进行后续计量所采用的会计处理。例如，企业对投资性房地产的后续计量是采用成本模式，还是公允价值模式。

（6）长期股权投资的核算，是指长期股权投资的具体会计处理方法。例如，企业对被投资单位的长期股权投资是采用成本法，还是采用权益法核算。

（7）非货币性资产交换的计量，是指非货币性资产交换事项中对换入资产成本的计量。例如，非货币性资产交换是以换出资产的公允价值作为确定换入资产成本的基础，还是以换出资产的账面价值作为确定换入资产成本的基础。

（8）收入的确认，是指收入确认所采用的会计方法。

（9）借款费用的处理，是指借款费用的处理方法，即采用资本化还是采用费用化。

（10）外币折算，是指外币折算所采用的方法以及汇兑损益的处理。

（11）合并政策，是指编制合并财务报表所采用的原则。例如，母公司与子公司的会计年度不一致的处理原则；合并范围的确定原则等。

二、会计政策变更

（一）会计政策变更的含义

会计政策变更，是指企业对相同的交易或者事项由原来采用的会计政策改用另一会计政策的行为。一般情况下，为保证会计信息的可比性，使财务报告使用者在比较企业一个以上期间的财务报表时，能够正确地判断企业的财务状况、经营成果和现金流量的趋势，企业在不同的会计期间应采用相同的会计政策，不应也不能随意变更会计政策；否则，势必削弱会计信息的可比性，使财务报告使用者在比较企业的经营成果时发生困难。

需要注意的是，企业不能随意变更会计政策并不意味着企业的会计政策在任何情况下均不能变更。

（二）会计政策变更的条件

为了防止企业任意变更会计政策，企业会计准则对会计政策变更的条件进行了规定，企业只有在符合下述两个条件之一的情形下，才可以变更会计政策。

1.法律、行政法规或者国家统一的会计制度等要求变更

这种情况是指，按照法律行政法规以及国家统一的会计制度的规定，要求企业采用新的会计政策，则企业应当按照法律、行政法规以及国家统一的会计制度的规定改变原会计政策，按照新的会计政策执行。

2.会计政策变更能够提供更可靠、更相关的会计信息

由于经济环境、客观情况的改变，企业采用原来的会计政策所提供的会计信息，已不能恰当地反映企业的财务状况、经营成果和现金流量等情况。在这种情况下，应改变原有会计政策，按变更后新的会计政策进行会计处理，以便对外提供更可靠、更相关的会计信息。

如果没有充分、合理的证据表明会计政策变更的合理性，或者没有经相关机构批准擅自进行会计政策变更，或者连续、反复地自行变更会计政策，则视为滥用会计政策变更，应按照前期差错更正的方法进行处理。

（三）不属于会计政策变更的情形

对会计政策变更的认定，直接影响会计处理方法的选择。因此，在会计实务中，企业应当正确认定属于会计政策变更的情形。下列两种情况不属于会计政策变更。

1. 本期发生的交易或者事项与以前相比具有本质差别而采用新的会计政策

例如，融资租赁合同变更为经营租赁合同以及对长期股权投资的持股比例发生变化改变对长期股权投资的核算方法，是因为与以前相比具有本质差别而采用新的会计政策，不是会计政策变更。

2. 对初次发生的或不重要的交易或者事项采用新的会计政策

例如，企业本期首次通过受让方式取得了一项土地使用权，准备增值后转让。对于这一初次发生的业务，企业依据投资性房地产准则制定新的会计政策进行处理，不属于会计政策变更。

会计政策变更并不意味着以前期间的会计政策是错误的。如果由于以前期间错误地运用会计政策，导致现在变更会计政策，那么这种情况下的变更属于前期差错更正，应按前期差错更正的方法进行处理。

三、会计政策变更的会计处理

对于会计政策变更的会计处理，就是要决定是否计算和确认会计政策变更的累计影响数；如果确认会计政策变更的累计影响数，是将其计入当期（变更期）的损益还是调整当期期初留存收益。发生会计政策变更时，有两种会计处理方法，即追溯调整法和未来适用法，两种方法适用于不同情形。

（一）追溯调整法

追溯调整法，是指对某项交易或事项变更会计政策，视同该项交易或事项初次发生时即采用变更后的会计政策，并以此来对财务报表相关项目进行调整的方法。

采用追溯调整法时，对于比较财务报表期间的会计政策变更，应调整各期间净损益各项目和财务报表其他相关项目，视同该政策在比较财务报表期间上一直采用。对于比较财务报表可比期间以前的会计政策变更的累积影响数，应调整比较财务报表最早期间的期初留存收益，财务报表其他相关项目的数字也应一并调整。追溯调整法通常由以下步骤构成。

1. 计算会计政策变更的累积影响数

会计政策变更累积影响数，是指按照变更后的会计政策对以前各期追溯计算的列报前期最早期初留存收益应有金额与现有金额之间的差额。

累积影响数通常可以通过以下各步计算获得：

（1）根据新会计政策重新计算受影响的前期交易或事项；

（2）计算两种会计政策下以前各期利润总额的差异；

（3）计算差异对所得税的影响金额；

（4）计算确定剔除所得税影响后的以前各期差异；

（5）计算确定会计政策变更的累积影响数。

2.附注说明

采用追溯调整法时，对于比较财务报表期间的会计政策变更，应调整各期间净损益各项目和财务报表其他相关项目，视同该政策在比较财务报表期间上一直采用。对于比较财务报表可比期间以前的会计政策变更的累积影响数，应调整比较财务报表最早期间的期初留存收益，财务报表其他相关项目的数字也应一并调整。因此，追溯调整法，是将会计政策变更的累积影响数调整列报前期最早期初留存收益，而不计入当期损益。但确定会计政策变更对列报前期影响数不切实可行的应对从可追溯调整的最早期间期初开始应用变更后的会计政策。

（二）未来适用法

若会计政策变更的累积影响数无法可靠确定，则应采用以下未来适用法处理。

未来适用法，是指将变更后的会计政策应用于变更日及以后发生的交易或者事项，或者在会计估计变更当期和未来期间确认会计估计变更影响数的方法。

在未来适用法下，不需要计算会计政策变更产生的累积影响数，也无须重编以前年度的财务报表。企业会计账簿记录及会计报表上反映的金额，变更之日仍保留原有的金额，不会因会计政策变更而改变以前年度的既定结果，而是在现有金额的基础上再按新的会计政策进行核算。

（三）会计政策变更的会计处理方法的选择

对于会计政策变更，企业应当根据具体情况，分别采用以下不同的会计处理方法：

（1）法律、行政法规或者国家统一的会计制度等要求变更的情况下，企业应当根据以下情况进行处理：一是国家发布相关的会计处理办法，则按照国家发布的相关会计处理规定进行处理；二是国家没有发布相关的会计处理办法，则采用追溯调整法进行会计处理。

（2）会计政策变更能够提供更可靠、更相关的会计信息的情况下，企业应当采用追溯调整法进行会计处理，根据会计政策变更累积影响数调整列报前期最早期初留存收益，其他相关项目的期初余额和列报前期披露的其他比较数据也应当一并调整。

（3）确定会计政策变更对列报前期影响数是不切实可行的，应当从可追溯调整的最早期间期初开始应用变更后的会计政策；在当期期初确定会计政策变更对以前各期累积影响数不切实可行的（如账簿资料不全），应当采用未来适用法处理。

以下特定前期，对某项会计政策变更应用追溯调整法或进行追溯重述以更正一项前期差错是不切实可行的：一是应用追溯调整法或追溯重述法的累积影响数不能确定；二是应用追溯调整法或追溯重述法要求对管理层在该期当时的意图作出假定；三是应用追溯调整法或追溯重述法要求对有关金额进行重大估计，并且不可能将提供有关交易发生时存在状况的证据（例如，有关金额确认、计量或披露日期存在事实的证据以及在受变更影响的当期和未来期间确认会计估计变更的影响的证据）和该期间财务报表批准报出时能够取得的信息与其他信息客观地加以区分。

在某些情况下，调整一个或者多个前期比较信息以获得与当期会计信息的可比性是不切实可行的。例如，企业因账簿、凭证超过法定保存期限而销毁，或因不可抗力而毁坏、遗失（如火灾、水灾等），或因人为因素（如盗窃、故意毁坏等），可能使当期期初确定会计政策变更对以前各期累积影响数无法计算，即不切实可行，此时，会计政策变更应当采用未来适用法进行处理。

四、会计政策变更的披露

企业应当在附注中披露与会计政策变更有关的下列信息。

1.会计政策变更的性质、内容和原因

包括对会计政策变更的简要阐述、变更的日期、变更前采用的会计政策和变更后所采用的新会计政策，以及会计政策变更的原因。

2.当期和各个列报前期财务报表中受影响的项目名称和调整金额

包括采用追溯调整法时，计算出的会计政策变更的累积影响数；当期和各个列报前期财务报表中需要调整的净损益及其影响金额以及其他需要调整的项目名称和调整金额。

3.无法进行追溯调整的，说明该事实和原因以及开始应用变更后的会计政策的时点、具体应用情况

包括无法进行追溯调整的事实，确定会计政策变更对列报前期影响数不切实可行的原因，在当期期初确定会计政策变更对以前各期累积影响数不切实可行的原因，开始应用新会计政策的时点和具体应用情况。

需要注意的是，在以后期间的财务报表中，不需要重复披露在以前期间的附注中已披露的会计政策变更的信息。

第二节 会计估计及其变更

一、会计估计概述

会计估计，是指企业对结果不确定的交易或者事项以最近可利用的信息为基础所作的判断。会计估计具有如下特点。

1. 会计估计的存在受经济活动中内在的不确定性因素的影响

在会计核算过程中，企业总是力求保持会计核算的准确性，但有些经济业务本身具有不确定性。如坏账、固定资产折旧年限、固定资产残余价值、无形资产摊销年限等，因而需要根据经验作出估计。可以说，在会计核算和相关信息披露的过程中，会计估计是不可避免的。

2. 进行会计估计时，往往以最近可利用的信息或资料为基础

由于最新的信息是最接近目标的信息，以其为基础所作的估计最接近实际，所以进行会计估计时，应以最近可利用的信息或资料为基础。

3. 进行会计估计并不会削弱会计确认和计量的可靠性

企业应当披露重要的会计估计，不具有重要性的会计估计可以不披露。判断会计估计是否重要，应当考虑与会计估计相关项目的性质和金额。

二、会计估计变更

会计估计变更，是指由于资产和负债的当前状况及预期经济利益和义务发生了变化，从而对资产或负债的账面价值或者资产的定期消耗金额进行调整。

会计估计变更的情形包括以下内容：

1. 赖以进行估计的基础发生了变化

企业进行会计估计，总是依赖于一定的基础。如果其所依赖的基础发生了变化，则会计估计也应相应发生变化。例如，企业的某项无形资产摊销年限原定为 10 年，以后发生的情况表明，该资产的受益年限已不足 10 年，相应调减摊销年限。

2. 取得了新的信息、积累了更多的经验

企业进行会计估计是就现有的资料对未来所作的判断，随着时间的推移，企业有可能取得新的信息、积累更多的经验，在这种情况下，也需要对会计估计进行重新修订。例如，企业原根据当时能够得到的信息，对应收账款按其余额的 5% 计提坏账准备。现掌握了新的信息，判定不能收回的应收账款比例已达 15%，故企业改按 15% 的比例计提坏账准备。

会计估计变更，并不意味着以前期间会计估计是错误的，只是由于情况不同，或者掌握了新的信息，积累了更多的经验，使变更会计估计能够更好地反映企业的财务状况和经营成果。如果以前期间的会计估计是错误的，则属于会计差错，按会计差错更正的会计处理办法进行处理。

三、会计估计变更的会计处理

企业发生会计估计变更会带来两个问题：一是如何在账面上记录会计估计变更的影响；二是如何在比较财务报表上报告会计估计变更。

企业对会计估计变更的会计处理，应当采用未来适用法。即在会计估计变更当期及以后期间，采用新的会计估计，不改变以前期间的会计估计，也不调整以前期间的报告结果。

会计估计变更的影响数应计入变更当期与前期相同的项目中。为了保证不同期间的财务报表具有可比性，如果以前期间的会计估计变更的影响数计入企业日常经营活动损益，则以后期间也应计入日常经营活动损益；如果以前期间的会计估计变更的影响数计入特殊项目中，则以后期间也应计入特殊项目。

会计估计变更仅影响变更当期的，其影响数应当在变更当期予以确认。例如，企业原对应收账款按其余额的 5% 计提坏账准备，由于企业不能收回的应收账款比例已达 15%，则企业改按 15% 的比例提取坏账准备。会计估计变更既影响变更当期又影响未来期间的，其影响数应当在变更当期和未来期间予以确认。例如，应计提折旧的固定资产，其有效使用年限或预计净残值的估计发生的变更，常常影响变更当期资产以后使用年限内各个期间的折旧估计变更。

四、会计估计变更的披露

企业应当在附注中披露与会计估计变更有关的下列信息。

1.会计估计变更的内容和原因

包括变更的内容、变更日期以及为什么要对会计估计进行变更。

2.会计估计变更对当期和未来期间的影响数

包括会计估计变更对当期和未来期间损益的影响金额以及对其他各项目的影响金额。

3.会计估计变更的影响数不能确定的理由

会计估计变更的影响数不能确定的，披露这一事实和原因。

第三节　前期差错更正

一、前期差错概述

在日常会计核算过程中，可能由于种种原因导致会计差错的产生。属于本期的会计差错在发现时就应按照相关规定处理，不需要调整已经对外呈报的会计信息，需要进行会计调整的是本期发现的属于前期的会计差错。

前期差错，是指由于没有运用或错误运用下列两种信息，而导致前期财务报表的省略或错报：一是报前期财务报表时预期能够取得并加以考虑的可靠信息；二是前期财务报告批准报出时能够取得的可靠信息。

前期差错通常包括计算错误、应用会计政策错误、疏忽或曲解事实以及舞弊产生的影响，以及存货、固定资产盘盈等。

没有运用或错误运用上述两种信息而形成前期差错的情形主要有以下几种。

1. 计算以及账户分类错误

例如，企业购入的五年期国债，意图长期持有，但在记账时记入交易性金融资产，导致账户分类上的错误，并导致在资产负债表上流动资产和非流动资产的分类也有误。

2. 采用法律、行政法规或者国家统一的会计制度等不允许的会计政策

例如，按照《企业会计准则第17号：借款费用》的规定，为购建固定资产的专门借款而发生的借款费用，满足一定条件的，在固定资产达到预定可使用状态前发生的，应予资本化，计入所购建固定资产的成本；在固定资产达到预定可使用状态后发生的，计入当期损益。如果企业固定资产已达到预定可使用状态后发生的借款费用，也计入该项固定资产的价值，予以资本化，则属于采用法律或会计准则等行政法规、规章所不允许的会计政策。

3. 对事实的疏忽或曲解以及舞弊

例如，企业对某项建造合同应按建造合同规定的方法确认营业收入，但该企业却按确认商品销售收入的原则确认收入。

4. 在期末对应计项目与递延项目未予调整

如企业应在本期摊销的费用在期末未予摊销。

5. 漏记已完成的交易

例如，企业销售一批商品，商品已经发出，开出增值税专用发票，商品销售收入确认条件均已满足，但企业在期末未将已实现的销售收入入账。

6. 提前确认尚未实现的收入或不确认已实现的收入

例如，在采用委托代销商品的销售方式下，应在收到代销单位的代销清单时确认商品销售收入的实现，如企业在发出委托代销商品时即确认为收入，则为提前确认尚未实现的收入。

7. 资本性支出与收益性支出划分差错等

例如，企业发生的管理人员的工资一般作为收益性支出，而发生的在建工程人员工资一般作为资本性支出。如果企业将发生的在建工程人员工资计入当期损益，则属于资本性支出与收益性支出的划分差错。

需要注意的是，会计估计本身就是近似值，随着经济环境的变化或者更多信息的获得，会计估计需要修正，由此而发生的会计估计变更不属于前期差错。

二、前期差错更正的会计处理

前期差错根据重要性可以分为两类：重要的前期差错和不重要的前期差错。重要的前期差错，是指足以影响财务报表使用者对企业财务状况、经营成果和现金流量作出正确判

断的前期差错。不重要的前期差错，是指不足以影响财务报表使用者对企业财务状况、经营成果和现金流量作出正确判断的前期差错。

前期差错的重要性取决于在相关环境下对遗漏或错误表述的规模和性质的判断。前期差错所影响的财务报表项目的金额或性质，是判断该前期差错是否具有重要性的决定性因素。一般来说，前期差错所影响的财务报表项目的金额越大、性质越严重，其重要性水平越高。

企业对于重要的前期差错应采用追溯重述法更正，但确定前期差错累积影响数不切实可行的除外；对于不重要的前期差错应视同发现当期差错进行调整更正；对于在资产负债表日至财务报告批准报出日之间发现的、属于报告年度或以前存在的财务报表的差错，不论属于重要的差错还是非重要的差错，均应按照《企业会计准则第 29 号：资产负债表日后事项》的规定进行处理。

（一）不重要的前期差错的会计处理

对于不重要的前期差错，企业应视为当期发生的差错进行更正，不需调整财务报表相关项目的期初数，但应调整发现当期与前期相同的相关项目。属于影响损益的，应直接计入本期与上期相同的净损益项目；属于不影响损益的，应调整本期与前期相同的相关项目。

（二）重要的前期差错的会计处理

企业对于重要的前期差错应采用追溯重述法更正，但确定前期差错累积影响数不切实可行的除外；追溯重述法，是指在发现前期差错时，视同该项差错从未发生过，从而对财务报表相关项目进行更正的方法。

对于重要的前期差错，企业应当在其发现当期的财务报表中，调整前期比较数据，通过下述处理对其进行追溯更正：一是追溯重述差错发生期间列报的前期比较金额；二是如果前期差错发生在列报的最早前期之前，则追溯重述列报的最早前期的资产、负债和所有者权益相关项目的期初余额。

对于发生的重要的前期差错，如影响损益，应将其对损益的影响数调整，发现当期的期初留存收益，财务报表其他相关项目的期初数也应一并调整；如不影响损益，应调整财务报表相关项目的期初数。

追溯重述法的会计处理与追溯调整法相同，需要计算累积影响数。如果无法确定前期差错的累积影响数，可以从可追溯重述的最早期间开始调整留存收益的期初余额，财务报表其他相关项目的期初余额也应一并调整。

三、前期差错更正的披露

企业应当在附注中披露与前期差错更正有关的下列信息：

（1）前期差错的性质；

（2）各个列报前期财务报表中受影响的项目名称和更正金额；

（3）无法进行追溯重述的，说明该事实和原因以及对前期差错开始进行更正的时点、具体更正情况。

在以后期间的财务报表中，不需要重复披露在以前期间的附注中已披露的前期差错更正的信息。

第四节　资产负债表日后事项

一、资产负债表日后事项概述

（一）资产负债表日后事项的定义

资产负债表日后事项，是指资产负债表日至财务报告批准报出日之间发生的有利或不利事项。

资产负债表日是指会计年度末和会计中期期末。我国会计年度采用公历年度，因此在我国年度资产负债表日是指公历 12 月 31 日；会计中期指短于一个完整的会计年度的报告期间，通常包括半年度、季度和月度等，中期资产负债表日指各会计中期期末，相应地指公历半年末、季末和月末等。若母公司或子公司在国外，无论其如何确定会计年度和会计中期，在向我国国内提供的财务报告都应该根据《会计法》和会计准则的要求确定资产负债表日。

财务报告批准报出日，是指董事会或类似机构批准财务报告报出的日期，通常是指对财务报告的内容负有法律责任的单位或个人批准财务报告向企业外部公布的日期。董事会或类似机构批准财务报告可以对外公布的日期至实际对外公布的日期之间发生的事项，也属于资产负债表日后事项，由此影响财务报告对外公布日期的，以董事会或类似机构再次批准财务报告对外公布的日期为准。

有利或不利事项，是指资产负债表日至财务报告批准报出日期间发生的对企业财务状况和经营成果有一定影响（包括有利影响和不利影响）的事项。如果该期间发生的某些事项对企业财务状况和经营成果"有利"或者"不利"，那么不管该事项是否需要在财务报告中披露都属于资产负债表日后事项；反之，如果某事项在资产负债表日至财务报告批准报出日期间发生，但对企业无任何影响，那就不属于资产负债表日后事项。

（二）资产负债表日后事项涵盖的期间

资产负债表日后事项涵盖的期间，是指自资产负债表日次日起至财务报告批准报出止的一段时间。对上市公司而言，这一期间内涉及几个日期，包括完成财务报告制日、注册会计师出具审计报告日、董事会批准财务报告可以对外公布日、实际对外公布日等。具体而言，资产负债表日后事项涵盖的期间应当包括以下内容：

（1）报告年度次年的1月1日或报告期间下一期第一天，至董事会或类似机构批准财务报告对外公布的日期，即以董事会或类似机构批准财务报告对外公布的日期为截止日期。

（2）董事会或类似机构批准财务报告对外公布的日期，与实际对外公布日之间发生的与资产负债表日后事项有关的事项，由此影响财务报告对外公布日期的，应以董事会或类似机构再次批准财务报告对外公布的日期为截止日期。

如果公司管理层由此修改了财务报表，注册会计师应当根据具体情况实施必要的审计程序，并针对修改后的财务报表出具新的审计报告。

（三）资产负债表日后事项的内容

资产负债表日后事项包括资产负债表日后调整事项（以下简称调整事项）和资产负债表日后非调整事项（以下简称非调整事项）两类。

1. 调整事项

资产负债表日后调整事项，是指对资产负债表日已经存在的情况提供了新的或进步证据的事项。

如果资产负债表日及所属会计期间已经存在某种情况，但当时并不知道其存在或者不能知道确切结果，资产负债表日后发生的事项能够证实该情况的存在或者确切结果，则该事项属于资产负债表日后事项中的调整事项。调整事项能对资产负债表日的存在情况提供追加的证据，并会影响编制财务报表过程中的内在估计。

企业发生的资产负债表日后调整事项，通常包括以下几项：

（1）资产负债表日后诉讼案件结案，法院判决证实了企业在资产负债表日已经存在现时义务，需要调整原先确认的与该诉讼案件相关的预计负债，或确认一项新负债；

（2）资产负债表日后取得确凿证据，表明某项资产在资产负债表日发生了减值或者需要调整该项资产原先确认的减值金额；

（3）资产负债表日后进一步确定了资产负债表日前购入资产的成本或售出资产的收入。

（4）资产负债表日后发现了财务报表舞弊或差错。

2. 非调整事项

资产负债表日后非调整事项，是指表明资产负债表日后发生的情况的事项。非调整事项的发生不影响资产负债表日企业的财务报表数字，只说明资产负债表日后发生了某些情况。对于财务报告使用者来说，非调整事项说明的情况有的重要，有的不重要；其中重要的非调整事项虽然与资产负债表日的财务报表数字无关，但可能影响资产负债表日以后的财务状况和经营成果，故准则要求适当披露。

资产负债表日后非调整事项，主要包括：

（1）资产负债表日后发生重大诉讼、仲裁、承诺；

（2）资产负债表日后资产价格、税收政策、外汇汇率发生重大变化；

（3）资产负债表日后因自然灾害导致资产发生重大损失；

（4）资产负债表日后发行股票和债券以及其他巨额举债；

（5）资产负债表日后资本公积转增资本；

（6）资产负债表日后发生巨额亏损；

（7）资产负债表日后发生企业合并或处置子公司；

（8）资产负债表日后，企业利润分配方案中拟分配的以及经审议批准宣告发放的股利或利润。

3.调整事项与非调整事项的区别

如何确定资产负债表日后发生的某事项是调整事项还是非调整事项，是运用资产负债表日后事项准则的关键所在。某一事项究竟是调整事项还是非调整事项，取决于该事项表明的情况在资产负债表日或资产负债表日以前是否已经存在。若该情况在资产负债表日或之前已经存在，则属于调整事项；反之，则属于非调整事项。

二、资产负债表日后调整事项

企业发生资产负债表日后调整事项，应当调整资产负债表日已编制的财务报表。对于年度财务报告而言，由于资产负债表日后事项发生在报告年度的次年，报告年度的有关账目已经结转，特别是损益类科目在结账后已无余额。因此，年度资产负债表日后发生的调整事项，应分别按以下情况进行处理。

（1）涉及损益的事项，通过"以前年度损益调整"科目核算。调整增加以前年度利润或调整减少以前年度亏损的事项，记入"以前年度损益调整"科目的贷方；调整减少以前年度利润或调整增加以前年度亏损的事项，记入"以前年度损益调整"科目的借方。调整完成后，将"以前年度损益调整"科目的贷方或借方余额，转入"利润分配——未分配利润"科目。

需要注意的是，涉及损益的调整事项如果发生在资产负债表日所属年度（即报告年度）所得税汇算清缴前的，应按准则要求调整报告年度应纳税所得额、应纳所得税税额；发生在报告年度所得税汇算清缴后的，应按准则要求调整本年度（即报告年度的次年）应纳所得税税额。

（2）涉及利润分配调整的事项，直接在"利润分配——未分配利润"科目中核算。

（3）不涉及损益以及利润分配的事项，调整相关科目。

（4）通过上述账务处理后，还应同时调整财务报表相关项目的数字，包括：资产负债表日编制的财务报表相关项目的期末数或本年发生数；当期编制的财务报表相关项目的期初数或上年数；经过上述调整后，如果涉及报表附注内容的，还应当调整报表附注相关项目的数字。

三、资产负债表日后非调整事项的会计处理

资产负债表日后非调整事项，是表明资产负债表日后发生的情况的事项。非调整事项的发生，与资产负债表日存在状况无关，不影响资产负债表日企业的财务报表数字，只说明资产负债表日后发生了某些情况，因此不应当调整资产负债表日的财务报表。但是，对于财务报告使用者来说，有的非调整事项具有重大影响，如不加以说明，将不利于财务报告使用者作出正确估计和决策，因此，按准则规定应在附注中加以披露。

■ 结　语

　　财务会计制度虽然较为完善，但仍然不能满足现代社会经济发展的高要求，还需对管理会计体系、细则进一步优化，确保管理会计作用得到最大限度的发挥，带动单位服务与管理质量提升。基于财务会计转型的管理会计，能够全面分析财务会计提供的资料，为管理层提供数据参照，确保决策科学性与有效性。

　　财务会计管理应加强与现代信息技术的整合力度，应当贯彻"互联网＋会计"发展战略要求，切实提升单位信息化程度，加大互联网技术整合力度，构建财务管理软件平台，实现各部门数据共享，以及财务数据智能化与信息化处理，为决策提供信息支持。除此之外，还应构建大数据财务信息管理平台，为财务数据挖掘提供工具支持，通过财务数据分析，提高单位数据与绩效管理的透明度，确保信息化管理会计工作高效展开。管理会计应加大与大数据、人工智能等现代信息技术的整合，以提升管理会计成效。

　　现代信息技术促使会计行业的改革步伐加快，尤其是互联网与大数据等现代技术的运用，使传统会计管理得到了空前的发展，财务管理成效随之增强。尤其是互联网技术与大数据分析技术等技术的应用，为挖掘与整合财务信息提供了技术支持，信息技术、会计管理的结合，为单位管理提供了数据依据，决策针对性与可行性显著增强。传统财务会计管理模式俨然不能适应社会经济发展需要，应当借助人工智能与大数据时代东风，进一步优化管理会计体系，突破财务管理瓶颈，为会计管理改革助力。

参考文献

[1] 唐皓.试论新形势下企业财务会计与管理会计的融合 [J].中国商论，2021（13）：159-161.

[2] 赵玉婷.现代企业财务会计信息化管理体系创新 [J].中国商论，2021（13）：165-167.

[3] 陈芳."大智移云"背景下企业财务会计向管理会计转型探讨 [J].老字号品牌营销，2021（07）：91-92.

[4] 丁双奎.人工智能背景下财务会计向管理会计转型分析 [J].中国乡镇企业会计，2021（07）：162-163.

[5] 江梅.企业财务会计管理中的问题与对策 [J].中国集体经济，2021（22）：150-151.

[6] 韩雪.论网络经济时代财务会计管理存在的问题及对策分析 [J].中国集体经济，2021（21）：145-146.

[7] 林洪妃.新形势下中国企业财务会计和管理会计深度融合 [J].经济管理文摘，2021（13）：147-148.

[8] 佟力.人工智能时代财务会计向管理会计转型的思考分析 [J].经济管理文摘，2021（13）：155-156.

[9] 赵琳，张兆肖，王秀婷，张海燕.新政府会计制度下高校收入管理研究 [J].中国市场，2021（21）：35-36.

[10] 尹向前.财务会计管理问题与优化 [J].中国市场，2021（21）：157-158.

[11] 张倩倩.街道办事处财务会计报表管理效率提高研究 [J].中国市场，2021（21）：159-160.

[12] 陈彩凤.企业财务会计管理中的问题及解决对策研究 [J].中小企业管理与科技（中旬刊），2021（08）：100-101.

[13] 李敬.利用财务会计与管理会计融合加强企业管理 [J].中小企业管理与科技（上旬刊），2021（08）：7-8.

[14] 李保仙."大智移云"背景下财务会计向管理会计转型的策略研究 [J].佳木斯职业学院学报，2021，37（07）：47-48.

[15] 吴利平.财务会计向管理会计转型的思考 [J].现代商业，2021（18）：187-189.

[16] 佟文惠.对财务会计工作精细化管理工作的分析 [J].中小企业管理与科技（中旬刊），2021（07）：17-18.

[17] 张梦薇 . 新形势下财务会计向管理会计的转型分析 [J]. 中小企业管理与科技（中旬刊），2021（07）：78-79.

[18] 陈祥堃 . 简析大数据下企业财务会计向管理会计转型 [J]. 中小企业管理与科技（中旬刊），2021（07）：82-83.

[19] 晋宝珠 . 浅谈加强现代企业财务会计管理的具体措施 [J]. 中小企业管理与科技（中旬刊），2021（07）：102-103.

[20] 王坤 . 大数据背景下财务会计向管理会计转型的思考 [J]. 财会学习，2021（18）：88-89.

[21] 赵景媛 . 论企业管理会计与财务会计融合趋势及策略 [J]. 财会学习，2021（18）：94-95.

[22] 唐贵森 . 财务会计向管理会计转型的探索 [J]. 商讯，2021（18）：49-51.

[23] 郝东 . 管理会计与财务会计的区别及融合建议 [J]. 企业改革与管理，2021（12）：168-169.

[24] 齐鑫 . 智能化背景下企业财务会计向管理会计转型的策略探讨 [J]. 企业改革与管理，2021（12）：172-173.

[25] 马怀玉 . 基于人工智能时代的财务会计向管理会计转型研究 [J]. 企业改革与管理，2021（12）：182-183.

[26] 王维学 . 中小企业财务会计管理中存在的问题及对策 [J]. 纳税，2021，15（18）：93-94.

[27] 林娴 . 新形势下企业管理会计与财务会计的融合发展 [J]. 纳税，2021，15（18）：109-110.

[28] 付苹华 . 新形势下企业管理会计与财务会计融合发展 [J]. 纳税，2021，15（18）：113-114.

[29] 许初生 . 现代信息技术对农产品企业财务会计的影响 [J]. 中小企业管理与科技（上旬刊），2021（07）：89-90.

[30] 张家荣 . 新形势下企业管理会计与财务会计融合 [J]. 科技经济导刊，2021，29（18）：243-244.

[31] 赵蕾 . 大数据背景下财务会计向管理会计转型办法研究 [J]. 科技经济导刊，2021，29（19）：221-222.

[32] 林楠 . 第三方支付对公立医院财务会计的影响与规范管理探讨 [J]. 行政事业资产与财务，2021（11）：94-95.

[33] 张宁 . 探析智能化背景下传统会计向管理会计的转变 [J]. 经济管理文摘，2021（12）：107-109.

[34] 林广文 . 企业财务管理中管理会计和财务会计的运用 [J]. 经济管理文摘，2021（12）：142-143.

[35] 秦娜 . 互联网背景下企业财务会计与管理会计融合发展探讨 [J]. 中国集体经济，2021（18）：122-123.

[36] 韩晓薇 . 人工智能时代财务会计与管理会计的融合 [J]. 中国集体经济，2021（18）：157-158.

[37] 胡少东 . 企业财务会计内控管理机制的构建 [J]. 现代企业，2021（06）：165-166.

[38] 张艳 . 信息化时代下的财务会计和管理会计的融合 [J]. 现代企业，2021（06）：167-168.

[39] 田静，仇海红，霍凯琳 . 新形势下财务会计向管理会计的转型与融合研究 [J]. 纳税，2021，15（17）：70-71.

[40] 吕中政 . 我国中小企业财务会计管理中存在的问题及对策 [J]. 纳税，2021，15（17）：102-103.